陕西省社会科学院优秀学术著作出版资助项目

新时期

中国能源经济高质量发展的理论、模型与案例

——基于经济物理学原理与产融研协同共生视角

周 宾◎著

中国财经出版传媒集团

经济科学出版社

Economic Science Press

图书在版编目（CIP）数据

新时期中国能源经济高质量发展的理论、模型与案例
——基于经济物理学原理与产融研协同共生视角/
周宾著. —北京：经济科学出版社，2021.8
ISBN 978 - 7 - 5218 - 2784 - 2

Ⅰ. ①新⋯　Ⅱ. ①周⋯　Ⅲ. ①能源经济 - 研究 - 中国
Ⅳ. ①F426. 2

中国版本图书馆 CIP 数据核字（2021）第 167315 号

责任编辑：胡成洁
责任校对：隈立娜
责任印制：范　艳

新时期中国能源经济高质量发展的理论、模型与案例
——基于经济物理学原理与产融研协同共生视角
周宾　著
经济科学出版社出版、发行　新华书店经销
社址：北京市海淀区阜成路甲 28 号　邮编：100142
经管中心电话：010 - 88191335　发行部电话：010 - 88191522
网址：www. esp. com. cn
电子邮箱：expcxy@ 126. com
天猫网店：经济科学出版社旗舰店
网址：http：//jjkxcbs. tmall. com
北京季蜂印刷有限公司印装
710 × 1000　16 开　15. 5 印张　290000 字
2021 年 9 月第 1 版　2021 年 9 月第 1 次印刷
ISBN 978 - 7 - 5218 - 2784 - 2　定价：72. 00 元
（图书出现印装问题，本社负责调换。电话：010 - 88191510）
（版权所有　侵权必究　打击盗版　举报热线：010 - 88191661
QQ：2242791300　营销中心电话：010 - 88191537
电子邮箱：dbts@ esp. com. cn）

本书得到"陕西省社会科学院优秀学术著作出版资助项目"的资助。

本书也是国家社科基金项目"我国能源消费结构调整及其经济和环境效应研究"（项目编号：15CJY034）、陕西省社科界 2020 年度重大理论与现实问题研究项目"陕西能源经济高质量发展'产融研'协同机制与路径研究"（项目编号：20ZD195 – 8）、2021 年陕西省社会科学基金年度项目"陕西提升能源产业链供应链现代化水平的机制与路径研究"（项目编号：2021D043）的成果。

序　言

　　能源是工业文明发展的基础，能源经济是工业经济的重要支柱。自20世纪70年代全球能源危机以来，能源安全与环境保护等问题日渐凸显，如何更加科学合理与可持续地利用能源迅速受到全世界的关注。改革开放四十多年来，中国在经济、科技、环保等方面取得了举世瞩目的成就，为了实现新时期中国经济高质量发展，需要充分考虑到能源发展的科学性、经济性和系统性特征。借助经济物理学的基本原理，基于以产业为核心、以资本为助力、以创新为驱动的研究视角，对中国能源经济的相关问题进行系统性研究，将有助于为推动工业化进程、加快经济转型升级和有效应对气候变化，并为实现碳达峰和碳中和的目标提供理论支撑和政策参考。

　　本书将能源科学技术、能源经济学、能源系统科学等相关理论有机融合，首先对三者的基础知识、基本分类、基本原理和基本工艺等进行了较为系统的梳理，对中国能源科学技术的发展进行了基本描绘，特别是针对能源效率的测度涉及能源科学与能源经济学的特点，基于CNKI数据库，运用关键词共词分析等方法，对与之相关的较高质量学术文献进行了研究。

　　借助经济物理学的基本原理和思维，对能源经济系统的建构和运行进行了学理分析和理论模型阐释，这是本书的特色之一。传统的能源经济学研究主要基于西方经济学理论，围绕能源的市场、供需、价格等进行研究，相关研究文献比较充分。考虑到能源经济在实体经济中与科学技术紧密相关，需要充分考虑科技进步与经济发展的有机结合，本书创新性地将经济物理学应用于对能源系统的研究，并结合能源经济发展现状和前期研究基础，提出产融研协同共生的研究视角，即，能源经济系统的可持续运行，离不开产业、金融资本和科研创新。

　　本书通过基于产融研协同共生理论模型对区域能源经济和能源矿业发展分别进行了实证研究，并针对典型能源地区提出了产融研协同共生路径的相关政策。中国的能源资源（尤其是传统化石能源）主要集中于北方地区，陕西作为中国（尤其是北方地区）的能源大省和北煤南运、西气东输和西电东送的主要承接通道之一，在资源、区位、交通、产业、科技、经济发展水平等方面具有较为明显的综合比较优势。鉴于此，并结合作者前期相关成果，本书在进行模型实证与政策设计等方面，主要以陕西为例进行重点研究。

金融是现代经济的核心，金融发展必须基于并服务于实体产业，而产业升级和金融现代化又必须依靠科学技术的支撑，三者有机融合和良性互动将能够更好地推动经济健康可持续发展。针对中国的煤炭产业、新能源与能源互联网产业的不同特点，本书从产融研协同共生的视角，分别对其发展现状进行了概述，并结合典型案例进行了分析。

近年来，包括能源领域在内，中国在产业发展、科技创新等方面的进步有目共睹，但在如何在更加科学有效地运用现代金融工具为实体经济服务的同时，防范和化解金融风险方面的实践经验还比较缺乏，本书单辟一章，首先梳理相关概念，对中国的煤炭交易、石油期货交易、碳交易等市场的发展进行了描绘，并对典型的能源金融案例进行了剖析。

本书在视角维度、主要内容和篇章结构等方面，均力求将产业、金融、科技三者有机结合。新时期中国能源经济高质量发展需要以产业为骨架、以科技为动力、以金融为血脉，协同共生、相辅相成，三者共同构成了中国能源经济系统的核心要素。此外，资源、市场、政策、环境等要素作为系统外部配套，其正向作用不可或缺。

本书可作为产业经济学、技术经济及管理、金融学等相关学科研究生参考书，也可作为能源经济领域的学者和能源企业相关管理人员的案例资料。限于研究时间和水平，存在不足之处，恳请读者斧正。本书的出版得到了陕西省社会科学院的资助，书稿的顺利出版得到了经济科学出版社的积极协助，在此一并致谢。

周宾

2021 年 5 月

目　　录

第1章

绪　论

1.1　研究背景与主要目的

改革开放以来，中国能源经济发展成就显著，"富煤、缺油、少气"的能源结构正逐步发生改变。至"十三五"末，中国已成为世界上最大的能源生产和消费国，也是能源转型升级和能源系利用效率提升最快的国家。根据相关数据，[①] 2020 年中国能源消费总量达到 49.8 亿吨标煤，较上年增长 2.2%，全国煤炭消费量占一次能源消费量的比重由 2017 年的 60.4% 下降至 2020 年的 56.8%，非化石能源消费占比从 13.8% 提高至 15.8%。截至"十三五"末，全国水电、风电、光伏、在建核电装机规模等多项指标均居世界首位，清洁能源发电装机总量首次超过煤电，达到 10.83 亿千瓦，占总装机比重的 49.2%，清洁能源消费量占比从 2016 年的 19.1% 提高到 2020 年的 24.3%。此外，中国的绿色贷款和绿色债券余额已分别超过 11 万亿元和 1 万亿元，分别居世界第一和第二位，[②] 全国累计签约落地的政府和社会资本合作（public private partnership，PPP）项目（能源类）投资额达到 537 亿元，[③] 为能源经济转型升级提供了多元化的金融工具。同时，也需要看到，目前中国的能源结构仍以化

[①]　国家统计局. 中华人民共和国 2020 年国民经济和社会发展统计公报［R/OL］. http：//www. stats. gov. cn/tjsj/zxfb/202102/t20210227_1814154. html. 生态环境部. 生态环境部召开 2 月例行新闻发布会［EB/OL］. https：//www. mee. gov. cn/xxgk2018/xxgk/xxgk15/202102/t20210225_822424. html.

[②]　刘琪. 中国绿色贷款余额超 11 万亿元居世界第一［N/OL］. 证券日报，http：//epaper. zqrb. cn/html/2021－01/11/content_692913. htm？div＝－1.

[③]　财政部 PPP 中心. 全国 PPP 综合信息平台管理库项目 2021 年 3 月报［R/OL］. https：//www. cpppc. org/ptgg/999950. jhtml.

石能源为主，其占比约为85%，能源领域仍是二氧化碳排放的主要来源，约占二氧化碳排放总量的88%。当前，中国的能源消费结构有待进一步优化，能源效率空间分异明显，能源供给安全压力不断加大、污染排放和对环境的影响仍不容忽视，能源管理体制机制还需完善、能源市场建设仍存在不少短板，能源金融发展经验方面相比一些发达国家尚显不足。

为加快建设现代化经济体系和实现高质量发展，新时期中国能源行业需要认真贯彻落实"四个革命、一个合作"的能源安全新战略，[①] 对照碳达峰和碳中和目标积极采取行动，以科技创新为驱动，借助"互联网＋"、大数据、云计算、区块链、人工智能等技术，加快对传统能源产业改造升级，加强对新能源开发利用，尽快建立起绿色低碳、高效安全的现代能源供应体系和现代能源产业体系。

受20世纪70年代能源危机等因素影响，国外能源经济相关研究较早，改革开放之后，国内学者对能源经济相关主题的研究逐渐增多。根据中国知网（CNKI）统计数据，[②] 截至2021年4月，检索到学术期刊数据库相关文献292篇，学位论文数据库相关文献354篇，成果数据库相关成果8篇。

（1）研究成果主题（除能源经济外）：学术期刊方面，发文量5篇以上（含，下同）的文献主要主题包括能源效率、可再生能源、经济增长、协调发展、能源经济效率、能源经济关系、能源与环境、DEA等；学位论文方面，发文量5篇以上的文献主要主题包括能源消费、经济增长、能源效率、协调发展、碳排放、区域能源、3E系统、经济可持续发展、环境约束、可再生能源、系统协调、能源安全、低碳经济、影响因素等。

（2）成果发表（学位授予）年度：学术期刊相关文献在2008年以前的年度发文量较少，2009年开始，发文量明显增加，2010年达到年度最高的28篇，此后有所下降，但仍在每年5篇以上；学位论文相关文献2005年之前也相对较少，2006年开始快速增长至2019年基本保持年度发文在20篇以上，2020年可能受疫情等因素影响，学术期刊和学位论文的相关主题文献数量均出现回落（见图1-1）。

---

① 新华社. 习近平：积极推动我国能源生产和消费革命［EB/OL］. http：//www.xinhuanet.com/politics/2014-06/13/c_1111139161.htm.

② 统计主要基于CNKI学术期刊（核心期刊和CSSCI）和学位论文，以"能源经济"为主题。

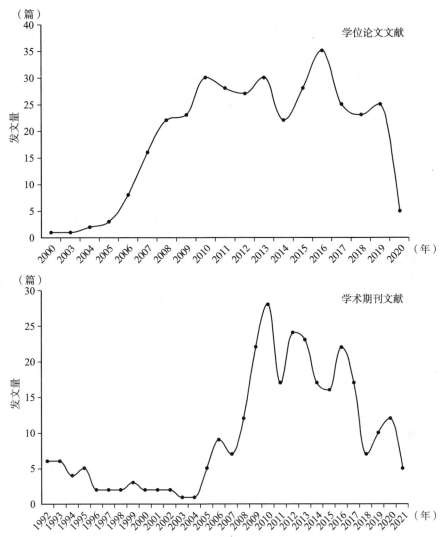

图 1－1 基于 CNKI 学术期刊和学位论文数据库以"能源经济"为主题的历年发文数量

资料来源：中国知网（CNKI）数据库。

（3）期刊来源：相关文献的学术期刊（社科类）来源前三位分别是《中国人口·资源与环境》（占比 21.05%）、《经济地理》（占比 13.16%）、《中国工业经济》（占比 7.89%）。

（4）学科分布：发文量占 5% 以上的相关文献学术期刊（社科类）学科包括工业经济（26.92%）、宏观经济管理与可持续发展（16.35%）、经济体制改革（11.92%）、环境科学与资源利用（6.92%）；发文量占 5% 以上的相关文献学位论文（社科类）学科包括工业经济（25.79%）、宏观经济管理与可持续发展（21.29%）、经济体制改革（18.44%）、环境科学与资源利用（9.75%）。

（5）研究机构：在学术期刊数据库中，相关文献的作者单位（发文量5篇以上）包括清华大学、北京理工大学、重庆大学、湖南大学、中国石油大学（华东）、华北电力大学等；在学位论文数据库中，相关文献的作者单位（发文量5篇以上）包括华北电力大学、湖南大学、天津大学、中国矿业大学、中国石油大学（华东）、重庆大学、大连理工大学、武汉大学、中国地质大学、兰州大学、南京航空航天大学、吉林大学、首都经济贸易大学、上海交通大学、山东大学、江苏大学、华中科技大学。此外，对 CNKI 成果库检索发现，以"能源经济"为名称的代表性成果完成人（第一完成单位）包括魏一鸣等（北京理工大学，国际领先）、田立新等（江苏大学，国际先进）。

综上来看，相关理论研究主要聚焦于能源效率、经济增长与能源消费之间的关系、能源与环境和能源安全等领域；中国能源经济的实践情况则反映出目前能源转型升级的任务仍比较艰巨、能源结构有待进一步优化、需要继续推进传统化石能源清洁化和可再生能源产业化进程，能源革命和绿色低碳发展虽已取得阶段性成就，为实现碳达峰和碳中和目标（即"30·60目标"或"双碳目标"）能源领域依然是重点和难点之一。此外，近年来逆全球化有所抬头，加之各种突发事态，中国正面临着巨大挑战。在建设现代化经济体系和实现高质量发展的背景下，能源行业在协调和处理能源转型、节能减排和能源安全等现实问题方面，需要充分发挥科技创新与资本加持的作用，提高能源产业链、供应链现代化水平。

鉴于目前对能源领域产业部门、金融资本与科技创新之间关系的研究甚少，本书通过结合新时期中国经济发展的基本特征，以及能源领域重点关注的包括结构优化、科技创新、绿色低碳、能源安全、市场化改革等问题，[①] 并基于经济物理学等基本原理和产融研协同共生的理论视角，对能源经济系统及其运行进行学理阐释，构建数量模型并通过案例进行概括与分析，旨在为中国能源经济全面落实"四个革命、一个合作"能源安全新战略，努力实现"30·60目标"，为更好地促进能源经济结构优化、产业转型、技术升级、环境友好、系统协调、安全持续等提供学术理论参考和政策咨询建议。

---

① 国家能源局. 关于征集"十四五"能源发展意见建议的公告［EB/OL］. http：//www. nea. gov. cn/2020－11/16/c_139519859. htm.

1.2 基本思路与内容框架

本书按照"基础学科梳理→相关文献分析→理论阐释与模型建构→模型实证与对策建议→典型能源经济发展概述与案例分析"的基本思路进行章节编排与内容组织。

本书的内容主要包括五大部分。

（1）以能源科学、能源经济学、能源系统科学等学科为基础，结合能源经济的新进展进行阐述归纳。

（2）对能源经济研究的重点内容之一的能源效率相关文献进行系统梳理与关键词共词分析，梳理出能源效率文献研究的热点与知识脉络。

（3）基于经济物理学的基本原理对能源经济系统及其运行进行学理阐释、系统模型建构与动力学推演。

（4）结合产融研协同共生视角，分别对区域能源高质量发展、绿色矿业经济、地方煤炭产业转型升级等进行实证研究并提出相应的对策和路径建议。

（5）分别就典型传统化石能源（煤炭）、新能源、能源金融三部分内容进行相关概念的梳理、国内发展现状描述和典型案例分析。

1.3 原理方法与技术路线

本书在整个研究过程中，主要采用了以下原理与方法。

（1）运用关键词共词分析并借助 CiteSpace 平台对改革开放以来中国的能源效率相关文献进行主题聚类、热点演进与脉络梳理。

（2）基于系统论、唯物辩证法和经济物理学等基本原理，对能源经济产融研协同共生理论进行学理阐释，并通过模型进行推演。

（3）运用系统动力学（SD）和循环经济基本原理，构建能源经济产融研协同的系统模型，并从产业链、价值链、技术链等多个维度分析其驱动机制。

（4）运用能量流对中国的主要能源供给与消费地区进行对比分析，并运用 DEA 等方法，对国内重点能源企业的能源效率进行测度比较。

（5）基于对国内典型绿色矿业示范区、国家级能源化工基地和能源金融贸易区的调研情况，进行全要素生产率建模与测算，并提出相应的对策建议。

（6）针对能源金融领域相关的概念采用比较与类比的分析方法。

本书的主要内容、研究技术路线和主要研究方法如图1-2所示。

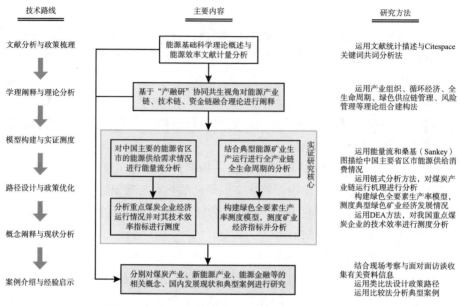

图1-2　本书的技术路线、主要内容与研究方法

1.4　本书创新之处与研究意义

本书的创新之处主要体现在以下三个方面。

（1）理论维度方面。基于对能源科学、能源经济学、能源系统科学等理论原理，借助经济物理学的理论思维，对能源经济系统发展理论与概念模型进行构建与推演，研究能源经济系统要素间的相互关系及驱动机制。

（2）研究视角方面。本书在模型实证和典型案例研究的过程中，无论是对区域能源经济的产业链、技术链、资金链建模分析与机制阐述，还是对中国煤炭产业实证研究和新能源产业发展描述，都始终遵循产融研协同共生的视角。

（3）技术方法方面。具体体现在两个方面：一是鉴于能源效率是兼有能源技术属性与经济属性的能源经济发展重要测评指标之一，但目前国内尚未有以"能源效率"为主题的文献图谱研究，本书运用CiteSpace共词分析等手段对改革开放以来中国能源效率研究的相关文献进行了主题聚类、热点演进和知识脉络梳理。二是基于并拓展全要素生产率模型的内涵，构建绿色全要素生产模型对绿色矿业发展进行实证研究。

　　本书结合产融研协同共生视角和对能源经济系统及其发展机制的阐述，将为能源经济科学相关研究提供全新的研究视角，丰富能源经济理论；基于经济物理学基本原理和新时期中国经济发展特征，建构并阐述现代能源经济系统，并进行模型实证，将为产业经济学等学科在能源领域的相关研究提供学术参考；结合产融研协同共生理论，重点对占传统主导地位的化石能源（煤炭）、新能源和能源化联网产业和能源金融相关领域的发展进行梳理并对实践案例进行分析，将为能源领域相关学科的研究提供参考。

第2章
现代能源科学技术概述

2.1 能源科学基础知识

2.1.1 能源的概念

能源的概念表述多种多样，通常认为，能够提供能量的自然资源可称为能源。从哲学角度看，物质和能量是构成客观世界的基础，是直接或间接的物质运动或状态变化的表现。爱因斯坦在狭义相对论中提出的质能方程 $E = mc^2$，揭示了物质（m）和能量（E）之间的内在关系。从物理学角度看，能量本身是反映物体对外界做功的能力，是物质运动、变化和相互作用的度量。自然界中，能量的表现形式主要有六种：机械能（动能和势能）、热能、电磁能、化学能、辐射能、核能。能量具有状态性、累加性、传递性、转换性、损耗性等性质，其在自然界转化过程中必须遵循能量守恒和能量转化定律。

鉴于此，能源可以被理解为能够提供对人类有用的能量的自然资源，即"能量之源"，是直接来自燃料、流水、阳光、风等自然界或经过人类适当地加工、转换而形成的能够提供给人类有用能量的资源。作为人类赖以生存和经济社会发展的重要物质基础，作为支撑现代工业社会的血脉，可被人类广泛利用的能源具有稀缺性和排他性，占有更多的能源成果成为掌握经济发展主动权的物质关键。

2.1.2 能源的分类

根据用途和视角的不同，能源的分类各异。常见的能源分类大致包括五类。

1. 按照能源的产生方式划分

按照能源的产生方式（或来源），能源可分为一次能源和二次能源。前者也称为天然能源，是在自然界中本身存在、未经人为加工或转化，可被人类直接利用的能源，包括水能、风能、太阳能、生物质能、核能、地热能、煤炭、石油、天然气等；后者也称为人工能源，是由前者加工转化而来形成的更易被人类利用且具有较高品质的能源，包括电力、蒸汽、焦炭、成品油、煤气、洁净煤、沼气、氢能等。

2. 按照能源可否循环利用划分

按照能源可否循环再生利用，可分为可再生能源和不可再生能源。前者可以在较短的使用周期内得到再生并被循环利用，包括水能、风能、太阳能、地热能、潮汐能、生物质能、波浪能等；后者则会随着人类的开发利用逐渐减少，在较短的周期内无法再生，包括各种化石能源、核能等。

3. 按照能源利用与环境的关系划分

根据能量守恒定律，在开放系统条件下，能量在传递和转换过程中，部分损耗的能量会对周围的环境产生影响，因此，能源利用的清洁程度是一个相对的概念。按照能源与环境的关系（即能源利用的清洁程度）可分为清洁能源和非清洁能源。前者在利用过程中对环境的不利影响较小甚至没有明显的环境污染，包括太阳能、潮汐能、波浪能、风能、氢能等；后者在利用过程中产生的环境污染较为明显，最具代表性的是化石能源。"清洁"是个相对概念，比如，水能在利用过程中并没有明显的环境污染，但是其对生态的影响主要在于河道上下游的生态系统；核能的影响主要在于对废弃核燃料的处理。

4. 按照能源被利用的成熟度划分

按照能源被利用的成熟程度可以分为常规能源和新能源。前者被开发利用的时间较长，技术经济条件较为成熟，规模化和市场化程度较高，包括化石能源（煤炭、石油、天然气等）、水能等。后者包括太阳能、风能、地热能、氢能、生物质能、海洋能、核能等。随着开发利用技术和规模化、市场化程度的不断成熟，一些新能源会逐渐被大规模推广利用，进而成为常规能源。

5. 按照能源能否被作为燃料划分

按照能源能否被作为燃料，可以划分为燃料能源与非燃料能源。前者包括矿物质燃料、生物质燃料以及二次能源中的易燃有机产品；后者不被作为燃料燃烧，如热力、光伏、水能、地热等。

2.1.3　能源的评价

目前对能源的评价涉及影响因素与评价要素较多，不同的考量角度也会影响评价指标和评价结果，通常需要考虑的主要有以下几个方面。

1. 能源的储量与分布

对于化石燃料能源而言，其储量是指地质资源储量；对于太阳能、风能、地热能等新能源而言，其储量是指资源总量。此外，储量是指具有经济价值和技术上可获取、可开采和可利用的资源量。对于化石能源资源来讲，累计探明的可采储量与可采资源量之比说明资源的探明程度。

能源的分布主要指能源的地理空间分布，其合理与否直接关系能源资源的开发、运输和基建费用等。长期以来，由于中国的能源资源存在明显的地理空间分布不均，催生了"西电东送""西气东输""北煤南运"等。

2. 能量密度与能源品位

能量密度是指在一定的质量或空间范围内，从某种能源中所能得到的能量的多少。通常，核能的能量密度最大，化石燃料能源密度次之，水、光、风等能源的密度较小，这就导致产生同等规模能源的相应能源设施占用空间的大小不同。

能源品位有高低之分，高品位的能源其㶲较大、㶲较小，低品位的能源则反之。在能源利用过程中，应尽可能使高品位的能源"物尽其用"，根据确定的能级选择不同品位的能源。

3. 能量的可储性与连续性

能量的可储性反映了能源在储存备用时的可靠性。通常，化石能源的可储性较风能、太阳能更高，现实情况下，由于用能存在峰－谷转换，即能量被使用的不均衡性，因此，其可储性就显得非常重要。用能的不均衡性也导致了风能、太阳能等供能的连续性需要充分考虑。

4. 能源开采（开发）的经济性与便利性

能源开采（开发）的经济性主要指能源开采（开发）所产生的勘探、勘查、评价、测试、基建、调试、加工、运输等相关费用能否维持正常的运转和被能源消费市场所接受。对于电力、热力等，其原料和产品的运输、能源输送等距离消费市场是否便利也是需要考量的重要因素。

5. 能源的可再生性

可再生能源被越来越多地使用不仅仅是出于环境保护，也是充分考虑资源枯竭性地区的转型和能源战略储备的需要。短期内不可再生能源仍然占据能源市场的主导，但随着经济发展水平的提升和先进技术的推广应用，加之人们环保意识的增强和对能源安全的考虑，可再生能源在能源市场上的占比将逐渐提高。

6. 能源开采（开发）对生态环境的影响

在现有技术水平下，化石能源资源的开采会对周边的生态环境产生明显的污染和不利影响，可再生能源如水能的开发会对上下游河道产生一定的生态影响，核能的开发利用对环境影响的环节主要在核燃料安全运行和设施退役阶段的核废料处理处置环节。由此可看出，传统能源开采（开发）对环境的影响较新能源更为明显，根据热力学定律可知，在开放系统条件下，由于存在能量的耗散，能源开采（开发）对环境的影响不可完全地避免，随着经济发展和技术升级与替代，能源开采（开发）过程中选用对生态环境影响更小的技术也非常重要。

2.2　能源科学技术基本原理

2.2.1　热力学基础

能源转化利用的方式和能源效率是能源科学研究的主要内容之一。经典的热力学三大定律是能源科学的重要基础理论。

被恩格斯称为"伟大的基本运动定律"的热力学第一定律，即能量转化和守恒定律，其微分表达式为：

$$dU = \delta Q + \delta W = \delta Q - p_{amb}dV + \delta W' \qquad (2-1)$$

式（2-1）中，U、Q、W 分别代表内能、热量和功，p_{amb} 为环境温度下的压强，V 为体积。

在蒸汽机被发明和推广使用后，对热机工作效率的研究尤显迫切。热力学第二定律指出，热现象的宏观传递过程不可逆，即，能量转换和传递具有方向性，其状态函数即为熵。

其数学表达式为：

$$\Delta S_{A \to B} - \sum_i \left(\frac{\delta Q_i}{T_i} \right)_{A \to B} \geq 0 \qquad (2-2)$$

式（2-2）中，δQ 为实际过程中的热，T 为环境温度。

焓（H）作为一个宏观存在的状态参数，在研究能量流动的过程中被引入，焓为热力学能 U 与推动功 pV 之和。焓的变化等于孤立系统在定压过程中与外界交换的热量，$\Delta H = \Delta U + p\Delta V$。

热力学第二定律也称熵定律，其开尔文（Kelvin）表述认为，如果从单一热源吸收热量转变成功，势必会对环境产生影响；该定律的克劳修斯（Clausius）表述认为，从低温热源向高温热源传递热量必然产生其他变化。两者的表述在本质上是相同的。此外，不可逆过程熵的变化大于克劳修斯积分，即：

$$\Delta S \geq \int_1^2 \left(\frac{\delta q}{T} \right) \qquad (2-3)$$

式（2-3）即熵增原理的表达式。熵增原理反映了任何实际过程都是不可逆的，只能沿着使孤立系统增加的方向进行。

伴随着熵的提出和物理化学的实验研究，热力学第三定律随之被提出，普朗克（Planck）等表述认为，在 0K 时，一切完美晶体的熵值等于 0，但由于受各种辐射等因素的影响，在自然界，绝对零度无法达到，只能无限接近。

其数学表达式为：

$$\lim_{T \to 0K} \Delta_r S(T) = 0 \text{ 或} \lim_{T \to 0K} S_m^*(\text{完美晶体，} T) = 0 \qquad (2-4)$$

热力学三大定律从物理学和物理化学的研究视角，通过实验手段，揭示出了自然界内物质与能量之间的变化和转换关系，奠定了现代能源科学的重要理论基础。

"㶲"（exergy）和"炕"（anergy）作为近年来热力学和能源科学用来评价能量利用价值的新参数逐渐被广泛应用。㶲是能量可用性、可用能和有效能的统称，用来评价能量的价值。鉴于此，能量又被分为可以完全转化的有用能（Ⅰ）、可部分转化的有用能（Ⅱ）、不能被转化的能量（Ⅲ）。Ⅰ 为㶲，Ⅲ 为炪，Ⅱ含有烱和炍。

2.2.2　动力学基础

包括动能定理、动量定理、机械能守恒定律和爱因斯坦质能方程等在内的动力学基础科学地揭示了能量转化与功之间的关系，是现代能源科学的重要理论基础之一。

动能定理：$E_k = \dfrac{1}{2}mv^2$，$\Delta W = E_{k1} - E_{k2}$，反映了合外力对物体所做的功等于物体动能的增量。

动量定理：$Ft = \Delta p = \Delta mv = mv_2 - mv_1$，反映了在力的作用下，物体运动的变化不仅与物体质量有关，也与物体的速度有关，也反映了物体动量的变化受力的大小、方向和作用时间长短的影响。

机械能守恒定律：$\Delta W = E_{k2} - E_{k1}$，反映了不受其他外力做功，仅受重力和弹力做功的物体的动能和势能可以相互转化，且总的机械能保持不变。从能量守恒的观点来看，系统内总量保持不变，机械能与其他形式的能相互转化。

前文提到的爱因斯坦质能方程，也反映了物质具有固有的属性质量和能量之间的关系，质量可以在一定条件下转化为能量。

2.2.3　系统科学基础

系统科学是以系统为主要的研究对象，揭示系统结构、系统运行以及系统与外部环境之间关系的一个基础理论与应用开发研究并重的学科群。在经历20世纪40年代系统科学创立了系统论、控制论、信息论（即"老三论"）之后，于20世纪70年代，产生了三个新的主要分支理论：耗散结构理论、协同论、突变论（即"新三论"）。对能源科学的研究离不开系统的研究理论与方法，在20世纪70年代能源问题逐渐成为热点之后，通过运用包括系统学等理论、方法，学界强化了对能源领域的相关研究。

耗散结构理论是研究耗散结构性质的理论。20世纪60年代，比利时物理化学家普利高津（Prigogine）在《结构、耗散和生命》中提出，在远离平衡态的开放系统中，当外界条件变化达到一定程度时，系统有可能发生非平衡的相变，由原来的无序状态转变到一种时空和功能上有序的状态，而这种有序的状态依靠不断地消耗物质和能量来维系。

协同论研究由大梁子系统构成的系统从无序过渡到有序的临界转变。20世纪70年代，德国物理学家哈肯（H. Haken）从对激光理论的研究中发现，在一定条件下，一个巨系统内的子系统之间通过非线性的相互作用产生协同和相干的效应，使得系统形成有一定功能的组织结构，从宏观上便产生了新的有序时空结构。

突变论来源于微分拓扑学，是从量的角度研究事物连续不断变化的理论。20世纪70年代，法国数学家勒内·托姆（René Thom）在《结构稳定性和形态发生学》中阐释了突变理论，将作为突变原因的连续变化因素称为控制变量，将可能出现突变的量称为状态变量，并用折叠型、尖点型、燕尾型、蝴蝶型、双曲型、椭圆型、抛物型七种突变模型，刻画自然界事物的突变过程。

2.2.4　能量的转化

通常能量形式的转化与物质运动状态的变化同时发生。根据热力学第一定律和热力学第二定律的基本理论，在等温等压条件下，将体系做功的过程用微分式表示为：

$$\delta W' = -d(U + pV - TS)_{T,p} = -dG_{T,p} \qquad (2-5)$$

式（2-5）中，函数 G 称为吉布斯自由能，它是一个状态函数。任何等温等压下不做非体积功的自发过程的吉布斯自由能都将减少。

进行能量转化一般有三种用途：通过能量转化来做功、将一种能态转化为能够承载传递信息的能量、介于前两者之间。根据能量转化的方式，目前，人类利用的主要能源的形态转化及其转化的主要反应过程（装置）见表2-1。

表2-1　　　　　　　　　　能源转化方式分类

能源种类	能源的转化形态	能源转化的主要反应过程（装置）
煤炭、石油、天然气等传统化石燃料	化学能→热能 化学能→热能→机械能 化学能→热能→机械能→电能	燃料炉、燃烧器 热机、热力发电机 磁流体发电机、压电效应装置等
水能、风能、潮汐能、海洋能等	机械能→机械能 机械能→机械能→电能	水轮机、风力机 水轮发电机组、风力发电机组、潮汐发电装置、海流发电装置

能源种类	能源的转化形态	能源转化的主要反应过程（装置）
太阳能	辐射能→热能 辐射能→热能→机械能 辐射能→热能→机械能→电能 辐射能→热能→电能 辐射能→电能 辐射能→化学能 辐射能→生物能	热水器、太阳灶 太阳热风发动机 太阳能发电机 热力发电、热电子发电 太阳能电池 光化学反应 光合作用
氢、乙醇等二次能源	化学能→热能→电能、化学能→电能	热力发电装置、燃料电池等
地热	热能→机械能→电能、热能→电能	热力发电机、发电机、热电发电
核能	核裂变→热能→机械能→电能 核裂变→热能 核裂变→热能→电能 核裂变→电能→电磁能 核聚变→热能→机械能→电能	核发电、磁流体发电 核能炼钢 热力发电、热电子发电 光电池 核聚变发电

资料来源：黄素逸、龙妍. 能源经济学［M］. 北京：中国电力出版社，2010.

2.3 现代能源科技发展

2.3.1 常规能源

1. 能源开采（开发）

煤炭、石油、天然气、水能和传统生物质等常规能源资源仍是当今人类为获取能量而开采（开发）的主要来源，尤其对于广大发展中国家而言，其在能源结构中的占比仍较高。

煤炭主要由远古植物死亡后经过若干地质年代的高温高压和地壳运动沉积等作用，经历泥炭化和煤化等阶段，形成的固体有机无机混合物。现代煤炭开采沿着高产效、高可靠、高安全、高环保的方向发展。采煤的基本工艺主要分为露天开采和井工开采。通常的采煤方式主要有爆破开采、普通机械化开采、现代机械化和数字化相结合的开采工艺等。此外，煤炭开采过程中，对地表塌陷和矿区生态修复、煤矸石处理与利用、开采废水污染治理、粉尘等大气污染治理的环境污染问题防治也同步进行。

石油主要由古代水体生物死亡后被埋藏在地下，经过若干地质年代，在高温、高压、缺氧环境下沉积并经过复杂的化学反应和好氧－厌氧细菌活动形成的液态有机质。现代石油勘探的主要方法有地质法、物探法、钻探法等。现代石油勘探主要包括三个阶段：区域勘探、圈闭预探、油藏评价。石油开采主要包括四个方面：石油测井、石油钻井、石油开采、油气集输。其中，石油开采根据工艺方式的不同可分为自喷开采和机械开采。此外，近年来，对海洋石油的开采已成为石油增产的主要来源，但是其施工风险高、技术要求高、成本也较高，施工和运行过程对海洋生态环境的污染防治要求也较高。

天然气主要是蕴藏在岩层的孔隙和裂缝中具有一定压力的多组分烷烃类混合气体，其主要成为为甲烷（通常占比可在 80% 以上）。相比于煤炭和石油而言，天然气在燃烧后产生的污染物对环境影响较小。按照矿藏特点，天然气可分为纯气藏天然气、凝析气藏天然气、油田伴生气藏天然气、矿井气藏天然气等。天然气的勘探与石油类似，但其采收率较高，为 60% ~ 95%。近年来，中国对海洋天然气开采逐渐增加，2018 年达到 162 亿立方米，同比增长 5.4%。

水能是将水的势差和流动转化为动能的一种清洁、可再生的常规能源，广义的水能包括河流水能、潮汐能、波浪能、海流能等。现代水能更多地用于航运、发电等。中国水能资源总量丰富但人均储量较低且地理空间分布不均、季节性变化较大。中国水能资源主要集中在西部地区尤其是西南地区。将水能转化为机械能，进而再转化为电能是对水能利用主要方式。根据落差的水能开发方式主要有堤坝式、引水式、混合式、抽水蓄能式等；根据径流调节的开发方式有蓄水式和径流式。两者最核心的基础设施是水电站，水电站核心部件是水轮发电机组，根据对水能的利用方式不同可分为冲击式水轮机和反击式水轮机（包括混流式、轴流式、贯流式、斜流式等）。

此外，在中国农村，尤其是一些贫困地区，受经济发展水平、农村居民收入、自然地理环境、基础设施条件、生活习惯意识等因素的影响，目前仍存在着直接利用传统生物质（薪柴、秸秆、牲畜粪便等）和散煤、燃料油的能源消费现象。近年来，尽管沼气、太阳能、风电、小水电等技术项目在农村地区得到一定程度的推广，对农村能源消费结构有所改善，但中国农村地区对传统生物质和散煤等一次能源的消费占比仍超过 60%。这些地区高效、清洁的能源替代和农村能源改造等已成为中国全面建成小康社会、完成农村脱贫攻坚和实现高质量发展的现实刚需。

2. 能源加工

能源加工更多的是针对常规能源，如煤炭、石油、天然气等，通过加工以便对蕴含其中的能量实现转化和充分利用。

煤炭的加工主要是通过物理、化学、物理化学和生物等方法，经过粗加工、细加工和精加工等过程，去除煤炭中的杂质成分和有害元素，以便适应市场对不同煤品的质量需求和满足一定的环保要求。物理加工包括拣矸、筛分、破碎、洗选、成型、配煤等，物理化学加工如煤炭制浆等，化学加工包括焦化、气化、液化等。为满足环保要求，20 世纪 80 年代之后，旨在减少污染和提高效率的煤炭加工、燃烧、转换和污染控制的洁净煤技术（CCT）被越来越多的国家和地区采用。

石油的加工可分为一次加工和二次加工。前者主要是原油蒸馏；后者包括催化裂化、催化重整和加氢裂化等。原油蒸馏是根据不同油品沸点的差异，分离出汽油、柴油、煤油、润滑油和油渣等。石油蒸馏的方式一般包括闪蒸、简单蒸馏和精馏等。催化裂化是在一定压力（0.1～0.3 兆帕）、一定温度（470～530℃）和催化剂的作用下，原油经过裂解等一系列化学反应成为气体、各类轻质油品和焦炭等产物的过程。催化重整是在催化剂（如铂、铼、镍等）的作用下，产生高辛烷值的油品和其他化工原料的过程。催化加氢是石油馏分在铂（Pt）、钯（Pd）、镍（Ni）等催化剂存在和氢气的作用下催化加工，包括加氢精制、加氢裂化、加氢处理、临氢降凝和润滑油加氢等过程，其旨在提高原有的加工深度，充分利用石油和改善油品质量，提高采收率和降低采收过程对环境的污染。

天然气利用的领域主要为天然气化工、工业燃气、城市生活燃气和天然气发电等。天然气用于工业主要包括净化分离和化学加工过程，通常被用来制造氮肥、甲醇、乙炔、氯甲烷、氢氰酸、二氧化碳及其下游化工产品等，其中，世界约 80% 的工业天然气用于生产氮肥，此外，还用于造纸、冶金、采石、陶瓷、玻璃等行业和废料焚烧及干燥脱水处理。目前，中国天然气正逐步替代人工煤气（焦炉气），天然气用于城市燃气对于改善城市居民生活用能和环境空气质量都具有积极意义，随着中国城市化水平的不断提高，城市燃气消费需求不断上升将加剧国内市场的天然气供需矛盾。由于天然气燃烧效率较高且相对清洁，天然气发电技术逐渐被广泛应用，主要分为天然气联合循环发电（NGCC）和热电冷联产（BCHP）两种。前者是燃烧天然气对燃气轮机和余热锅炉推动蒸汽轮机共同做功驱动发电机产生电能；后者除了提供发电提供电能之外，余热还向外提供制冷、采暖和热水等。

3. 能源储运

能源储运是连接能源开采、加工、转化、消费等各环节的重要桥梁和纽带，通常能源的储存和运输更多地涉及煤炭、石油、天然气等化石能源和热能、电能等。由于投资小、对存储条件的要求相对不高，早期的煤炭贮存多以露天存储为主，但是这样占用土地较多、品质易损失、存在一定的安全隐患且容易对周边环境造成污染，已逐渐被煤场封闭集中管理的相关技术措施所取代，如气模煤棚（仓）存储技术，其煤炭存储较为安全、品质有保障、施工周期短易维护、造价较低、自动化管理水平较高、可实现远程监控等。目前，中国煤炭的铁路运输以晋陕蒙和河南为核心，煤炭铁路运输体系占60%以上。

石油的存储主要是把整装或散装的油品存储于油库中。根据用途不同，油库可分为储备油库、转运油库和供应油库等。通常，油库由输油管路系统、真空管路系统、防空管路系统等组成。油库中的油罐是主要存储油品的容器，其存储形式可分为地上、半地上和地下三种。石油的运输方式主要包括管道、铁路、公路、水路和航空等。在中国主要以铁路运输为主，约占50%。

天然气的存储主要以位于地面的钢制储气罐为主，分为高压罐和低压罐两种，外形一般为圆柱形或球形。天然气的储运方式有管道运输、液化天然气运输（LNG）、压缩天然气储运（CNG）、吸附储运（ANG）、天然气水合物储运（NGH）、溶解储运等，其中，管道运输是中国天然气运输的主要方式，约占3/4。

4. 能源转化

各种形式的能量通过一定的条件可以实现相互转化，遵循能量转化和守恒定律，并且转化过程具有方向性。化石能源必须经过加工转化，其能量才可被充分利用，常见的如化学能转化为热能、热能转化为机械能、机械能转化为电能等（见图2-1）。

传统化石能源通过燃烧可以转化为热能，主要设备如各种类型的锅炉，产生蒸汽和热水，为冶金、化工、建材、轻工、电力等行业提供优质的二次能源。在冶金、建材、机械等行业还有各种类型的工业窑炉，也是化学能转化为热能的主要设备。

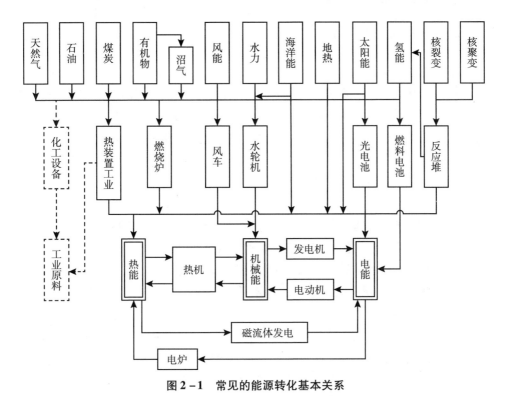

图 2 - 1 常见的能源转化基本关系

资料来源：陈学俊，袁旦庆. 能源工程（增订本）[M]. 西安：西安交通大学出版社，2007.

　　热能转化为机械能的过程常在热机中发生，现实中的热机包括蒸汽轮机、燃气轮机、内燃机等。蒸汽轮机是将锅炉中蒸汽的热能转化为机械功的热机，现代的火力发电厂就是汽轮发电机组；燃气轮机与蒸汽轮机的区别在于是以气体做功而非水蒸气。因此，燃气轮机不需要锅炉，由于燃气轮机具有体积小、启动快、功率大等优点，多作为航空器和大型舰船的动力设备；内燃机分为汽油机和柴油机，其具有往复式的活塞和气缸，按点火顺序分为四冲程发动机和二冲程发动机，前者经济实用、润滑条件好、易冷却，后者部件少、重量轻、运行平稳，内燃机的转化效率在 25% ~ 45%，为进一步提高发动机的功率和降低油耗，涡轮增压技术已被广泛采用于汽车的发动机设计制造过程中。

　　机械能转化为电能的主要装置是同步发电机，主要通过火力发电，将蒸汽轮机或燃气轮机的机械能通过同步发电机的电磁相互作用转变为定子绕组中的电能，故电能也被称为二次能源。

5. 能源利用

常规能源主要包括传统化石能源和水能。前者主要为煤炭、石油、天然气。

煤炭的利用技术主要包括传统煤的燃烧、煤的气化、煤的液化、煤气化联合循环发电、燃煤磁流体发电等。为避免传统燃煤利用效率较低和环境污染较为严重的缺点，现在多采用洁净煤技术。煤气化技术是在常压或加压条件下，通过汽化剂（空气、氧气或蒸汽等）与煤炭反应生产煤气。煤的液化技术分为先将煤气化，再将煤气液化的间接液化技术和直接转化为液体燃料的直接液化技术。整体煤气化联合循环技术（integrated gasification combined cycle，IGCC）是将煤在气化炉中转化为中低热值煤气后再除去其中的硫化物、氮化物、粉尘等杂质，然后经燃气轮机燃烧加热气体驱动燃气轮机发电，燃气轮机的废气进入余热锅炉加热给水，产生过热蒸汽驱动蒸汽轮机发电，整体发电效率为45%左右。此外，现代煤化工技术还可以将煤炭通过一定的条件转化为一些基础化工原料。

石油的加工利用技术路径主要分为三大类：一类是用石油加工生产重油燃料油，并将减压馏分油和减压渣油进行轻质化生产转化为轻质燃料；第二类是除了生产燃料油外，将减压馏分油和减压渣油加工转化为各类润滑油；第三类是除了生产燃料油外，生产基础的化工原料和产品。石油炼制的主要技术包括预处理、蒸馏、热加工、催化裂解、催化重整等。

天然气作为技术相对成熟并且已规模化利用的清洁化石能源之一，目前多被用于发电、燃料电池、化工、城市燃气等领域。例如，天然气发电主要有天然气联合循环发电和热电冷联产；天然气燃料电池以天然气为原料，通过重整制氢进行发电。此外，还有使用压缩天然气作为燃料的天然气汽车，天然气作为原料气生产合成氨和甲醇等化工原料，用热值更高的天然气替代人工煤气和液化石油气作为城市燃气等。

6. 节能减排

自20世纪70年代世界能源危机以来，人们对能源节约利用的重视不断提高。节能，即节约能源，是在能源开采（开发）、生产、加工、储运、转化、利用等诸环节全生命周期地减量化、高效化、集约化地使用和管理。目前节能的主要领域包括工业节能、建筑节能、交通节能、生活节能等，重点环节如能源资源的有序量力开采、提高生产加工转化和使用环节的效率并避免和减少损耗浪费、加强对副产品的循环再利用、科学调配能源结构效益力求最大化等。

常用的技术性测评指标包括能源强度、能源消费弹性系数、电力弹性系数等；经济性测评指标包括单位能耗产值（销售收入）、单位电量产值（销售收入）等。此外，近年来，周德群等（2012）学者将能源、劳动、资本、地区产值等因素纳入投入产出指标计算中，对全要素能源效率进行了系统的理论与实证研究。

减排，即减少环境污染物的排放。通常，在能源的使用过程中，不可避免地会在相关环节产生一定的污染物，如对传统化石能源开采、加工、转化和利用的过程，会产生明显的"三废"（废水、废气、废渣）；水电的开发对流域生态可能会造成一定的影响；作为二次能源的电力传输可能会产生不同程度的电磁辐射等，即便采取了相应的清洁生产手段和污染防治措施，对生态的影响和对环境的污染也不可能完全避免。随着人类社会的发展，尤其是工业文明产生的累计污染物（如温室气体等）对地球的气候产生了明显的人为改变，人类在能源利用的同时，必须削减现在和之前的污染影响。因此，减排将不仅仅是技术性的环保措施，而且是需要政策引导、技术支撑、资金投入、经济调控、法律规范、国家地区间的合作等统筹协调行动和措施组合运用。

新时期中国传统化石能源（煤炭）经济发展详见本书第 9 章。

2.3.2 非常规能源开发（开采）

1. 非常规化石能源

随着人们对可持续发展观念认识的不断加深，常规能源在开采（开发）过程中所带来和需要不断面对的诸如比较严重的环境污染和生态破坏、资源耗竭等问题，促使对非常规能源的开采（开发）和利用的重视。非常规能源的范畴与新能源在一定程度上有交集，目前在技术上相对可靠的非常规能源有属于化石能源的"三气"（煤层气、页岩气、致密气）和页岩油，属于新能源的太阳能、风能、氢能、核能、地热能、海洋能、生物质能等。

煤层气（煤矿瓦斯）伴生并富集于煤层之中，是以甲烷（CH_4）为主要成分的烃类气体及其混合物；页岩气是指赋存于富有机质泥页岩及其夹层中，以吸附或游离状态为主要存在方式的非常规天然气；致密气是贮藏在致密岩层中的天然气。致密储层又叫低渗透储层，指渗透率、孔隙度都很低的储气层，这类储层中的天然气用通常的开采方法不能有效开采，但目前世界上对渗透率小到多少才算致密层尚无公认的标准。

作为较为洁净、优质的能源和化工原料,煤层气的热值是通用煤的 2～5 倍,1 立方米纯煤层气的热值相当于 1.13 千克汽油、1.21 千克标准煤,其热值与天然气相当,可以与天然气混输混用,而且燃烧后几乎不产生任何废气,是很好的化工原料、发电和居民生活燃料。目前,世界上对页岩气和致密气开采发展较快的地区主要集中在北美。"十二五"以来,特别是"十三五"期间,以煤层气为代表的"三气"逐渐受到中国能源资源开采行业的关注,但受技术经济和消费市场等影响,实际发展远低于预期,煤层气地面生产的表内统计年度增量平均仅 5×10^8 立方米/年左右。

天然气水合物(可燃冰)是在一定条件下由水和天然气组成的类似冰的结晶化合物,呈现白色固体状态,其主要成分为 CH_4,具有极强的可燃性,主要分布于水深大于 300 米的海底沉积物和寒冷的永久冻土地带。据保守估计,世界上的海底可燃冰储量达到 1.8×10^{16} 立方米。可燃冰的开采技术主要包括钻孔取芯技术、测井技术、化学试剂法、减压法等。2007 年中国正式成为继美、日、印之后的第四个开采到可燃冰的国家。

2. 新能源

新能源是相对于化石能源和水能而言的,目前,新能源包括太阳能、风能、氢能、核能、地热能、海洋能(潮汐能、波浪能等)、生物质能等。新能源以新技术、新材料的使用为基础,具备一定的开发基础,规模有待进一步扩大,具有逐步替代部分传统能源的趋势。

太阳能是人类开发利用较早的能源之一,具有取之不尽用之不竭、无污染、分布广、转化途径多样等特点,同时也存在受时段和天气等因素影响、利用效率有待提高、开发利用成本仍偏高等不足。中国的太阳能富集区域在西北和青藏高原等地。

风能具有储量达、分布广泛、可再生、无污染的优点,但同时也具有密度低、不稳定、地域分布差异大等不足。现代对风能的利用以摆脱了将风能直接转化为机械能的传统路径,而主要是将风能转化为电能。中国的沿海地区和"三北"地区是风能蕴藏较为丰富的地区,具备大规模开发装机的潜力。

氢能作为一种清洁能源,具有绿色、高效、可再生等特点,传统的化石燃料制氢能耗过高、成本不低而且制氢过程本身并非完全"绿色",被称为"灰氢",而目前国际倡导的碳捕获制氢("蓝氢")和可再生能源电解制氢("绿氢")技术属于低碳氢技术,2020 年 12 月,中国提出《低碳氢、清洁氢与可再生能源氢的标准与评价》，这是全球首个"绿氢"标准。[1] 作为一种新的二次能源，氢燃料电池和氢燃料汽车的应用将会更广。

核能主要指新一代核裂变能和核聚变能。人类对核能的开发和商业化利用已有几十年的历史，核能利用主要是通过核裂（聚）变反应堆进行发电或供热。目前世界上已经商业化运营的核电站多是压水堆核裂变发电（见图 2-2）。中国商用核电运营起于 20 世纪 90 年代，在汲取苏联切尔诺贝利核泄漏和日本福岛核泄漏等事故教训后，不断采取更加安全稳妥地核电技术。据中国核能行业协会发布的数据，[2] 2020 年中国的核电发电仅占全国累计发电量的 4.94%，较其他可再生能源，核电具有与化石能源相近的低成本，其发展前景广阔。中国的"华龙一号"[3] 于 2015 年开工建设并于 2020 年 11 月首堆并网发电，采用"能动与非能动"结合的技术，具有完全自主知识产权，国产化率 85% 以上。2020 年中国自主研制的第三代核电技术"国和一号"[4] 宣

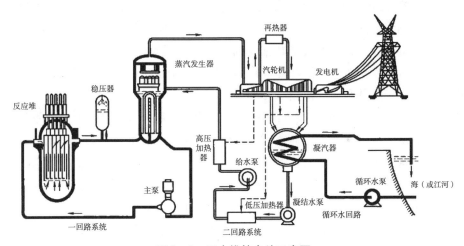

图 2-2 压水堆核电站示意图

资料来源：黄素逸. 能源科学导论 [M]. 北京：中国电力出版社，2012.

---

① 中国氢能联盟. 关于发布《低碳氢、清洁氢与可再生能源氢气标准及认定》的通知 [EB/OL]. http：//www. ttbz. org. cn/Pdfs/Index/? ftype = st&pms =42014.

② 中国核能行业协会. 中国核能行业协会发布 2020 年 1-12 月全国核电运行情况 [EB/OL]. https：//www. cnnpn. cn/article/23210. html.

③ 中国核工业集团有限公司. "华龙一号"全球首堆并网成功 [EB/OL]. http：//www. sasac. gov. cn/n2588025/n2588124/c16074702/content. html.

④ 国家电力投资集团有限公司. 国家电投发布三代核电自主化标志性成果"国和一号" [EB/OL]. http：//www. sasac. gov. cn/n2588025/n2588124/c15643012/content. html.

告研发完成，国产化率 85% 以上，基于非能动安全理念、满足最新国际标准和严格的排放要求，能有效应对极端情况（地震、海啸、大飞机撞击等）和满足实际消除大规模放射性释放要求。这标志着中国已成为继美、法、俄等之后，掌握并开始商业运行第三代核电技术和具备核电装备全产业链的国家。

核聚变较核裂变具有更加安全、更加环保、能量更高、主要原料（氢的同位素）更充足等优点，但目前人类对可控核聚变技术尚未完全掌握，中国核能发展正稳步按照"热堆－快堆－聚变堆"三步走战略推进，2020 年 12 月，中国新一代"人造太阳"——环流器二号 M 装置建成并实现首次放电。[①] 2021 年 5 月 28 日，中科院合肥物质研究所第 16 轮 EAST 实验实现了可重复 1.2 亿度 101 秒等离子体运行和 1.6 亿度 20 秒等离子体运行，创造托卡马克实验装置运行的世界纪录，[②] 这标志着中国掌握了大型先进托卡马克装置的设计、建造、运行技术，并为核聚变堆的自主设计与建造奠定了坚实基础。

地热能根据来源主要分为低温低热（小于 90℃）、中温地热（90 ~ 150℃）、高温低热（150℃）。地热资源常被用于地热发电、地热供暖、医疗保健、温室种养殖、农业灌溉和工业利用等。中国的地热资源主要集中于新、藏、川、滇、陕等西部地区和环太平洋地热带，但由于传输距离有限、过程损耗较大等，目前其利用规模相对较小。

海洋能主要是将其潮汐和波浪的动能转化为电能。潮汐能具有取之不尽用之不竭、清洁绿色、不占用陆地、成本较低等优点，受潮差影响，中国的潮汐电站主要集中于浙江、福建等沿海地区。海洋波浪能属于低品位能，输出功率不稳定，较多应用于为航标灯提供电源。此外，海洋能还包括温差能、盐差能和海流能等，但利用规模均相对其他新能源较小。

生物质能是将太阳能通过光合作用转化为化学能存储于生物体内（见图 2 - 3）。主要的转化方式包括直接燃烧、热化学转化、生物转化等。薪柴燃烧是典型的直接燃烧，热效率利用率较低、对环境易造成污染；通过厌氧消化技术将生物转化为沼气作为燃气或发电；通过酶技术将生物质转化为乙醇或甲醇后作为燃料。近年来，随着技术的进步，生物质发电项目和利用生物油脂与低碳醇反应制取生物柴油项目不断得到推广应用。

---

① 中国国防科技工业局新一代"人造太阳"装置——中国环流器二号 M 装置建成并实现首次放电 [EB/OL]. http：//www. sastind. gov. cn/n112/n117/c6810750/content. html.

② 中国科学院合肥物质科学研究院. EAST 装置物理实验创造 1.2 亿度 101 秒等离子体运行的世界纪录 [EB/OL]. http：//www. hf. cas. cn/xwzx/tpxw/202105/t20210528_6043770. html.

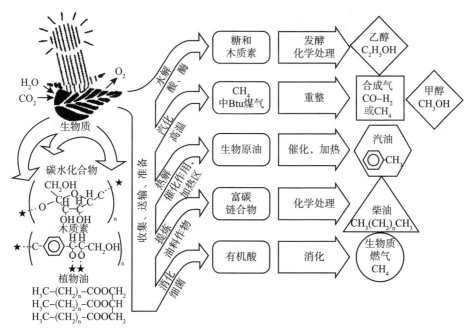

图 2 - 3　生物质能转化利用过程

资料来源：黄素逸. 能源科学导论［M］. 北京：中国电力出版社，2012.

20 世纪30 年代，科学家发现宇宙射线里存在的与电子相对应的正电子，即反物质。20 世纪50 年代，美国科学家在加速器中发现了反质子。反物质与正常物质相遇后发生碰撞将产生巨大能量，据估计，相当于同等数量核能的十几倍甚至几十倍，但人类对反物质及其能量的研究目前尚处于理论研究和实验室阶段。

能源互联网是采用分布式能源收集系统，将分散的能源（尤其是可再生能源）通过先进的存储技术、互联网技术和智能终端技术等的融合，使能量信息能够在各联网终端实现双向传输和共享，是一种结合清洁能源利用和能量共享的能源利用模式。能源互联网产业将成为未来能源经济发展的创新动力之一。

中国的新能源和能源互联网产业的开发利用详见本书第 10 章。

2.4　能源系统科学基本理论

2.4.1　能源系统科学基本原理

能源系统包括能源的勘探、开采（开发）、生产、加工、转换、运输、分配、储备、使用以及污染物减排与处理处置等多个环节，各环节和部门的紧密关联形成了一个系统，为经济社会发展和生产生活提供能源保障（见图2-4）。

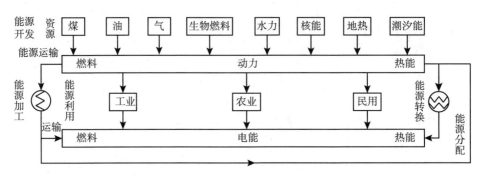

图2-4 支撑国民经济和社会发展的能源系统

资料来源：张志耀，赵慧娟. 能源系统工程学［M］. 太原：山西经济出版社，2016.

能源系统科学是系统科学的一个重要应用分支，其基于运筹学、控制论、协同论，以及计量学、统计学、技术经济学、产业经济学等系统科学原理和应用经济学理论对能源系统进行系统分析、系统建模、系统优化、系统预测、系统规划、系统决策研究。由于能源系统科学偏重于能源科学、能源经济学、系统科学等学科的交叉，并兼具有自然科学研究方法和社会科学目标问题，因而常被划入软科学的范畴，相关分析方法包括层次分析、灰色关联分析、因子分析、投入产出分析、模糊综合评价等。

（1）能源系统分析评价就是把能源的资源开发、加工、转换、运输分配、消费使用以及与之相关的社会经济发展这样一个复杂的大系统作为研究对象，对能源发展战略、能源政策，以及能源与社会经济发展的相互影响进行综合分析和系统评价，为决策提供科学依据。

（2）能源系统优化就是以能源系统为对象，以系统科学理论为指导，以满足国民经济发展需要科学用能、实现能源-经济-环境协调发展为目标，通过一定的策略和方法来处理能源系统的规划、开发、输送和利用等问题，使能源系统实现总体最优。

（3）能源系统预测就是在能源领域运用系统预测的技术方法，预测的客体是各种能源的需求量、供应量和供需比例关系以及能源系统未来的发展态势。由于能源种类多样，能源预测的基本路径和技术方法也有所不同，能源预测的结果可能包括相关部门的能耗，并建立能耗与经济、环境之间的数量关系。

（4）能源系统规划是基于一定的经济学、管理学理论，依据一定时期的国民经济和社会发展规划，在对历史时期的能源系统运行情况进行调查和分析的基础之上，根据国民经济和社会发展目标，并受能源消费需求、能源资源储量和生态环境质量等条件约束，对能源系统各环节的发展做出的战略性规划。

随着工业化进程的不断深入，经济发展、能源支撑和环境保护的问题通常被作为一个大系统统筹考虑。以经济－能源－环境（3E）系统为例，沈可挺等（2002）以经济结构变化、技术进步、能源结构改善以及环境标准和法规的强化作为要素，提出中国的 CDM 方案，并利用 CGE 模型预测这些要素改进时的二氧化碳减排量；李文超等（2014）以人口、能源、资本和污染四个子系统为构成要素建立了经济－能源－环境可持续发展的系统动力学模型，并以中国为例进行系统仿真与预测；于洋等（2019）引入"耦合度"模型并运用核密度函数分析方法，对中国东部各省市能源－经济－环境－科技四元系统的协调度、发展度和耦合度的演变过程进行了测度分析。

2.4.2　能源系统分析与优化

基于能源经济学视角下的能源系统分析所依托的经济学理论包括供求理论、生产理论、市场理论、价格理论以及投入产出分析等。

（1）供求理论是根据市场经济模型建立的能源供给需求函数，并研究能源市场供需均衡、能源供给与能源需求的弹性系数，为能源政策调控提供理论支撑。

（2）生产理论就是建立生产函数，将能源作为一个自变量要素参与其中，考察要素之间的组合对与产出的变化影响，同时，建立成本函数考察能源使用成本对经济产出的影响。

（3）市场理论根据不同能源资源的特点（特别是传统化石能源）和不同的市场垄断性，考察在不同市场条件下（完全垄断、寡头垄断、垄断竞争等）市场主体的边际成本与边际收入曲线变化，为相同市场条件下进一步优化市场环境提供理论参考。

（4）价格理论就是根据资源的稀缺性和边际学说理论，研究能源在市场上的资源配置情况和通过市场调节机制进行能源定价，常用一般均衡模型（CGE）和小波分析等技术方法研究能源市场价格波动随宏观经济等的变化。

（5）投入产出分析借鉴行业和部门的投入产出表，编制能源投入产出表，进而计算能源部门和非能源部门的能源消耗，为确定未来能源生产和需求数量提供数据支撑，也可结合部门的经济产出考察其对应的能源效率。

根据构建的经济－能源－环境系统模型可看出，能源系统参与经济系统，无论是一次能源还是二次能源，都为经济系统各生产部门和生活部门提供能源保障；中间能源投入存在一定的循环，是能源循环利用的重点环节；从生产部门和生活部门排放的污染物经过相应的处理与处置，部分可以转化为可再生资源重新参与经济系统与经济社会效用；当环境承载力无法满足污染排放的要求，超出的污染物必然转化为负的效用进入经济系统，即产生经济负外部性，其中的一部分经过环境分解可能会成为能源资源（见图 2 - 5）。

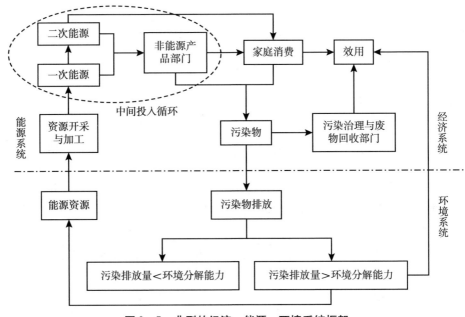

图 2 - 5　典型的经济－能源－环境系统框架

资料来源：林伯强，牟敦国. 高级能源经济学（第 2 版）［M］. 北京：清华大学出版社，2014.

能源系统优化是指以能源系统为对象，为实现经济社会发展和环境保护目标，运用系统科学相关理论，通过一定的科学管理策略方法对能源规划、开发、储运、利用等一系列问题进行统筹考量，以期实现能源系统的整体优化，包括能量系统优化和能源管理系统优化。当前，中国能源系统优化重点在于消费总量控制、能源结构调整、能源效率提升、排放强度约束等方面。

2.4.3 能源系统宏观管理

能源系统管理是能源系统科学的重要组成内容之一，主要是运用管理学的理论方法，遵循定量化、标准化、科学化、全过程、实用化的原则，对能源系统实施科学管理，主要包括宏观（战略规制）层面、中观（产业发展）层面和微观（企业运营）层面，涉及能源战略、能源政策、能源统计、能源产业结构、能源产业组织、能源产业布局、能源评价、能源审计、能源计量、能源监测、能源管理信息系统建设等方面，相关的管理机制包括合同能源管理、电力需求侧管理、节能产品认证、能效标志管理、清洁生产审核、碳汇交易管理等。

1. 能源战略规制管理

（1）能源管理体制。能源管理体制体现了一个国家或地区的能源行政管理的基本制度，以法律的形式予以规定，是能源发展的强制性规范和基本制度依循，对于保证国家或地区的能源供给的稳定、安全与可持续，以及能源消费更加科学合理和公允具有重要意义。对于大多数国家和地区而言，主要通过政府行政手段和市场调节机制共同作用。根据市场化程度的不同，可以分为强市场弱政府（如大部分的西方发达国家和地区）、市场政府并重（如俄罗斯、巴西）、强政府弱市场三类（如中东部分国家、南美部分国家）。考虑到中国能源供需的不平衡性，中国目前仍以强政府弱市场的管理模式为主，以便发挥总体统筹协调和适当干预调控的作用，最高管理机构为国家能源委员会（2008年成立）①。

（2）能源战略规划。能源战略就是国家和地区行政主管部门综合运用相关手段措施确保能源生产、供给、需求和使用，确保能源市场价格基本稳定、确保能源科学合理、高效安全和环境友好与可持续利用的总体方针和策略，具有长期性、全局性、根本性和综合性等特征。能源战略的制定需要充分考虑能源资源特点、储备与开发利用条件、生产加工技术水平、资源环境承载能力、经济社会使用成本和可接受程度、国防与战备需求等。根据用途的侧重不同，可细分为能源开发战略、能源储备战略、节能与环保战略、能源供给安全战略等。能源规划是基于国民经济和社会发展规划对能源领域相关工作做出的战略

---

① 国家能源局. 国家能源委员会［EB/OL］. http：//www. nea. gov. cn/2018gjnyw. htm.

规划，具有导向性和协调控制功能，有国家、区域和部门之分，也有综合和专项之分，也可以区分为常规能源和新能源。能源规划有别于能源战略，主要体现在其更加具体、更加可行。

（3）能源政策法规。能源政策法规是确保国家能源战略和规划得以落实的制度保障。能源政策具有宏观性、方向性和调控性；能源法规具有系统性、层次性和约束性。在中国，前者主要反映党和国家有关能源的发展意图，通常包括能源产业政策、能源技术政策、能源财政政策、能源金融政策等；后者根据宪法、法律、法规、规章、规定等不同层级，形成比较系统的能源法律法规体系，如《中华人民共和国宪法》中"国家保障自然资源的合理利用"，《中华人民共和国可再生能源法》《中华人民共和国节约能源法》《中华人民共和国煤炭法》等法律，《电力监管条例》《城镇燃气使用条例》等法规，《国务院办公厅关于印发能源发展战略行动计划（2014~2020年）的通知》《国家能源局关于印发〈煤炭清洁高效利用行动计划（2015~2020年）〉的通知》等规章。

（4）能源统计制度。能源统计是国民经济统计核算的重要组成部分，为落实国家能源战略和发展规划提供基本数据支撑和基础资料，运用科学的统计方法和工具对能源领域勘探、开采、开发、生产、加工、转换、储存、运输、使用和处理等各主要环节以及涉及的主要部门进行及时、准确、全面、系统、专业的数据资料收集、整理、加工、计算、分析、汇总等的过程。能源统计报表和能源统计指标是重要的能源统计工具，包括《能源统计报表制度》和《重点用能单位能源利用状况报告制度》等，是能源统计工作的主要制度，此外，国家年度统计年鉴中的综合能源平衡表分能源种类的平衡表、生产/消费弹性系数表等也是重要的能源统计资料，它们各自附有详细的指标说明和计算方法。

2. 能源经济系统管理

（1）能源经济结构。能源经济结构从经济学视角反映能源领域的产业部门基本构成，主要受宏观经济政策、经济社会发展阶段和能源资源的储备勘探、生产技术以及能源需求和使用水平等因素影响，并随能源产业结构动态变化。能源经济结构能够适应经济社会发展的要求，才能够为经济社会发展提供强大的动力支持和能源保障；若能源产业结构不能适应经济社会发展的要求，可能会对经济社会发展产生一定负的经济外部性，如"两高一资"（高耗能、高污染、资源性）产业发展不仅影响能源利用效率，对能源供给和能源安全造成巨大压力，也对生态环境质量产生负面影响，这就需要及时调整能源产业结构。

（2）能源经济组织。能源经济组织是基于 SCP（市场结构、市场行为、市场绩效）分析框架对能源市场结构进行构建和优化，对能源市场行为进行引导和规范，对能源市场绩效进行评估与分配使用的过程。由于传统能源经济（煤、油、气、电力）具有天生的垄断性，市场准入门槛较高、行业控制性较强，而新能源产业具有垄断竞争的特点，市场准入相对较容易，传统化石能源和电力的产业集中度较高，由国家（主要是大型国有企业）掌控有利于能源安全和市场供给稳定，在新能源领域通过产异化的产品开发和引入非公企业参与市场竞争，有利于能源产业多元化的发展和能源多元化的需求。此外，国家支持以竞争性方式形成电量电价和发挥现货市场在电量电价形成中的作用，有利于提升能源产品与服务的性价比。

（3）能源经济布局。能源经济布局主要是基于区位理论和产业集群理论，并充分考虑能源资源的分布和发展基础、产业梯度和交通区位等条件，进行的地理空间上的产业布设与优化组合。中国的能源经济布局受地理、历史、交通、政策等因素影响，以常规能源为例，形成了北煤南运、西煤东运、西气东输和西电东送的基本格局。煤炭基地和陆地油田主要集中于北方地区，天然气田主要集中于西北和西南地区；电力作为二次能源，其中，水电主要集中于大江大河尤其是西南地区的江河和长江流域，其次是黄河流域、东南地区和东北地区的江河流域。

3. 基层单位用能管理

（1）能源计量与监测。能源计量是能源行业和企业强化自身管理和提高管理水平的重要手段之一，是对能源产业链相关环节所处状态的科学量化，指标包括能源种类、用能单位、输入/输出量、损耗、比率等。能源计量需要对不同能源制定相应的计量标准、计量器具、计量方法等规范和标准。

能源监测重点是通过一定的监测技术手段、方法和仪器设备等，对能源使用和用能管理进行在线记录，以实现对能源的动态管理。特别是依据政府有关的节能法规和标准，针对重点耗能单位和一般单位在能源使用和节能措施情况分别进行综合性和单项性的监测、记录、分析与评价。节能监测需要由具有资质的单位按照监测技术要求和规范实施。

（2）能源审计与对标。能源审计是旨在提高能源管理的科学水平，对用能单位的能源使用的审核分析与核算评价，并对用能管理机制考察的系统方法和制度。能源审计分为内部审计和外部审计，前者是用能单位内部审计部门对单位自身用能情况的审查与评价，具有基础性、经常性和预防性的特点；后者是独立于用能单位之外的审计部门对用能单位进行的能源审计，具有独立性、客观性和公允性等特点。中国的能源审计规范包括《工业企业能源管理导则》（GB/T 15587）、《企业能源审计技术通则》（GB/T 17166）等。

能效对标是为提升企业用能绩效的管理水平而采取的一种对照国内国际同行相应的标杆指标进行的测评和横向比较的方法与制度。能效对标应遵循标杆先进、对比科学、兼顾适用的原则，基本步骤包括能效现状分析、确定能效标杆、制定对标方案、实施对标分析、评估对标结果、提出改进措施等主要环节。

（3）能源信息系统管理。能源信息系统管理就是借助现代信息技术实现能源系统管理现代化的一种方法。能源信息系统包括数据采集、数据处理和数据存储等功能。能源信息系统管理软件包括能源监控、能源计量、用能分析、可视化人机交互界面等模块。随着现代科学技术的发展，尤其是现代信息技术的发展，"互联网＋"、物联网、大数据、云计算等先进技术和专业软件逐步被开发和用于能源系统管理之中，为能源管理更加科学、详尽、深入地分析包括储能、用能、能耗以及相关的宏观经济、市场价格、环境质量等叠加的情况，为更加准确和长周期进行预测预判，以及为分析结果更加清晰、直观提供了技术支撑。

第 3 章
能源经济学基础理论与发展应用

3.1 能源经济学理论基础

3.1.1 相关理论支撑

1. 理论经济学

理论经济学作为能源经济学的重要来源之一，研究的问题包括能源的稀缺性、能源市场的供求关系、能源的价格弹性、能源效率及其优化等方面，涉及传统西方经济学理论中的宏观经济学、微观经济学、新制度经济学等，其中，能源的稀缺性、能源市场供求关系最具研究代表性。

不可再生能源的稀缺性和可再生能源的替代性，是能源经济学的两个基本前提。不可再生能源（传统化石能源）的稀缺性是诱发和促使世界能源资源开采、争夺和分配的主要因素，由于此类能源的日渐耗竭，在可替代能源出现和推广之前，这种竞争和矛盾必将持续，甚至在一定程度上更加剧烈。可再生能源尽管能够在一定程度上缓解世界能源的稀缺，但其受产量规模、开发技术条件和使用成本等限制，在现有条件下尚不能完全替代不可再生能源，而是作为其有益的补充，同时，也需要考虑可再生能源的再生周期等因素。

能源供给与需求受到宏观经济发展情况、能源领域新技术的开发利用、能源消费模式和能源相关政策等因素的影响。能源市场的运行机制需要通过能源价格和供求关系的共同作用得以显现。从能源产业的基础性、支柱性和战略性等方面考虑，能源经济发展不可能做到市场出清和信息完全对称，因此，能源经济学的研究假设必然带有一定的局限性。根据西方经济学理论，能源市场的投资决策分析基于能源价格和边际效用。对于消费者而言，当边际效用与能源价格比值相同时，即实现能源消费组合的均衡；对于生产者进行投入决策而言，是基于投入的边际产出与能源价格达到均衡。

2. 应用经济学

从应用经济学视角对能源效率、能源产业布局、能源金融等方面的研究比较具有代表性。

从研究角度出发，能源效率测度理论与方法研究、完善节能政策设计、优化能源管理等方面的相关研究，有助于现实中的提高能源效率和强化节能，从而对于缓解能源稀缺和提高能源保障具有重要意义。

能源产业布局主要涉及能源产业链布局和能源产业区域布局等。前者是基于能源相关技术水平、配套产业基础、产业发展政策、产业上下游情况等进行的相关研究，能源产业具有资金、技术和劳动力密集型的特点，其产业链布局的科学合理性对于其他工业的发展也具有重要影响；后者还要考虑区位、交通、自然资源等因素，是能源领域项目落地的主要依据之一，能源产业布局需要充分考虑能源资源的现状，结合市场和地区实际综合权衡做出决策。

能源金融是能源领域应用经济学发展相对较晚的研究领域之一，美元与石油挂钩是典型的能源金融应用。作为实体经济的能源产业与金融资本有机结合，不仅能够为实体经济提供充足和可持续的资金支持，也能够有效避免金融市场过度泡沫化的风险。目前，对能源金融研究主要涉及相关的基础金融产品和衍生金融工具的开发、设计和金融市场的发展、稳定与监管等方面。在中国，近年来其与绿色低碳、脱贫攻坚和乡村振兴等主题衔接应用越来越深入。

3. 发展经济学

循环经济与可持续发展理论作为发展经济学的主要代表之一，一直以来，在寻求运用经济等手段实现人与自然的和谐和促进地球生态环境的改善。循环经济理论的核心是"3R"（reduce, reuse, recycle, 即减量化、再利用、资源化）原则，其中减量化原则是首要的。可持续发展理论的主要内涵就是满足当代人发展需要的同时，兼顾子孙发展的需要，体现了人类对自然资源永续利用和环境保护的理念。

为应对气候变化和积极消除贫困，世界许多国家和地区长期以来一直不懈努力。近年来，随着中国经济的快速发展，中国政府和人民对绿色低碳发展和推进能源革命不断重视并采取积极有力的行动，在清洁能源推广使用和能源清洁化、农村地区脱贫和助力乡村振兴等方面都做出了举世瞩目的贡献。

3.1.2 能源消费与经济增长的关系

从相关文献研究中可以看出，能源是参与经济产出的重要变量之一，是经济系统中一个重要元素。从宏观经济的视角看，决定能源需求的因素很多，如经济增长、产业结构、技术进步、能源价格、产业政策等。同时，能源对经济增长的作用具有复杂性，应将能源、经济、环境等问题综合考量，构建的系统需要借助系统动力学等理论和方法进行研究，不宜单纯地进行能源与经济增长之间关系的研究。

西方经济学理论认为，能源是生产的中间变量，是可被替代的外生变量，能源并非影响生产的主要因素。经济增长理论认为能源由劳动（L）、资本（K）、土地（N）、企业家才能（E）等基本生产要素构成，见式（3-1）：

$$Q = f(L, K, N, E, \cdots) \tag{3-1}$$

式（3-1）主要是基于能源的可持续性，忽略了能源要素的特性，并认为能源要素的耗竭问题可以通过技术进步等手段加以解决。中国国内一些学者进行了相关研究，赵新宇（2021）认为，能源投资对经济增长的弹性系数是0.297，即滞后一期的能源投资每增加1个百分点，将引致当期 GDP 增加0.297 个百分点；马晓君等（2021）认为，能源强度效应和经济产出结构效应对能源消耗变化起负向驱动作用，能源强度效应和经济产出结构效应对能源消耗变化的累积贡献分别为130%和19%。

当前的主流文献研究认为，能源需求总量与经济增长和能源价格的水平有关。从长期来看，能源价格上涨，能源消费量会下降，同时促进节能技术的发展；高的能源价格会抑制消费需求，进而影响经济增长水平，最终又会传导至降低对能源的需求。因此，本书的研究会涉及能源需求的经济增长弹性和价格弹性，以及能源效率等相关问题。

对能源消费与经济增长之间因果关系的研究主要采用格兰杰（Granger）因果检验、协整检验、向量自回归（VAR）模型、向量误差修正（VEC）模型等。通过较多文献对能源消费与经济增长关系进行的研究发现，由于样本选取、计量方法、时序阶段等的差异，经济增长与能源之间的关系表现不同，主要包括四类：存在从经济增长到能源消费的单向因果关系、存在从能源消费到经济增长的单向因果关系、不存在能源消费和经济增长之间的因果关系、存在能源消费与经济增长之间双向因果关系。由于统计和核算口径、样本选取、方法运用等不同，结果差异也会较大。不过，总体而言，在工业化初期，以重工业为主的经济结构对能源的依赖程度较高。

3.1.3　新时期能源经济发展的要义

能源经济更多地与技术进步、资源节约、清洁发展和环境友好等问题合并。技术进步有助于不可再生能源的利用效率不断提高和新能源、清洁能源等开发利用速度加快；资源节约有助于延长不可再生能源的耗竭周期，进而为新能源的大规模开发利用争取时间；清洁发展有助于能源产业的产业转型和技术升级，同时与环境友好共同作为新时期能源高质量发展的重要考量因素之一。

国内外大量文献研究表明，技术进步对于经济持续增长和经济结构优化具有重要的正向贡献。从世界范围来看，能源领域的技术进步大体分为：基于技术驱动，实现经济的自然增长与技术替代（20 世纪石油危机出现之前）；基于市场驱动，应对能源危机和推动能源技术的多元化（石油危机出现后至可持续发展理念提出）；基于政策驱动，实现能源经济领域的清洁发展机制与积极应对气候变化。此外，由于能源经济具有典型的资金密集型、技术密集型和劳动力密集型的叠加特征，加之其具有较长的产业链条，对债务期限要求较高，针对新能源领域收益具有不确定性等因素，将导致伴随能源产业链发展的能源供应链的风险不容小觑。能源经济领域的产业结构调整需要以技术进步作为支撑，同时，金融资本为能源产业扩大再生产、能源领域的新技术研发和技术改造升级等将提供有力的资金保障。

能源效率是能源经济性的重要数量表现指标之一，具体而言，就是指经济产出与所需能源投入的比例。从不同角度，能源效率可以得到不同的定义，一些文献用能源强度来表征。国内外代表性的文献，如帕特森（Patterson，1996）研究了能源效率的概念、指标和方法问题（见表 3 - 1）；魏一鸣、廖华（2010）对能源的宏观效率、实物效率、物理效率、要素利用效率、配置效率、价值效率、经济效率等指标做了系统阐述；史丹（2013）对中国的经济结构、增长速度与能源效率进行了时序研究等。此外，根据亚洲开发银行的解释，能源效率涉及开采、生产、运输、终端消费使用，以及能源基础设施建设投资的成本与经济效益。从目前学术界研究的重点来看，对能源效率的研究主要不仅涉及能源的投入产出，也涉及环境保护和能源安全等相关问题。能源效率文献研究详见本书第 4 章。

表 3 - 1   能源效率指标的分类概念与特点

指标分类	概念说明	适用特点
热力学指标	能源投入和产出都以热量测算，根据不同的测算方法分为热力学第一定律能源效率、热力学第二定律能源效率	便于从技术角度对能源（技术）效率进行分析；不能体现能源的最终用途，无法反映经济活动、非技术因素约束的影响，不便于进行宏观经济分析
物理热量指标	能源投入以热量单位测算，产出以物理单位测算，称为单位产品能耗	能够直接反映终端能源消费情况，便于相同行业进行比较；只能进行同种能源的累加，不利于使用多种能源部门进行核算
经济热量指标	能源投入以热量单位测算，产出以市场价格测算，包括能耗/GDP（能源强度）、GDP/能耗（单位能耗经济产出）	便于进行微观、中观、宏观等不同层面经济体活动的能源效率测算；不能直观地反映能源技术效率，非技术因素可能对能源效率产生一定影响，不同汇率下的测算缺乏对不同经济体购买力的考量
纯经济学指标	能源投入和产出都以市场价值测算，能源投入价值/GDP	能够较为充分地反映市场价格因素下的能源经济效率，便于对不同质的能源进行比较；由于市场价值需要计算边际转换率或能源消费边际替代率，因此价格计算存在困难

在《京都议定书》中，对温室气体减排的目标、内容、机制等都进行了详细的规定，其中，清洁发展机制（Clean Development Mechanism，CDM）被认为是提高能源效率和实现节能减排目标的重要工具，并且成为在发达国家与发展中国家之间协调温室气体减排和经济发展之间关系而采取的一种各方都可接受的方法。根据经济学的基本原理，从节能供给曲线看，给定的能源价格下的节能措施是一定的，适当提高节能价格有利于获得更大的节能效果；与节能曲线类似，从减排曲线看，负减排成本措施有助于节能，随着减排成本的提高，减排的空间变大，且边际效果增大（见图 3 - 1）。

传统的理论经济学主要研究供给、需求、市场、要素、价格、消费等相关的政策、机制与管理等问题；能源科学侧重于对能源开发、存储、运输、转化和利用等环节以及能源利用效率等相关科学技术与工程进行研究；系统科学则侧重于从系统整体的视角对系统的组织结构、系统要素、外埠环境、演化过程、行为影响、状态控制、自组织与反馈等进行研究。能源经济科学主要聚焦能源领域的相关问题，基于自然科学、经济学与系统科学等相关理论原理、技术方法，并非简单地叠加，而是将上述学科有机融合，从经济物理学的研究视角，对新时期能源发展的热点问题进行研究的一门新兴的交叉学科。

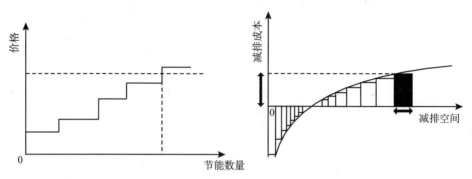

图3-1　节能价格曲线与减排成本曲线

资料来源：林伯强，牟敦国．高级能源经济学（第2版）［M］．北京：清华大学出版社，2014.

当前，能源经济科学研究的热点既包括如能源效率、能源全要素生产率等指标测度问题；也包括如能源结构调整、区域与产业转型升级以及能源系统优化等管理机制问题；还包括能源领域产业发展、财税金融支持、科技创新支撑等。能源经济科学作为新兴学科，其研究的范围包括能源科学（涉及能源资源储藏探勘、开采开发、加工转化、存储运输、消费利用等）、能源经济学（涉及能源供给与需求、外部性、市场运行及价格机制、产业组织布局、相关金融产品与服务等）、能源系统科学（涉及能源调配、能源系统组织管理等）以及能源统计与计量等。

3.2　能源产业链与产业布局

3.2.1　能源产业链

人类利用能源的形式随着人类文明和科技进步而呈现阶梯式、阶段式的演进。农耕文明时期，人类对能源的利用主要以传统生物质（薪柴等）燃料直接燃烧为主；第一次工业革命之后，煤炭燃烧逐渐成为人们对能源利用的主要方式；随着第二次工业革命的到来以及石油工业的兴起，石油的开采、加工和利用率先在西方发达国家推广；20世纪中叶开始，随着原子能等科技的发展，对核能的开发和利用逐渐受到重视，特别是在欧美等发达国家，核能已逐渐成为主要的能源之一；20 世纪后期随着第四次科技革命的到来，包括新能源等科技的发展，风电、太阳能光伏、生物质燃料、地热、海洋能等清洁和可再生能源科技和产业逐渐发展壮大。从目前世界范围人们对能源的开发利用方式来看，空间分布并不均衡，煤炭、石油和天然气、核能、新能源等不同程度地被人类开发（开采）和利用。可以认为，清洁能源中的水能、天然气、传统核能属于常规能源；清洁能源中的风电、太阳能光伏、氢能、新一代核能（如第三代核电技术）、地热能、海洋能、生物质发电等通常转化为电能等二次能源。此外，对化石能源中的煤、油、气和新能源中的氢能等开发利用涉及化工等行业，因此，能源产业与化工产业具有较多的交集。

能源产业在经济社会发展中具有基础性、战略性、安全性和标志性，一直以来在各国各地区经济发展中具有重要地位，因其导致的国家和地区之间的矛盾甚至战争，时至今日也不乏出现。能源产业是围绕人能开采（开发）利用的主要能源而形成的一系列经济活动、上下游产业组织和相关研发应用科学技术共同构成的产业集群。能源产业的发展主要受到能源资源禀赋和开采（开发）价值、科学技术条件和生产力发展水平、能源对外进出口情况、宏观经济增长和经济结构、居民消费水平等因素影响。从国民经济发展规划与管理的角度多称其为"行业"，从经济学研究的角度多称其为"产业"，如煤炭产业、石油产业、天然气产业、电力产业、新能源产业等。

根据能源经济的相关理论，能源是生产要素，经济增长对能源消费具有拉动作用，同时，能源与其他生产要素共同参与生产过程，其相互之间存在着完全替代、部分替代和不可替代的关系，不同能源产品之间随着经济发展、技术进步和能源消费需求的升级，也存在着接续、替代和迭代的过程。能源消费弹性系数和能源强度作为衡量能源效率的指标，是反映能源需求与国民经济之间关系的主要指标，会受到产业结构、居民消费、科技、环保等因素的影响。新时期中国能源产业规模不断扩大、结构不断优化、质量不断提升，同时，能源需求刚性化、能源生产低碳化、能源消费多元化、能源供给安全化已逐渐成为未来中国能源革命和能源产业发展的方向，为建设现代化经济体系和实现高质量发展提供坚强的能源保障。目前，一次能源中的化石能源和二次能源中的电力，在各自产业链关联的上下游工业行业较多，其发展质量对国民经济运行影响较大，且产业链自身相对比较完善（见图 3 - 2 和图 3 - 3）。

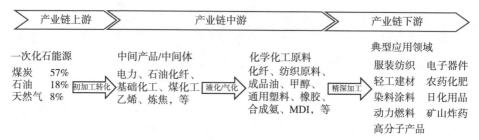

图 3-2 典型的化石能源基本产业链

资料来源：根据仁达方略相关表述整理绘制。

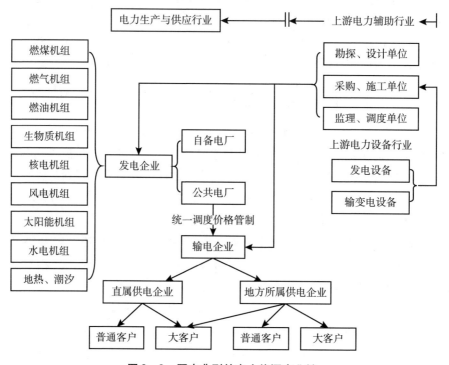

图 3-3 国内典型的电力能源产业链

资料来源：国际能源网。

在此以煤炭产业和油气产业为例进行阐述。

1. 煤炭产业

从中国煤炭产业发展来看，产业链不断完善，产品不断丰富、生产过程更加绿色低碳和高效安全。尽管如此，国内依然保持着下游的火电等以动力煤为主导，房地产、化工、有色、基建等共同构成的煤炭终端消费基本结构，其中，电煤的消耗占到动力煤的 60% 左右，炼焦煤、无烟煤则分别是钢铁焦化行业和化工行业的主要原料用煤（见图 3-4）。

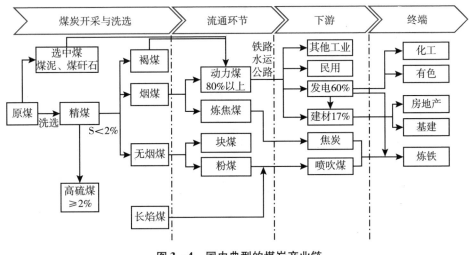

图 3-4 国内典型的煤炭产业链

资料来源：华泰期货。

煤炭作为燃料，被利用的效率相对较低，煤化工作为载能工业之一，通过深加工和再利用，进一步提高了煤炭资源的利用效率。现代煤化工区别于传统煤化工以煤电石、煤焦化等制取碳素材料和高分子材料，它主要以煤化电热一体化、煤炭分质利用、煤炭液化、煤制天然气、煤制烯烃、煤合成氨/尿素/甲醇、煤制乙二醇、煤质芳烃等作为技术路线进行产业组织。新型煤化工是从技术工艺视角区别于传统煤化工，更强调技术先进、过程清洁、产出高效等特点。现代煤化工与新型煤化工的内涵相近，在实际运用中可不做明确区分。

21 世纪以来，新型煤化工逐渐成为中国煤炭产业化、高端化和清洁化的重要转型方向之一。新型煤化工是以生产清洁能源和可替代石化产品为主，以煤气化为核心的多联产系统，包括煤气化、煤制甲醇二甲醚、煤气化多联产、煤的（直接、间接）液化制油等全链条产业技术（见本书末附图 1）。从产业链的角度可以看出，新型煤化工是为适应技术进步、环境改善、效率提升、效益增长需要而产生的，以煤炭采选作为上游，关联钢铁、化学化工、建材地产、有色冶金等工业领域，进而向生物医疗、农药化肥、机械汽车等产业延伸。全国煤化工重点从六大产业融合领域发展：煤炭开采、电力、石油化工、化纤、盐化工、冶金建材。此外，由于煤化工项目对自然资源（煤炭、水）要求较高，其发展受到生态环境的约束。因此，发展新型煤化工必须统筹考虑产业技术基础、自然资源承载、生态环境约束等，充分重视地区的生态安全格局、大力发展相关低碳化清洁化利用技术、对照"30·60"目标和实施方案加快推进碳市场建设。

2. 油气产业

改革开放以来，特别是进入21世纪以后，石油和天然气产业逐步成为中国工业经济和能源发展的重要支柱之一。从中国的石油天然气产业整体发展来看，其具有产业关联度高、经济规模和对外依存度较大以及关系能源战略安全等特点。国内油气产业链相对较为完整，上游的勘探和开采以"三桶油"（中石油、中石化、中海油）等企业为代表，近年来，其发展不断壮大，在全球能源市场上竞争力优势明显，2020年在《财富》杂志公布的世界500强企业榜单中，中石化和中石油排名分列第2位和第4位，中海油列第64位；从产业链中游来看，中石化和中石油业务均涉及炼化一体，2020年营业收入分别达到2.11万亿元和2.09万亿元；从产业链下游来看，石油深加工下游产业主要涉及建筑、机械、冶炼等传统工业领域，对化工中间体的后续加工利用产业集中于精细化工品和有机化学工业等领域，此外，天然气需要经过处理、液化、航运、接收和再气化等几个环节最终形成液化天然气（liquefied natural gas，LNG），主要用于城市燃气和调峰备用气源、交通工具燃料、化工原料等（见图3-5）。

从中国的石油天然气化工典型的全产业链条可看出，其产业链中间环节具有较高的技术集成特性，关系下游国计民生的诸多领域（见本书末附图2和附图3）。中国石油和天然气产业作为劳动密集型、资本密集型和技术密集型叠加的产业类型，其对外依存度相对较高。石油天然气产业链相关的供应链体系安全建设至关重要，建立适当的战略储备和强化相关的石油天然气输送通道安全稳定将关系中国石油天然气产业可持续发展、"30·60"目标的实现和国家能源安全。

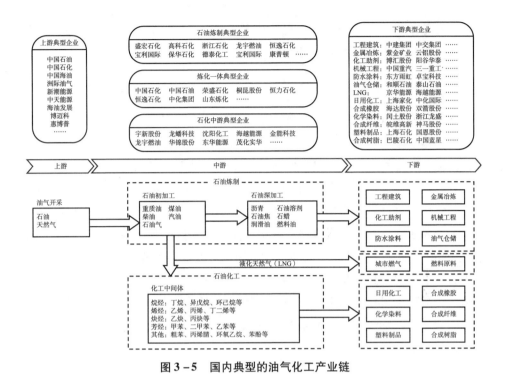

图 3 – 5　国内典型的油气化工产业链

资料来源：根据前瞻产业研究院相关文章整理绘制。

3.2.2　能源产业布局

1. 煤炭

从资源禀赋角度看，中国煤炭资源主要集中分布于华北和西北地区的晋、陕、蒙、豫、鲁、皖、新疆，以及西南的贵州等地（见本书末附图 4），长期以来形成了"北煤南运"和"西煤东运"的煤炭运输基本格局，中国主要的煤炭工业基地也集中于上述地区，其中，2020 年晋陕蒙三地的煤炭生产量占到全国原煤产量的 70% 以上，"十三五"期间，国家已规划布局了内蒙古鄂尔多斯、陕西榆林、宁夏宁东、新疆准东 4 个现代煤化工产业示范区。[1] 目前，已积极开展了以煤制油制气和制中间体的产业技术升级示范、加快推进关联产业融合、实施企业产业技术挖潜改造、促进资源型城市转型发展、依托"一带

---

① 国家发展改革委　工业和信息化部. 关于印发《现代煤化工产业创新发展布局方案》的通知 [EB/OL]. https://www.ndrc.gov.cn/fggz/cyfz/zcyfz/201703/t20170323_1149896.html.

一路"推进国际产能合作、大力提升技术装备自主创新和成套制造能力、探索推广碳减排技术路径等具体任务。

2. 石油

中国的石油开采区分为陆上和海上，目前陆上开采区主要在松辽盆地、鄂尔多斯盆地、塔里木盆地、华北平原、四川盆地等区域，约占全国的 2/3 的陆地国土面积；近海开采区主要在渤海湾、东海大陆架以及南海海域等。按照国家规划，① "十三五"期间，国内稳定松辽盆地、渤海湾盆地等东（中）部生产基地，巩固发展鄂尔多斯、塔里木和准噶尔盆地等西部石油生产基地，重点开展了鄂尔多斯、松辽、渤海湾、新疆、海上等地区的超低渗、致密油（页岩油）、稠油、油页岩、油砂等低品位资源勘探开发工程示范。随着经济的发展，中国石油消费对外进口依赖不断增加，已形成依托西北、西南、东北的中俄、中哈、中缅等陆上以及海上的原油、成品油输送通道，② 并且加快了石油战略储备能力建设，加大了石油装备的研发和提高了自主化水平，大力倡导和采取节能措施和清洁能源替代等。

3. 天然气

进入 21 世纪后，中国加快了对天然气的开发和利用。与石油资源类似，天然气资源也分为陆上和海上气田。其中陆上气田主要集中分布于塔里木、鄂尔多斯盆地、四川、柴达木和准格尔盆地等地区。2019 年，中国天然气（含非常规气）产量达 1773 亿立方米，同比增加近 10%。"十三五"期间，形成以四川、鄂尔多斯、塔里木等盆地为勘探重点的常规稳产气田，以及南海海相页岩气，沁水、鄂尔多斯盆地、新疆、滇东黔西煤层气以及煤制气示范项目等非常规天然气相结合的基本格局，③ 加强了中国的西北－中亚、东北－俄罗斯、西南－缅甸等战略通道管网建设，提高了干线管网和区域管网的输送能力的同时，统筹推进包括环渤海、长三角、东南沿海地区的 LNG 接收站储转能力建设，围绕国内主要天然气消费区域，不断提高京津冀、西北、西南、东北、长三角、中西部、中南、珠三角等八大储气基地的储备调

---

① 国家发展改革委 国家能源局. 关于印发石油天然气发展"十三五"规划的通知 ［EB/OL］. http：//www. nea. gov. cn/2017－01/19/c_135997294. htm.

②③ 国家发展改革委 国家能源局. 关于印发《中长期油气管网规划》的通知 ［EB/OL］. https：//www. ndrc. gov. cn/xxgk/zcfb/ghwb/201707/t20170712_962238. html.

峰能力。

4. 电力

目前中国已逐步形成了以火电、水电、风电、太阳能光伏发电为主导,核电和其他发电为补充的基本电力生产和消费结构。根据中国电力企业联合会的数据,[①] 截至 2019 年,中国的火电装机容量(全口径发电装机容量,下同)和当年发电量(全口径发电量,下同)占比均超过 60%,其中,煤电的装机容量和发电量占比分别为 57.8% 和 62.2%;风电和太阳能光伏发电的装机容量之和已超过水电,但其发电量只占水电的 50% 左右;核电的装机容量和发电量分别仅占 2% 和 5%(见图 3-6)。

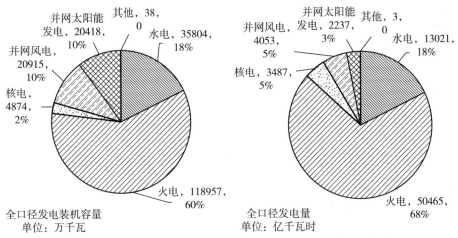

图 3-6 截至 2019 年中国全口径发电装机容量和当年全口径发电量

注:由于取值四舍五入,图中各取值之和不一定等于 100%。

从全国电力基础设施的空间布局上看,火电机组主要依托分布于大中城市的电力负荷中心、煤炭基地、靠近水源和满足环境容量承载要求的区域;水电机组主要分布于西南(占比超过 60%)、中南、西北等地区,特别是长江干支流、雅鲁藏布江、怒江、澜沧江以及黄河、珠江和东南诸河等水系;风电设施主要分布于"三北"地区和东南沿海;太阳能光伏设施主要分布于"三北"和西藏以及西南的部分地区;核电受环境安全等因素考虑,其设施主要分布于

_____

① 中国电力企业联合会. 中国电力行业年度发展报告 2020 [R/OL]. https://www.cec.org.cn/upload/zt/ngfzbg2020/index.html.

东部沿海地区。

3.3 能源市场与能源价格

3.3.1 能源市场机制

1. 能源市场基本理论

能源市场通常是指以能源资源、产品及服务进行市场化交易形成的供需关系及运行机制的总称。能源市场的内涵包括：能源资源、产品和服务可以进行的有形或无形的交易场所；能源市场中存在供应方和需求方及其之间的关系；维系能源市场运行的机制。随着经济的发展、技术的进步、规制的完善，能源市场的交易场所、交易方式、交易产品、相关参与人也在不断地丰富，市场相关利益方更趋多元且之间的关系更加错综复杂，调控市场运行的各种规范、制度和规则也在不断地完善。影响能源市场运行的主要因素包括自然资源（如常规能源储量等）、经济（如宏观经济发展、社会消费水平等）、科技（如能源领域的技术进步等）、政治（如国际贸易摩擦、国内政策调整等）等常规因素，也包括诸如突发极端公共事件（如新冠肺炎疫情等）等非常规因素。

根据不同的分类依据，能源市场可被划分为不同的类型（见表3-2）。

表3-2　　　　　　　　　　　　能源市场的分类

分类依据	分类内容
所处的地域	国内能源市场、国际能源市场；本地能源市场、外埠能源市场
资源的种类	煤炭市场、石油市场、天然气市场、电力市场、风电市场、太阳能光伏市场
交易标的物	能源初始资源市场、能源产品市场、能源衍生品市场
产业链环节	上游勘探开采（开发）市场、中游生产加工转化储运市场、下游利用交易市场

能源供给是能源市场的重要组成之一，是指在一定时期内能源开采（开发）生产部门在一定的市场价格下，愿意并能够提供的能源数量。能源供给具

有资源有限性、空间差异性、品种结构性等特点。对能源供给的分析主要是基于传统的西方经济学的供给理论，如香农－威纳指数（Shannon－Wiener Index）。对能源供给结构可表示为：

$$H = -\sum_{i=1}^{n} S_i \ln S_i \tag{3-2}$$

式（3-2）中，H 表示一次能源攻击系统的多样性程度，$H \geq 0$；S_i 为一次能源品种 i 的供给量占一次能源供给总量的比例；n 为一次能源攻击系统的品种数量。

通常，评价能源供给弹性的指标包括能源生产弹性（3-3）、能源供给价格弹性（3-4）、能源供给的交叉价格弹性（3-5）等。

$$E_{sy} = \frac{\Delta Q_s / Q_s}{\Delta Y / Y} = \frac{\Delta Q_s}{\Delta Y} \cdot \frac{Y}{Q_s} \tag{3-3}$$

式（3-3）中，Q_s 和 Y 分别表示能源供给量和经济总产出（如 GDP），能源生产弹性系数小于 1，表明能源产量增速落后于经济增长速度；反之，表示能源生产增速快于经济增长的速度；若弹性等于 1，表示两者同步。

$$E_{sp} = \frac{\Delta Q_s / Q_s}{\Delta P / P} = \frac{\Delta Q_s}{\Delta P} \cdot \frac{P}{Q_s} \tag{3-4}$$

式（3-4）中，Q_s 同上，P 表示能源价格。

$$E_c = \frac{\Delta Q_b / Q_b}{\Delta P_a / P_a} = \frac{\Delta Q_b}{\Delta P_a} \cdot \frac{P_a}{Q_b} \tag{3-5}$$

式（3-5）中，E_c 代表供给的交叉价格弹性，Q_b 代表某种能源商品 b 的供给量，P_a 代表商品 a 的价格。如果 E_c 为负值，反映两种产品是替代品；E_c 为正值，反映两种产品为互补品；E_c 等于零，反映两种产品互不相关。通常情况下一般用来分析不同能源品种之间的互补性和替代性。

除此之外，研究能源供给的模型还包括反映可耗竭资源开采速度的霍特林模型（Hotelling Model）、对可采资源量预测的哈伯特高峰理论模型、自然资源耗减理论价值核算模型等。

能源需求是与能源供给相对应的能源市场重要组成之一，是指在一定时期内能源消费者在一定的市场价格下，愿意并能够支付的能源数量。能源需求主要受到经济增长、能源价格和能源结构等因素影响。对能源需求的分析分别基于消费者效用最大化和生产者成本最小化。具体的分析方法包括能源需求弹性（3-6）、能源强度（3-7）和能源平衡表。

$$e_{EX} = \left(\frac{\Delta E}{E}\right) \Big/ \left(\frac{\Delta G}{G}\right) \tag{3-6}$$

式（3-6）中，e_{EX} 为能源需求弹性系数，E 代表能源消费，G 为影响能源消费的某类因素，△代表变动。

$$EI_t = \frac{\sum_{i=1}^{n} E_{it}}{G_t} \qquad (3-7)$$

式（3-7）中，EI_t 表示能源强度；E_{it} 指在时间 t 内某类特定能源消费。在度量能源强度时，经济变量 G_t 通常是价值量，如一个国家、地区、行业的生产总值，常见的指标是国内生产总值（GDP）或工业增加值。在考察时间范围内，变量 E_t 和 G_t 应具有可比性。

能源平衡表由不同的能源品种单项平衡表组成，以矩阵形式将各种能源资源的供应、加工、转换和终端消费等数据汇总记入若干表格，直观地描述报告期内能源的供需状况以及生产-消费之间的加工转换关系、资源供应结构和消费需求结构。能源平衡表按能源资源的内容，可分为单项能源平衡表（如煤炭平衡表）和综合能源平衡表；按平衡范围大小，可以分为地区（包括全国）平衡表、部门平衡表和企业平衡表等。

能源市场运行的理想目标就是实现能源资源的均衡配置，即能源市场的供需双方在量上实现均等（供给量与需求量等额匹配）、在势上实现均衡（不存在某一方主导市场的情况），涉及单一品种能源市场均衡、多品种能源市场均衡、能源-经济-环境系统均衡等，然而，由于存在能源资源的稀缺性、市场信息不对称和外部性导致市场失灵等情况，现实中的能源市场通常是非均衡市场。当出现市场失灵时，需要相应的政府规制及时对能源市场进行干预和调控，相应的规制涉及价格、配额、质量、环保、安全等方面。

目前对能源市场风险等定义尚不统一，通常认为，能源市场的风险主要是由于能源价格出现变动致使市场主体及相关参与方的收益出现的不确定性，即，能源价格下跌，能源供给相关方的收益将减损；能源价格上涨，能源需求相关方的收益将减损。能源价格波动主要受能源资源储量、可替代能源出现、开采（开发）加工储运成本、国内政策调控、国际地缘政治关系、其他突发事件等因素影响。能源价格波动溢出效应被视为能源市场风险溢出效应的核心。随着能源金融市场的发展，能源产品市场与能源金融衍生品市场之间的联动效应更加明显，金融市场包括汇率、利用等信息能够快速地传递到能源产品市场并被反映出来。能源市场风险溢出包括内部风险溢出和外部风险溢出，前者指在不同能源产品市场之间的风险传导；后者指能源产品市场与金融市场、外汇市场、农产品市场等之间的风险传导。

2. 能源市场运行现状

受突发事件和全球石油市场震荡等因素影响，2020 年全球能源产业格局进一步发生了调整，产品需求增速普遍下行，价格大幅下跌，企业经营状况和业绩持续下滑。全球一次能源消费量出现近 10 年来的首次下降，其中，化石能源消费量同比减少 6.1%，非化石能源消费量增加 3.3%，能源清洁化持续推进，煤炭消费占比继续下降，天然气与非化石能源的消费占比较上年增长 0.9%。对于中国而言，尽管近年来对清洁能源和新能源的开发利用占比逐渐提高，但短期内以煤炭、石油、天然气等传统化石能源为主的能源结构不会有根本性改变，随着能源结构调整，油气占比将进一步提高。

至 2020 年底，全国煤炭行业提前完成产能退出任务，年累计退出约 10 亿吨产能，产业结构得到优化，市场供需基本平衡。受国际能源市场变化和对外贸易下滑等因素影响，中国油气产业受到了一定冲击，面对疫情叠加油价骤然下跌的不利形势，中石油、中石化、中海油三大油气企业对上游投资进行了大幅调整，整体缩减约两成。国内原油加工量增速降低 4.6%；成品油实际消费量同比下降 0.8%，净出口量回落至 4200 万吨以下；国内天然气消费量同比增长 7.1%，增速较上年有所放缓，天然气占一次能源消费总量比重达到 8.7%，天然气进口量增速下降明显，进口管道天然气首次出现负增长。2020 年全国电力市场继续保持较快增长，电力市场供应总体充足和局部紧张并存。[①]

此外，国家生态环境部于 2020 年 12 月 31 日发布了《全国碳排放权交易管理办法（试行）》，2021 年 5 月 17 日发布了《碳排放权登记管理规则（试行）》《碳排放权交易管理规则（试行）》和《碳排放权结算管理规则（试行）》。这是贯彻党中央国务院关于建设中国的碳交易市场的具体体现，对碳排放权交易主体、交易产品、交易方式以及监督管理等都做出了明确要求，对碳排放权的分配、登记和结算制定了详细规范，对于完善碳交易价格机制和碳交易市场健康稳定发展具有重要意义。

---

① 中国石油天然气集团有限公司.2020 年度报告［R/OL］.http：//www.cnpc.com.cn/cnpc/lncbw/202104/8d4d7b2d3c214150aabb3f57905efc46/files/450be6f4dd3d4eb8b3876d5604de557f.pdf.

3.3.2　能源市场价格

1. 能源价格基本理论

能源定价理论主要是基于早期的资源稀缺和边际学说等理论，代表性的理论如哈罗德·霍特林（Harold Hotelling，1931）的可耗竭资源模型，主要是针对储量确定的自愿进行的讨论。此外，资源稀缺理论中的一种——边拓模型（frontier model）针对自然资源非常充裕的情况下，自然资源产品的生产函数为不变规模报酬，资源随着劳动和资本的投入而扩大，最终产品主要受劳动和资本的影响；另一种，李嘉图模型（Ricardian Model）是指原料生产的单位成本随生产规模的增加而增加，资源的可用性受到目前利用效率和累计用量的影响。在马克思主义价格理论中，劳动价值是核心要素，价值和价格是本质和表现的关系，价值量的大小取决于消耗的社会必要劳动时间，能源资源的价格同样如此。在现实的市场经济环境下，由于能源资源不属于完全竞争市场的情形，存在垄断、外部性等市场失灵的条件，因此，对能源的定价研究比较复杂，相关的研究有影子价格模型、边际机会成本模型、可计算一般均衡模型（computable general equilibrium model，CGE 模型）、市场估价模型、能量定价模型、能值定价模型等。

能源价格作为调节能源资源市场配置的重要机制和工具，会受到能源资源储量、开采（发）利用技术水平、宏观经济环境、储运成本、国内和地区政策、国际关系和地缘政治以及极端事件等因素的影响，因此其价格波动有时会脱离能源市场供需行情。此外，国内外一些学者曾认为能源价格上涨会带来经济衰退，但之后的研究发现，能源价格的波动对经济增长的影响具有非对称性。能源价格的波动对宏观经济的影响主要表现在对社会消费、社会供给、投资拉动、通货膨胀和虚拟经济等的影响，同时，经济增长方式、现有产业结构、能源结构、环境政策等因素，在一定程度上决定了能源价格波动对经济影响的程度。能源价格的波动可以通过价值链诱发成本推动型的通货膨胀，因此，必须重视对能源价格波动的分析，当出现市场失灵的情况时，需要通过必要的干预手段及时进行调控。

2. 能源市场价格现状

2020 年，全国煤炭、原油、LNG、液化丙烷（LPG）价格走势整体呈现先急速下滑后逐步回调的基本态势。从中国（太原）煤炭交易中心的煤炭交易价格综合指数来看，在经历了短暂下挫之后，中国（太原）煤炭交易价格综合指数逐步稳定并自 2021 年以来上涨势头强劲，现已恢复至疫情前的120%，反映出这段时期全国的煤炭交易市场比较活跃。作为全国反映油气市场交易情况的主要代表，上海石油天然气交易中心的原油、LNG 和 LPG 进口价格指数波动相对煤炭价格指数较为剧烈，截至 2021 年第二季度，原油和 LPG 价格指数已逐渐恢复至接近疫情前的水平，同期，LNG 价格指数波动最为剧烈，其价格距离疫情前水平还有一定差距（见图 3 - 7）。

中国的销售电价是由上游的购电成本、中游的输配电损耗成本和政府性基金及附加等构成，主要参照煤电等的上网电价。从发电侧上网电价看，光热发电价格最高，超过 1 元/千瓦时；其次是海上风电和天然气发电；煤电的上网电价采取"基准价 + 上下浮动"的市场化机制，相对较低，为 0.25 ~ 0.45 元/千瓦时；核电标杆上网电价最低，为 0.43 元/千瓦时（见图 3 - 8）。

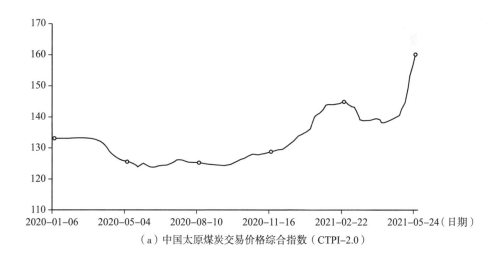

（a）中国太原煤炭交易价格综合指数（CTPI-2.0）

基期：2018第一周，价格：3114元/吨，指数：100点

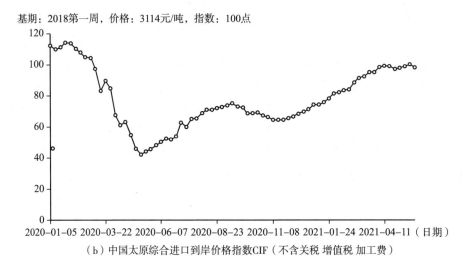

（b）中国太原综合进口到岸价格指数CIF（不含关税 增值税 加工费）

基期：2018第一周，价格：2853元/吨，指数：100点

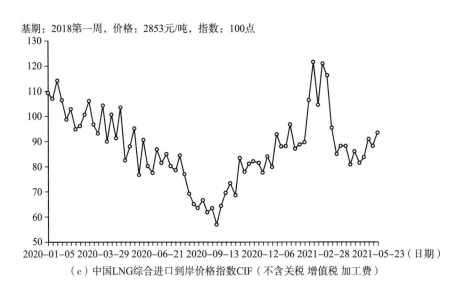

（c）中国LNG综合进口到岸价格指数CIF（不含关税 增值税 加工费）

基期：2019第一周，价格：3541元/吨，指数：100点

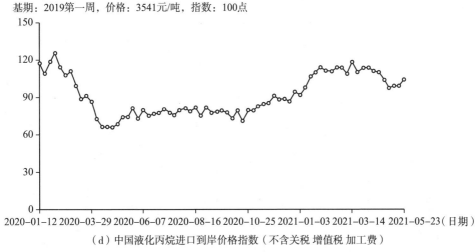

（d）中国液化丙烷进口到岸价格指数（不含关税 增值税 加工费）

图 3 – 7　2020 年 1 月至 2021 年第二季度全国主要煤油气交易中心综合价格指数

随着世界经济正逐渐发生着深刻的变革，中国的能源市场与能源价格也逐渐发生着调整与改变。

（1）煤炭方面。2020 年 7 月《中华人民共和国煤炭法（修订草案）》（征求意见稿）新增了煤炭市场建设、价格机制等条款，提出建立和完善统一开放、层次分明、功能齐全、竞争有序的煤炭市场体系和多层次煤炭市场交易体系。2020 年 6 月，国家发展改革委等六部门发布的《关于做好 2020 年重点领域化解过剩产能工作的通知》提出，推动钢铁、煤炭、电力企业兼并重组和上下游融合发展，提升产业基础能力和产业链现代化水平，打造一批具有较强国际竞争力的企业集团。7 月后，煤炭市场加速整合，一批特大型煤炭企业重组成立，包括晋能控股集团、山东能源集团等。10 月，由国家发展改革委牵头，中国国家铁路集团有限公司联合煤炭、电力、钢铁、港口、地方交易中心等 35 家煤炭上下游优势企业组建的集产、供、储、销、运及监测预警信息于一体的首家"政府主导、市场运作"的全国性煤炭交易平台——全国煤炭交易中心有限公司在北京正式成立，该平台旨在以服务于全国煤炭交易，推动"互联网＋煤炭"落地实施，适应煤炭市场格局变化要求，规范煤炭交易行为，促进煤炭供需动态平衡，逐步打造"面向全国、辐射亚太、影响全球"的国际化煤炭交易平台。

（2）石油方面。2020 年 1 月，《关于推进矿产资源管理改革若干事项的意见（试行）》的出台标志着中国油气勘探开采市场全面放开，油气产业链的上游勘探开采主体将日趋多元化；10 月，国家管网集团全面接管原中石油、中

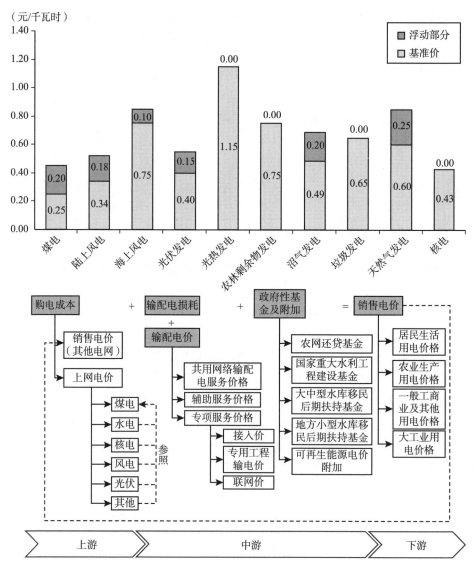

图 3 - 8　2020 年全国发电项目的上网电价范围以及电力行业上下游电价组成

石化、中海油下属企业的相关油气管道基础设施资产和业务，正式并网运营，从而实现了全国主要油气管道基础设施统一调配、统一运营、统一管理。此外，面对油价剧烈波动，实体避险需求增强，2020 年以来，境内外涉油企业纷纷使用原油期货举行套期保值，上海原油期货市场规模跨越式增长，交易量、持仓量屡创新高。在此过程中，上海原油期货的国际化程度不断提升，境内外知名涉油企业积极参与交割。自 2020 年 10 月 12 日起，上海原油期货启用结算价交易指令（TAS）和原油期货日中交易参考价，在原油期货这一重要的国际化期货品种上不断进行制度创新和探索实践，有助于中国期货市场完善优化制度，夯实期货价格发现和风险管理基础，进一步提升国际化水平。

（3）天然气方面。2020 年 2 月，《关于阶段性降低非居民用气成本支持企业复工复产的通知》要求在现行天然气价格机制框架内，执行政府指导价的非居民用气以基准门站价格为基础适当下浮，尽可能降低价格水平；对价格已放开的非居民用气，鼓励天然气生产经营企业根据市场形势同下游用气企业充分协商沟通，降低价格水平；3 月，国家发展改革委发布的新版《中央定价目录》，明确了海上气、页岩气、煤层气、煤制气、液化天然气、直供用户用气、储气设施购销气、交易平台公开交易气；2015 年后投产的进口管道天然气以及具备竞争条件省份天然气的门站价格由市场形成。4 月，《关于加快推进天然气储备能力建设的实施意见》的出台进一步推进了天然气管网等基础设施互联互通；《关于加强天然气输配价格监管的通知》指出合理制定省内管道运输价格和城镇燃气配气价格，天然气输配价格按照"成本 + 合理收益"原则核定，并再次强调天然气输配收益率 7% 的上限。随着一系列政策措施效果的逐步显现，全国天然气产业链各环节收益日趋合理，对天然气行业持续健康有序发展起到了积极作用。

（4）电力方面。中国现已初步形成在空间范围上覆盖区域和省级，在时间周期上覆盖年度、月度、月内的中长期交易及日前、日内的实时电力现货交易，在交易标的上覆盖电能量、辅助服务、可再生能源消纳权重等交易品种的市场体系结构。2020 年，中国电力市场参与主体不断增多，电力市场化交易规模及占比持续扩大，交易机构股份制改造取得积极进展，市场开放程度显著提升，市场活力进一步增强。2020 年 2 月下旬，为了有效应对疫情冲击，支持企业复工复产，国家发展改革委发布了《关于阶段性降低企业用电成本支持企业复工复产的通知》，明确 2020 年上半年，除高耗能以外的大工业和一般工商业电价降低 5%。6 月，国家发展改革委印发的《关于延长阶段性降低企业用电成本政策的通知》将这一政策延续至当年年底。此前，全国已连续两年下调一般工商业电价，2020 年电价降幅从 10% 缩减至 5%，但覆盖面由一般工商业企业扩大至除高耗能以外的大工业和一般工商业等领域。

3.4 能源金融与能源贸易

3.4.1 能源金融

1. 能源金融内涵特征

能源金融的内涵主要由能源产业与金融资本两者耦合承载，根据其与实体产业的关联程度可以分为：实体性能源金融，具体形式如能源资源上市企业、能源银行、能源投融资机构等从事能源相关的基金、债券、保险等金融产品与服务；虚拟性能源金融，具体形式如相关企业和金融机构从事能源相关的期货、期权、互换、远期等金融衍生品交易业务。此外，从行业视角，能源金融可分为煤炭金融、石油金融、天然气金融、电力金融、新能源金融等某类资源的能源金融，以及绿色金融、碳金融、气候金融等涉及节能减排和清洁发展机制（CDM）等金融专题。

能源金融是能源产业与金融资本为适应市场需要而关联共生的创新产物，是实体经济与虚拟经济结合的典型表现形式之一，某些情况下具有一定的跨期和跨地域的时空特征，在运行过程中其价值形态可能发生改变并可能会产生价值增值的特殊产品与服务。能源金融的主要功能是融资和产生金融衍生工具。通常，能源金融的融资模式包括贷款、债券、股权融资、资产证券化、租赁融资、项目融资（如 BOT、PPP 等模式）；相关的金融衍生品包括通常场内交易的能源期权、期货合约等，以及场外交易的远期合约、基差互换、差价互换、障碍期权、差价期权等。

2. 能源产业投资融资

能源产业投融资主要对应于实体性的能源金融。根据传统的投融资相关理论可知，投资与融资是两个既相互独立又有一定关联的活动，对能源企业来讲，生产、融资、投资是三个主要的经济活动内容，融资是投资的前提，投资是融资的目的。同时，相关领域的投融资也为能源企业扩大再生产、不断优化产业结构、提高管理效率和效益提供了资金保障。根据马晓微和魏一鸣（2009）的相关研究，中国能源投融资机制的发展变化规律可以大致分为五个阶段：财政主导型投融资机制阶段（1949～1978年）、投资主体多元化机制的市场过渡阶段（1979~1988 年）、市场经济型的政策性融资与企业独立核算机制阶段（1989~1996 年）、市场经济型的能源投融资股份制改革阶段（1997~2007 年），以及创新驱动与绿色发展下的能源领域多元化投融资阶段（2008 年至今）。

通常，中国的能源产业包括直接投资、间接投资、实物投资和金融资产投资等方式；融资渠道主要包括企业自筹、财政资金、银行贷款、利用外资等。无论是投资还是融资，都在不同程度上受到政策体制、宏观经济、市场风险、项目情况等诸多因素的影响。由于能源产业细分复杂，加之不同能源的开采（开发）、加工、储运、使用和政策导向等差异较大，决定了各自的投融资规模、方式、周期等差异比较明显。一般而言，能源企业和项目的投融资规模较其他行业偏大、周期较长，对科技、金融的依赖度较高，这就决定了能源与金融的关联更加密切，如国际间的石油美元结算、煤炭期货交易等，进而促成了能源企业与金融机构之间的经济融合（即能源金融）；同时，这种历史规律和现实存在也促使能源金融产品与服务的多元化创新需求，推动了能源领域投融资模式的不断创新。

3. 能源虚拟金融市场

虚拟金融是虚拟经济的核心，其自身的核心是虚拟资本，是游离于实体经济活动之外的金融市场活动和产生的金融产品与服务。从价值变化方面看，虚拟金融是以虚拟经济活动为基础的价值变化过程，通常，虚拟金融资产的价值远高于实体经济的价值；从与实体相关性方面看，虚拟金融交易过程往往不依赖于实体经济，甚至完全脱离实体经济进行相关活动。能源虚拟金融是传统能源金融与现代虚拟金融相互作用而产生的新的金融业态，是以能源产品为标的物，并在能源虚拟化的基础之上而衍生出的金融业态，交易者在能源虚拟金融市场进行期货、期权、远期、互换等交易活动，以及通过股票、汇率、利率等以规避金融风险为目的进行套期保值和对冲交易。

能源金融衍生品主要从能源领域的原生资产衍生而来，常见的包括煤炭期货、原油期货、天然气期货等。此外，近年来，碳配额交易市场也愈发活跃。从交易形式上看，场内交易主要是通过交易所（如纽交所等）进行期货、期权等合约的买卖和结算；场外交易主要包括远期、互换、差价合约、摆动期权等。随着世界能源结构的逐渐变化，传统能源金融市场的规模将呈现出天然气金融业务增幅较大、石油金融业务增幅基本平稳、煤炭金融业务有所下降；在新能源和相关的碳交易市场方面的金融业务将会更加活跃，基于"互联网＋"

等平台的低成本直接融资更受青睐，绿色低碳理念和区块链等技术将融入能源金融发展。

4. 能源金融风险防范

由于能源金融具有实体性和虚拟性的双重特性，因此兼具传统金融市场风险和实体市场风险的特征，根据风险产生的来源主要分为价格风险、行为风险、技术风险和环境风险等。价格风险主要是由于能源交易结算过程中交易结算所使用的货币受到利率、汇率、价格波动等因素影响可能会对交易方造成一定的损失；行为风险主要是能源企业或项目在投融资过程中，受到诸如投资决策、资本偏好等因素影响，能源资源与金融资本之间出现关系失衡，进而可能会导致产业链资金链断裂；创新风险，由于能源金融的实体性，金融资本投入能源技术产品研发过程中可能出现的投资规模较大、周期较长、投资效率不高甚至投资失败等；环境风险，主要是受到诸如宏观经济波动、相关政策调整、"黑天鹅"事件等因素的影响，可能会对企业或项目造成经济损失。

鉴于能源金融存在的风险，目前主要采取包括建立风险评估、防范与管理机制、制定应急处置预案、建设监测预警技术平台，进行对冲基金交易、购买相应的保险产品等手段和措施，以期尽可能规避相应的风险，力争最大限度地降低风险发生所造成的损失。此外，为促进能源金融健康发展，还应遵循金融围绕实体经济服务、避免经济脱实向虚的基本原则，遵循市场规律科学运用金融杠杆工具、适时适度地进行货币政策调控，积极促进能源领域产业链、资金链、技术链的有机融合。

中国的能源金融发展情况见本书第 11 章。

3.4.2 能源外贸

1. 中国能源外交与能源安全

能源外交与能源安全是一个国家和地区能源经济发展与能源对外贸易的重要影响因素之一。能源外交是为支撑国家和地区的经济增长和可持续发展，为确保能源安全而运用的战略博弈手段。经济全球化以来，其内涵不断丰富、外延不断扩展，涉及经济增长、政治与国际关系、资源利用与环境保护、消除贫困等领域。能源外交在有些文献中表述为"国际能源合作"。

从世界范围来看，主要的能源供给国家外交战略的基本共性可概括为：坚守对自身能源资源流出的控制，勘探开发领域强化对外合作，协调联合，尽可能争取更多的共同利益，不断增加影响能源市场的分量，扩大并争取与能源消费国对话的有利态势。如海湾地区、南美地区部分国家。主要的能源消费国家外交战略的基本共性可概括为：力求实现自身能源流入渠道的多样化，建立双边多边的能源战略储备与共享合作机制，通过开放自身能源产业链供应链下游市场吸引能源资源国参与以确保能源供应稳定。如欧盟、东亚地区部分国家。主要的能源中转国家外交战略的基本共性可概括为：充分利用中转渠道和过境便利优势获取自身最大利益，参与国际能源合作力求在能源供给国家和能源消费国家之间实现利益分享。如中亚、南亚和东南亚地区部分国家。

中国的能源外交战略旨在维护国家战略利益和服务于国家外交总体战略的大局，始终坚持和遵循互利共赢的原则与其他国家（地区）和国际组织开展相关合作，并努力确保市场开放条件下的国家能源安全。近年来，随着中国的综合国力日益提升，在推动高质量共建"一带一路"等方面，能源国际合作取得了积极进展，同时，进一步扩大了包括能源领域的对外开放、积极参与全球能源治理体系建设和推动国际能源合作和应对气候变化等相关领域的国际事务。

能源安全的概念被提出始于 20 世纪 70 年代的世界能源危机，随后，其内涵不断得到丰富，代表性的国际组织和国家对能源安全的表述或认识主要包括以下方面。

（1）国际能源署对能源安全更强调能源供应的多元化、高效率和应对突发紧急事件的韧性，以及保护环境、合理的能源价格、开放的能源市场和良好的能源投资环境等。

（2）欧洲能源宪章组织秘书处认为能源安全就是可靠、充足和价格合理的能源供应。

（3）石油输出国组织即欧佩克（Organization of the Petroleum Exporting Countries，OPEC）认为能源安全涉及六个方面：消除贫困的基础性、安全保障的全球性和广泛性、涉及能源全产业链和供应链、关注能源安全的长远预期、能源开发的可持续性、稳定通畅的国际合作对话机制等。

国内学者史丹（2013）对能源安全进行了界定。综合并拓展相关学术研究成果，本书认为，能源安全应包括能源资源及其供给渠道的可及性、稳定性和持久性、能源价格的相关各方（主要是市场供需双方）的可接受性、在能源开采（开发）利用过程中对生态环境影响的友好性，国际能源市场价格波动与风险的可控性。

世界主要能源国家和国际能源组织的能源安全战略可以概括为以下方面。

（1）美国。二战以后，尤其是 20 世纪 70 年代之后，其主要是建立在防范能源（尤其是石油）供应出现大规模中断的基础之上，通过金融、军事等手段确保现有能源供应的稳定和持久，并逐步实现供应渠道多元化和削减海外依存度，同时，非常重视对可再生能源和接续能源（页岩气等）的开发和利用，并强化提高能源效率。可以说，美国的能源安全战略对其他能源消费国家和地区具有一定的示范和引领效应。

（2）欧盟。作为典型的能源输入型地区，由于地缘政治影响较为复杂，长期以来对能源的外部依赖较重，建立能源安全机制较早，主要是通过协调各成员国的利益并试图合作建立较为统一的能源安全政策，实现减少外部能源依赖和实现能源供给和利用的多元化。

（3）独联体。以俄罗斯为代表，作为主要的能源供给国之一，俄罗斯将自身能源安全置于全球和地区外交的统筹布局之中，通过不断强化和控制能源（尤其是油气）供给输出，协助和维持其自身在欧洲、中东、亚洲等地区的发展利益以及与欧盟等西方国家之间的外交优势。中亚－里海地区相关国家在与俄罗斯继续保持能源安全战略上的协调同时，积极吸引外国资本参与开发，并不断完善东、西向的能源输出管道建设。

（4）日本。作为资源匮乏的国家之一，其非常重视能源安全与经济增长和环境保护之间的关系，近十几年来，更加突出能源结构优化和能源多样化，提高节能水平和能源效率，不断加强替代能源的开发利用，但受福岛核事故的影响，至今能源安全问题仍困扰着日本，尚未形成明确的改革突破方案。

（5）欧佩克（石油输出国组织，OPEC）。作为亚非拉石油生产供应国的代表，欧佩克在世界能源市场的地位举足轻重，其主要是通过协调各成员国之间的利益，统一对外能源政策，维护国际油价和相关方的利益，但由于世界能源体系中的非市场因素不断出现，其作用不断被削弱，同时，也面临着与其他相关输出国和国际能源组织加强对话合作与自身改革的压力。

（6）国际能源署（International Energy Agency，IEA）。作为经济合作与发展组织的一个独立的部门，其主要为成员国提供信息共享和协调各成员国应对能源危机和能源市场变化政策，提高成员国自身能源供给能力和采取共同的措施减少对能源的外部依赖，促进相关国家和地区在能源供给与需求之间的合作。

（7）中国。经过长期艰苦不懈的努力，中国已经建立起了较为完备的能源工业体系，并逐渐成为世界上最大的能源生产和消费国。随着自身经济的发展和外部环境的不断变化，新时期中国能源已经明确必须走高质量发展的道路，贯彻"四个革命、一个合作"的能源安全新战略，[①] 具体包括推动能源消费革命，抑制不合理能源消费；推动能源供给革命，建立多元供应体系；推动能源技术革命，带动产业升级；推动能源体制革命，打通能源发展快车道；全方位加强国际合作，实现开放条件下能源安全。

2. 中国能源对外贸易

中国的能源对外贸易始终基于并充分考量国家的能源外交和能源安全战略等因素。"十三五"以来，面对复杂多变的国际环境和国内供给侧结构性改革等艰巨任务，中国坚持全方位加强与相关国家、地区和国际组织之间的双边和多边国际能源合作，鼓励能源企业推进实施包括"一带一路"产能合作在内的对外贸易交流。在与俄罗斯、中亚地区、海湾地区、南美地区、澳大利亚等不断加强传统化石能源合作贸易的同时，在可再生能源和清洁能源等领域积极发挥自身优势，提高投资、建设和技术输出的"走出去"世界影响力，逐步发展形成了遍布五大洲的能源技术、标准、装备、服务为一体的全产业链深度合作。同时，积极参与和主导能源领域绿色低碳清洁发展和应对气候变化等国际活动。特别是，全球新冠肺炎疫情暴发之后，受逆全球化因素的影响，国际能源格局正发生着深度地调整，中国的能源发展不仅对国内复工复产和经济复苏起到了积极而重要的支撑作用。作为世界主要经济体中率先实现经济正增长的国家，尽管 2020 年中国的能源需求增长率约为 -4%，但其增长量仍达到 3157 百万吨油当量，其经济复苏以及对能源（油气）的需求与战略储备在一定程度上减缓了国际能源市场价格下跌的幅度[②]（见图 3-9）。

---

① 国务院新闻办公室. 新时代中国能源发展［EB/OL］. http：//www. scio. gov. cn/zfbps/32832/Document/1695117/1695117. htm.

② IEA. Energy Demand Growth by Region in 2019 and 2020［R/OL］. https：//www. iea. org/data - and - statistics/charts/energy - demand - growth - by - region - in - 2019 - and - 2020.

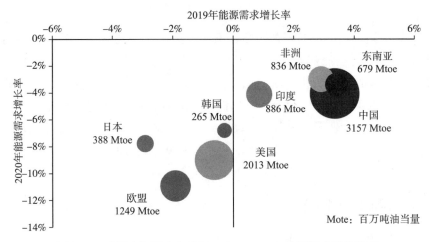

图 3 - 9 世界主要国家和地区 2019 ~ 2020 年能源需求增长情况

资料来源：国际能源署（IEA）。

3.5 能源经济政策

3.5.1 能源经济政策概述

　　能源政策是指围绕国家或地区能源开采开发、加工转化、储藏运输、消费利用等的一系列方针、策略和指导性文件。通常，政策制定的主体主要包括国家公共法权主体、社会政治法权主体、社会非法权主体等。中国能源政策制定修订的主体主要是国家公共法权主体，在满足保密等要求的前提下，政策制定修订过程中或正式出台前，一般还会征求（或邀请）相关参政党派、民主人士、人大代表、政协委员、其他符合要求的公民发表意见和建议。此外，有些政策的制定修订也会邀请社会政治非法权主体（相关的社团、大众媒体等）参与讨论或听取意见建议。由于能源政策体现政府对能源行业或领域发展的公共管理职能，因此，其制定、执行、评估和修订等过程具有严肃性、持续性和稳定性的特征。能源政策具有导向、调控、管制和分配的功能。根据能源政策主体的层次可分为国家能源政策和地方能源政策、国家基本政策（如《新时代的中国能源发展》）和管理部门政策（如《煤炭工业发展"十三五"规划》《可再生能源发展"十三五"规划》《能源技术创新"十三五"规划》）。

　　中国能源政策涉及的主要领域包括结构调整改革、科技创新驱动、价格与投融资、节能环保、安全等方面，其中，能源经济政策是核心内容。随着时代的发展，能源经济政策的外延不断拓展，涉及产业发展、市场监管、价格调控、财政金融、对外贸易等领域，并与科技、节能、环保、安全等领域相交叉和结合。

3.5.2 能源经济政策体系建设

"十三五"期间，中国深入推进包括能源领域在内的供给侧结构性改革和能源革命，全国人大常委会以及国务院相关部门先后出台了包括《中华人民共和国资源税法》《关于煤炭行业化解产能过剩实现脱困发展的意见》《国务院关于促进天然气协调稳定发展的若干意见》《国务院关于加快建立健全绿色低碳循环发展经济体系的指导意见》《国家发展改革委 能源局 工业和信息化部关于推进"互联网＋"智慧能源发展的指导意见》《国家发展改革委 能源局关于印发〈中长期油气管网规划〉的通知》《国土资源部 财政部 环境保护部 国家质量监督检验检疫总局 中国银行业监督管理委员会 中国证券监督管理委员会关于加快建设绿色矿山的实施意见》《碳排放权交易管理办法（试行）》等一系列相关的政策文件，相关行业和领域的政策体系建设也在不断完善，为实现能源经济高质量发展提供了坚实的政策基础。

（1）煤炭行业。全国煤炭行业贯彻落实供给侧结构性改革，持续推进煤炭产能"上大压小、增优减劣"，并不断加快国内重点煤炭企业的战略重组，以绿色矿山建设和智能化煤矿开采等为抓手，大力实施科技驱动助力煤炭行业转型升级，全国煤炭交易中心的正式投运为煤炭行业的健康持续发展提供了统一的市场信息管理服务平台。

（2）油气行业。油气上游环节进一步放开国内油气勘探开采市场和放宽市场准入，中游环节实施运销分离和出口权进一步下放，下游环节深化价格改革和实施减税降费等措施对于全国石油天然气市场改革起到了积极作用。此外，已组建并投运的国家石油天然气管网集团对促进油气管网设施统一建设运营和加快互联互通意义重大。

（3）电力行业。通过政策引导、项目支持、科技支撑、财政保障等措施，全国电力行业进一步严格控制煤电产能规模、对煤电机组进行节能改造实现超低排放、加快建设抽水蓄能电站、积极推进风电光伏平价上网、可再生能源发电的财政补贴、下调天然气发电上网电价、加大跨省电力输送通道建设、提升新能源并网消化能力等。

（4）节能减排与应对气候变化领域。2020 年习近平同志代表中国在联合国气候峰会上做出了"双碳"目标承诺，国家《"十四五"规划和 2035 年远景目标》提出了绿色低碳发展和碳排放权市场化交易等，2021 年生态环保部发布了《碳排放权登记管理规则（试行）》等三个文件，这些都为中国节能减排和应对气候变化提供了政策指引。

第 4 章
能源效率相关文献计量分析

4.1 研究背景

20 世纪 70 年代中东石油危机之后，国外学者更多地对能源效率做了研究，代表性的文献如巴特勒（Buttel）对世界 118 个国家和 25 个发达市场经济体的人均 GNP 与人均能源消费之间的关系进行了定量分析，并提出用人均 GNP 与人均能源消耗之比作为衡量能源效率的指标；杰尼（Jenne）等研究了 1973 年石油危机前后英国能源消耗与产业结构之间的变化并指出了能源需求的重要性；克利夫兰（Cleveland）等认为 GNP、劳动生产率和价格水平都与能源使用的关系密切，并提出美国能源效率提高主要由于扩大石油和电力等燃料的使用。

根据对中国知网（CNKI）数据库的检索，中国学者对能源效率的研究较欧美学者略晚，早期代表性的文献如陈希等结合 20 世纪 70 年代世界能源危机和国内用能源供应紧张的情况阐释了有效利用能源的重要性；徐寿波从技术经济视角对节能理论、评价指标、测算方法等进行了探讨；杨复复阐述了各能源部门完全能源效率的概念并运用相关分析法对中国整个能源工业系统建立能耗线性方程并进行了实证等。在 20 世纪 70～80 年代，国外学者对能源效率的研究较多涉及石油、煤炭、冶金、电力等工业，以及建筑、交通等基础设施领域，且较早地将机理研究和计量建模方面与经济管理、科技创新和环境保护等主题紧密结合。受经济发展水平与认识程度等因素影响，同期的国内学者对能源效率的研究更集中于对国外先进用能技术和经验的介绍推广以及微观市场主体的节能应用等领域。

随着对能源效率相关研究的不断深入，应用研究方面表现为能源经济部门的物理技术效率、生产管理效能、经济环境综合效益等，常被用作衡量和评价国家、行业、区域和企业能源综合利用水平的重要指标之一；理论研究方面，截至 2019 年 12 月，在 CNKI 数据库中尚未检索到与能源效率相关的以"研究热点""主题图谱"或"知识脉络"为主题的学术文献，以"能源效率"为主题的最新代表性文献距今已有十余年，且同类型研究偏重对文献来源和作者的分析，而对以关键词为核心的内涵研究较为匮乏。后疫情时代下，中国建设现代化经济体系和实现高质量发展的机遇与困难并存。为加快实现碳达峰和碳中和目标，需要加强对能源效率的相关研究，特别是对改革开放以来中国能源效率相关学术文献进行梳理分析，厘清能源效率研究领域内相关文献的总体特点、研究热点与知识脉络，从而为中国能源经济领域深化供给侧结构性改革、实现高质量转型发展和保障能源安全等研究提供参考。

4.2 研究方法与数据来源

作为文献计量领域的典型方法之一，基于统计学、图书馆学、图形学和信息学的共词分析方法主要根据选定的关键词在研究文献中出现的频率，进行聚类整合后，分析关键词之间的关联紧密程度，进而反映该领域研究热点和知识演进的情况，以便对主题脉络进一步梳理。目前，对文献计量分析多采用可视化的分析工具。CiteSpace 作为一种文献分析的可视化工具，由美国德雷塞尔（Drexel）大学陈超美教授开发，其理论基础主要来自波普尔的三个世界哲学、托马斯·塞缪尔·库恩（Thomas Samuel Kuhn）的科学发展模式、普赖斯的科学前沿理论、社会网络分析的结构洞、知识单元离散与重组以及信息觅食等理论。基于关键词的共词分析，运用 CiteSpace 5.1 R6 SE 软件绘制关键词聚类图与时线图，探究中国能源效率研究领域的发展态势及知识脉络。以 CNKI 数据库文献为主要来源，检索时段设定为 1979～2019 年，截止日期为 2019 年 12 月 25 日，期刊数据库和硕博士论文数据库设定的筛选学科为基础科学（资源科学）、哲学与人文科学、社会科学Ⅰ和Ⅱ辑、经济与管理科学。

4.3　能源效率文献统计概览

4.3.1　文献发表年度与主要来源

基于 CNKI 文献数据库，笔者对选定的期刊数据库和硕博士论文数据库分别进行分析。在期刊数据库中，设定筛选条件，主题、篇名、关键词分别为"能源效率"，检索结果显示，自 1979 年之后，以"能源效率"为主题、篇名和关键词的中文文献数量分别为 7239 篇、1303 篇、2730 篇，且整体变化态势基本相同（见图 4 - 1），呈逐渐上升态势，这与同期国内的宏观经济形势和能源生产量趋势大致相近。其中，进入"十五"后期其整体增长态势明显，特别是在"十二五"期间呈现高位态势，但进入"十三五"之后，在中国宏观经济结构调整和经济增速放缓的背景下，但同期的相关发文数量出现明显回落，至 2019 年已下降了约 50%。这反映出该领域内的学者对以"能源效率"为主题的研究关注度正在减退或转换到其他相关主题。

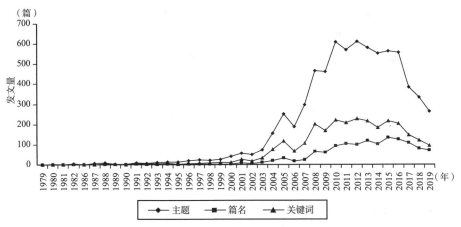

图 4 - 1　1979 ~ 2019 年基于 CNKI 数据库以"能源效率"为主题、篇名和关键词的期刊文献数量

对文献来源分析可知，以上述三个筛选条件检索到的发表在核心期刊的文献数量约占 30%，发表在中文社会科学引文索引（CSSCI）期刊的文献数量占 15% 左右；在以"能源效率"为主题发表在核心期刊和 CSSCI 期刊的 2927 篇中文文献中，发文量排名前六位期刊依次为《中国人口·资源与环境》《生态经济》《统计与决策》《资源科学》《科技管理研究》《工业技术经济》，占比均超过 5%。发表时间最早的期刊文章为《有效利用能源是发展国民经济的重要问题》（1979 年 5 月）。

在 CNKI 硕博士学位论文数据库中，以"能源效率"为主题、题名和关键词的硕博士学位论文数量（括号内为博士论文占比）分别为 2818 篇（24.77%）、352 篇（9.94%）、465 篇（16.99%），其中，发表时间较早的硕博士论文，如《中国能源·经济·环境（3E）协调发展的研究与政策选择》（2000 年），可看出，在 20 世纪末，中国学者就已对能源效率进行了专门研究，文献的整体关注度与中国经济和科技发展的水平基本相适应。

4.3.2　学科分类与基金项目

在以"能源效率"为主题的相关期刊中文文献和硕博士论文中，工业经济、国民经济、数量经济和环境四类学科的文献占比分别为 35.52%（28.38%，括号内为硕博士论文占比，下同）、28.88%（24.13%）、12.23%（13.42%）和 6.01%（10.21%），可看出，以"能源效率"为主题的研究内容主要服务于中国的工业经济发展，且定量分析是能源效率研究的主要手段，环境保护与能源问题研究密切相关。此外，作为国家自然科学基金和国家社会科学基金资助项目的期刊文献数量分别占发文数量的 12.5% 和 10.5%，表明以"能源效率"为研究主题的文献中，列为国家级课题研究的文献占有一定的比重；相关的硕博士论文也反映出类似的情况，获得国家自科基金和国家社科基金的论文远超过获得其他类别基金资助的论文。

4.3.3　科研机构与研究学者

根据 CNKI 数据库，以"能源效率"为主题发文排名前十位的研究机构依次为中国矿业大学（117 篇）、中国人民大学（104 篇）、华北电力大学（99 篇）、南京航空航天大学（92 篇）、武汉大学（85 篇）、西安交通大学（81 篇）、东北财经大学（72 篇）、南开大学（70 篇）、清华大学（69 篇）、湖南大学（64 篇）。以"能源效率"为主题发文较为集中的作者（所在研究机构）有周德群（南京航空航天大学）、林伯强（厦门大学）、史丹（中国社会科学院）、武春友（大连理工大学）、王喜平（华北电力大学）、聂锐（中国矿业大学）、何凌云（中国矿业大学）、王维国（东北财经大学）、周四军（湖南大学）、成金华（中国地质大学）、屈小娥（西安交通大学）、汪克亮（安徽理工大学）等。在筛选出的相关学位论文中，储大建（同济大学）、聂锐、武春友、张少杰（吉林大学），以及刘思峰（南京航空航天大学）、宋德勇（华中科技大学）、赵涛（天津大学）等导师指导的以"能源效率"为主题的博士论文数量较多。

4.3.4 高频被引期刊文献

对以"能源效率"为主题的 2927 篇核心期刊和 CSSCI 文献筛选的 CNKI 数据库中高频被引（被引次数排名前 500 位且与"能源效率"较为相关的学术性论文）文献分析发现，在这些高频被引文献中，周德群（8 篇）、魏楚（6 篇）、王群伟（5 篇）、沈满洪（4 篇）、成金华（3 篇）所撰相关文献较多，其中，魏楚、沈满洪的《能源效率及其影响因素：基于 DEA 的实证分析》在筛选数据库中被引数量最高（845 次）。此外，对上述作者以"能源效率"为主题的核心期刊和 CSSCI 文献进行合作者网络分析发现，周德群分别与王群伟合作 5 篇、与查冬兰合作 2 篇、与谭清美合作 1 篇，魏楚与沈满洪合作 6 篇。

4.3.5 文献互引与关键词共现网络

对筛选出的 200 篇文献观察发现，这些文献发表年份多集中于 2005 ~ 2015 年，且多集中于《资源科学》（19 篇）、《数量经济技术经济研究》（18 篇）、《中国人口·资源与环境》（16 篇）、《经济研究》（15 篇）四个来源期刊。为更便于聚焦研究，对其中的前 100 篇文献运用文献互引网络分析，并以"关系强度"作为主要的分层指标（关系强度筛选值设为 60），结果显示，代表性文献《能源效率及其影响因素：基于 DEA 的实证分析》是重要的文献互引网络节点并与主题相关性较大，该文献也成为国内对能源效率研究的经典文献之一。

对筛选出的 200 篇文献的关键词进行共现网络分析（见图 4 - 2），网络节点过滤条件设定出现频次为 15 次，结果表明，"技术进步"为中心节点，"技术进步""影响因素""技术效率""节能减排""能源消费""能源强度""DEA"在关键词共现网络中为重要节点，且如"技术进步"与"影响因素"、"技术进步"与"能源价格"、"技术效率"与"DEA"、"影响因素"与"效率值"、"影响因素"与"效率差异"、"能源强度"与"技术进步"等共现次数较多。基于 CNKI 数据库平台,总体可反映出,中国的国内学者运用包括 DEA 等在内的计量方法,对能源效率影响因素中涉及技术进步与技术效率等相关的测度成为 2005～2015 年的学术研究热点之一。

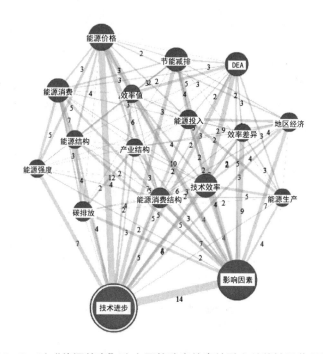

图 4 - 2　以"能源效率"为主题筛选出的高被引文献关键词共现网络

4.4　能源效率文献研究主题聚类

4.4.1　研究热点的主题词聚类

鉴于 CNKI 数据库平台自身对文献计量研究的文献源和分析深度有限,为更加深入具体地对中国以"能源效率"为主题所筛选出的文献进行共词分析,根据前文的文献初步统计描述,在此以 CNKI 选定的文献数据库的中文核心期刊、CSSCI 来源期刊和硕博士论文为数据源,设定时限为 1979 年 1 月至 2019 年 12 月,文献筛选条件为"主题 = 能源效率"且"关键词 = 能源效率",共筛选出 1193 篇（剔除非学术研究类和相关性较小的文献），对其按照被引频次排序后，作为本书研究对象。

基于 CiteSpace 软件平台对文献关键词聚类，采用逐年分析和对数似然率（LLR）算法计算，并采用寻径（pathfinder）方法对网络修正后，得到改革开放以来中国能源效率研究共被引文献网络聚类图谱，见图 4－3 的（a）和（b），以及各聚类块关键词的中心度（见表 4－1）。由图 4－3 可知，无论是 1979～2019 年的文献还是 1998～2019 年的文献，其各自关键词聚类的网络节点数量、网络密度、聚类模块值（Q 值）、聚类平均轮廓值（S 值）等指标均相同，且 Q 值和 S 值均分别超过 0.8 和 0.7，表明该聚类结构合理且结果显著，进一步从图 4－3 的（a）和（b）聚类图谱可看出，尽管近 40 年来和近 20 年来的中国能源效率关键词聚类分布有所差异，但两图中的聚类块的数量相同，均为 14 个，并且，各聚类块主题词吻合度达到 100%，具体来看，中国能源效率研究热点集中在以下主题（根据各聚类块中包含的关键词数量由多至少排列）：FDI（Foreign Direct Investment，外商直接投资）、能源、能源结构、能源环境效率、tobit 模型、技术进步、DEA（数据包络分析）、超效率 DEA、能源效率、新能源、能源强度、影响因素、经济发展方式等。

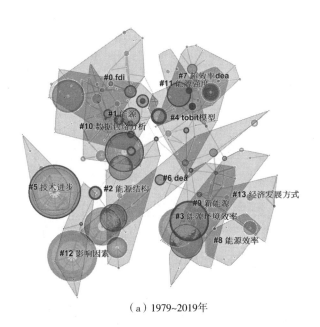

（a）1979~2019年

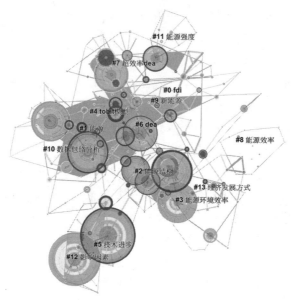

（b）1998~2019年

图 4-3 历年来中国能源效率研究热点文献关键词聚类图谱

表 4-1 1998~2019 年中国能源效率的各聚类块中心度较大的关键词

所属聚类块	中心度	关键词	所属聚类块	中心度	关键词	所属聚类块	中心度	关键词
#0 FDI	0.35	地区差异		0.61	tobit 模型	#7 超效率 DEA	0.22	工业能源效率
	0.13	DEA malmquist 指数	#4 tobit 模型	0.38	二氧化碳排放		0.16	超效率 DEA
#1 能源	0.57	DEA 模型		0.32	服务业	#8 能源效率	0.24	能源效率
	0.53	随机前沿分析					0.13	经济增长
	0.35	节能潜力	#5 技术进步	0.26	技术进步	#9 新能源	0.12	节能
	0.35	能源						
	0.33	工业部门		0.33	效率评价	#11 能源强度	0.26	能源强度
#2 能源结构	0.22	方差分解		0.31	malmquist 指数		0.11	生活能源消费
	0.16	回弹效应	#6 DEA 和#10 据包络分析	0.27	能源消费结构	#12 影响因素	0.53	全要素生产率
	0.14	能源结构		0.25	数据包络分析		0.14	工业
#3 能源环境效率	0.45	能源消费		0.17	空间计量	#13 经济发展方式	0.16	物流业
	0.21	var 模型		0.16	SBM 模型			
	0.20	能源经济效率						

由图 4 - 3 的（b）进一步分析可知，以技术进步、数据包络分析、能源消费、能源强度等关键词为代表的文献近年来的引文数量较多，突现度大于 3（红色圆环宽度较大）的关键词包括环境规制、低碳经济、能源、全要素能源效率、SBM 模型、能源消耗、能源回弹效应、能源消费、技术效率，其中，超效率 DEA、回弹效应、能源消费、能源效率等关键词的中心性和突现性均较高（图中紫色圆环较为明显）。结合表 4 - 1 分析发现，在 13 个聚类块（因 DEA 即数据包络分析，故合并二者）中，tobit 模型（#4）、DEA 模型（#1）、随机前沿分析（#1）、全要素生产率（#12）等关键词的中心度最高，均大于 0.5，分析可知，以上述关键词为核心的研究文献被引较多，反映出近年来中国学者更倾向于计量分析对能源效率进行相关的测度研究。此外，由图 4 - 3 的（b）和表 1 还可看出，"#1 能源"聚类块中含有中心度较高的关键词"DEA 模型"，而"#6 DEA 和#10 数据包络分析"聚类块中又包含"malmquist 指数""能源消费结构""效率评价"等关键词，而这些中心度较高的关键词又分别嵌套在"#0 FDI""#2 能源结构""#8 能源效率"等聚类块中，反映出存在关键词之间密切关联、聚类块之间交织叠加的现象。

4.4.2 聚类主题词的关联文献

通过 CiteSpace 软件进一步生成 1998 ~ 2019 年相关的共被引文献关键词共现时线图谱（见图 4 - 4）。

从图 4 - 4 可以直观地看出，在分别对应的 14 个聚类时线上，"随机前沿分析""DEA 模型""能源消费""tobit 模型""全要素生产率"等中心性较高的关键词，"低碳经济""能源强度""环境规制"等突发性较高的关键词，以及代表"能源效率"相关主题的文献数量较大的关键词集中在"能源环境效率""技术进步""数据包络分析"和"DEA"以及"能源强度""影响因素"等领域；从时序上看，上述关键词代表的文献发表主要集中于 2005 ~ 2013 年，近年来，国内学术界更聚焦于包括"空间计量模型""供给侧结构性改革""低碳约束""金融发展""可计算一般均衡""sbm"等领域的研究。此外，一些关键词之间用箭线连接，可以看出前后研究之间的内在联系，诸如"#2 能源结构"中近期的"可计算一般均衡"与之前的"回弹效应"关系紧密，而"回弹效应"还与"#12 影响因素"中的"全要素生产率"关联。

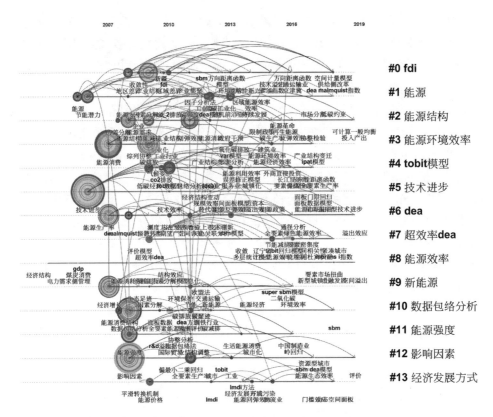

图 4 - 4　1998 ~ 2019 年中国能源效率研究共被引文献关键词共现时线图谱

结合 CNKI 数据库文献检索情况，由表 4 - 1 和图 4 - 4 可得出以下研究结论。

（1）"#0 FDI" 聚类块内中心度 >0.1 的关键词有 2 个，具体分析可知："地区差异" 相关文献有 17 篇，发文年份 2008 ~ 2016 年，其中，2012 年和 2013 年最多均为 4 篇，代表性文献《中国能源效率地区差异及其成因研究——基于随机前沿生产函数的方差分解》被引 388 次；"DEA malmquist 指数" 相关文献有 2 篇，发文年份在 2018 年，代表性文献《中国全要素能源效率及区域差异研究——基于 BCC 和 Malmquist 模型》被引 8 次。

（2）"#1 能源" 聚类块内中心度 >0.1 的关键词有 5 个，具体分析可知："DEA 模型" 相关文献有 11 篇，主要集中于 2012 年，2014 年和 2015 年以及 2017 年和 2018 年，除 2017 年为 3 篇其余为 2 篇，代表性文献《1990 ~ 2009 年中国区域能源效率时空分异特征与成因》被引 61 次；"随机前沿分析" 相关文献有 10 篇，主要集中于 2013 年、2014 年和 2016 年均为 2 篇，2017 年为

4 篇，代表性文献《中国制造业全要素能源效率及影响因素研究——基于面板数据的随机前沿分析》被引 147 次；"节能潜力"相关文献有 27 篇，主要集中于 2006 年和 2008 ~ 2016 年，其中，2015 年当年最多，为 5 篇，代表性文献《中国能源效率的地区差异与节能潜力分析》被引 700 次；"能源"相关文献有 18 篇，主要集中于 2006 年和 2008 ~ 2012 年以及 2014 ~ 2015 年，其中，2011 年当年最多为 4 篇，代表性文献《能源效率的七类测度指标及其测度方法》被引 193 次；"工业部门"相关文献有 9 篇，主要集中于 2004 年、2012 ~ 2017 年，2004 年和 2016 年为 1 篇，其余各年均为 2 篇，代表性文献《提高能源效率与经济结构调整的策略分析》被引 382 次。

（3）"#2 能源结构"聚类块内中心度 >0.1 的关键词有 3 个，具体分析可知："方差分解"相关文献有 7 篇，主要集中于 2008 年、2012 年和 2017 年，各 2 篇，2013 年 1 篇，代表性文献除《中国能源效率地区差异及其成因研究——基于随机前沿生产函数的方差分解》之外，《技术进步对中国能源效率的影响：1979 - 2006》被引 88 次；"回弹效应"相关文献有 47 篇，主要集中于 2008 年、2010 ~ 2019 年，其中，2014 年和 2015 年最多，各 8 篇，代表性文献《能源回弹效应测算的改进模型及其实证研究》和《基于 CGE 模型的中国能源效率回弹效应研究》分别被引 130 次和 108 次；"能源结构"相关文献有 47 篇，主要集中于 2006 ~ 2018 年，其中，2010 年最多，为 6 篇，代表性文献包括《中国碳排放的因素分解模型及实证分析：1995 - 2004》和《中国能源消费结构问题研究》分别被引 1932 次和 151 次。

（4）"#3 能源环境效率"聚类块内中心度 >0.1 的关键词有 3 个，具体分析可知："能源消费"相关文献有 65 篇，主要集中于 2005 ~ 2019 年，代表性文献《中国能源消费碳排放变化的因素分解及实证分析》和《中国工业能源调整的长期战略与短期措施——基于 12 个主要工业行业能源需求的综列协整分析》分别被引 678 次和 172 次；"var 模型"相关文献有 7 篇，主要集中于 2012 ~ 2015 年和 2017 年，代表性文献《我国交通运输业能源强度影响因素研究》被引 55 次；"能源经济效率"相关文献有 19 篇，主要集中于 2004 年、2009 年、2012 ~ 2017 年，代表性文献《基于 DEA 的能源效率评价模型研究》和《能源经济效率、能源环境绩效与区域经济增长》分别被引 335 次和 93 次。

（5）"#4 tobit 模型"聚类块内中心度 >0.1 的关键词有 3 个，具体分析可知："tobit 模型"相关文献有 19 篇，主要集中于 2009 ~ 2017 年，2011 年和 2014 年发文量均为 5 篇，代表性文献《能源效率与工业经济转型——基于中国 1998 ~ 2007 年行业数据的实证分析》和《我国能源效率、二氧化碳减排潜力及影响因素分析》分别被引次 160 次和 62 次;"二氧化碳排放"相关文献有 7 篇,主要集中于 2007 年、2010 年和 2013 年,代表性文献《地区能源效率与二氧化碳排放的差异性——基于 Kaya 因素分解》和《基于低碳经济的中国工业能源绩效及驱动因素分析》分别被引 265 次和 40 次;"服务业"相关文献有 3 篇,主要集中于 2013 年和 2017 年,代表性文献《中国服务业能源消费碳排放量核算及影响因素分析》被引 34 次。

(6)"#5 技术进步"聚类块内中心度 >0.1 的关键词有 1 个,具体分析可知:"技术进步"相关文献有 85 篇,集中在 2006 年和 2008 ~ 2019 年,其中,2017 年发文数量最多达到 12 篇,代表性文献《技术进步能提高能源效率吗?——基于中国工业部门的实证检验》被引 619 次。

(7)"#6 DEA"和"#10 数据包络分析"聚类块内中心度 >0.1 的关键词共有 6 个,具体分析可知:"malmquist 指数"相关文献有 21 篇,主要集中于 2008 ~ 2019 年(2010 年除外),2012 年最多,达到 5 篇,代表性文献《中国全要素能源效率变动的实证研究》和《中国三大经济区域全要素能源效率研究——基于超效率 DEA 模型和 Malmquist 指数》分别被引 213 次和 191 次;"空间计量"相关文献有 14 篇,主要集中于 2011 年和 2014 ~ 2017 年,其中,2017 年发文最多,达到 5 篇,代表性文献《产业结构调整如何提高地区能源效率?——基于幅度与质量双维度的实证考察》和《我国能源消费与产业结构相关性研究》分别被引 53 次和 16 次;"SBM 模型"相关文献有 12 篇,主要集中于 2013 ~ 2016 年,其中,2015 年发文最多,达到 5 篇,代表性文献《中国建筑业能源经济效率与能源环境效率研究——基于 SBM 模型和面板 Tobit 模型的两阶段分析》被引 44 次;"效率评价"相关文献有 14 篇,主要集中于 2009 ~ 2019 年(2010 年除外),代表性文献《基于超效率 DEA 的能源效率评价模型研究》和《考虑非期望产出的区域能源效率评价研究》分别被引 178 次和 35 次;"能源消费结构"相关文献有 81 篇,主要集中于 2006 ~ 2017 年,代表性文献《中国碳排放量测算及影响因素分析》和《我国能源效率变化趋势的影响因素分析》分别被引 346 次和 201 次;"数据包络分析"相关文献有 62 篇,主要集中于 2008 ~ 2018 年,代表性文献《中国能源效率评价及其影响因素分析》和《中国工业行业的能源效率(1987 - 2005)——变化趋势、节能潜力与影响因素研究》分别被引 252 次和 88 次。

(8)"#7 超效率 DEA"聚类块内中心度 >0.1 的关键词有 2 个,具体分析可知:"工业能源效率"相关文献有 11 篇,主要集中于 2010 年和 2014 ~ 2019 年(2018 年除外),代表性文献《工业能源效率、节能潜力与影响因素——基于浙江省的实证分析》和《长江经济带工业能源效率空间差异化特征与发展趋势——基于三阶段 DEA 模型的实证研究》分别被引 24 次和 21 次;"超效率 DEA"相关文献有 15 篇,主要集中于 2009 年、2013 ~ 2018 年,代表性文献除《基于超效率 DEA 的能源效率评价模型研究》之外,《基于 DEA - ESDA 模型的辽宁省能源效率测度及时空格局演化分析》被引 42 次。

(9)"#8 能源效率"聚类块内中心度 >0.1 的关键词有 1 个,具体分析可知:"能源效率"相关文献有 885 篇,主要集中于 2008 ~ 2019 年、2016 ~ 2017 年,年发文量超过 100 篇,代表性文献《能源效率与能源生产率:基于 DEA 方法的省际数据比较》被引 432 次。

(10)"#9 新能源"聚类块内中心度 >0.1 的关键词有 2 个,具体分析可知:"经济增长"相关文献有 54 篇,主要集中于 2007 ~ 2017 年,其中,2012 年发文量在 10 篇,代表性文献《中国能源消费、经济增长与能源效率——基于 1980 ~ 2007 年的实证分析》被引 129 次;"节能"相关文献有 13 篇,主要集中于 2004 年和 2008 ~ 2017 年,代表性文献除《提高能源效率与经济结构调整的策略分析》外,《中国工业的节能潜力及影响因素》被引 47 次。

(11)"#11 能源强度"聚类块内中心度 >0.1 的关键词有 2 个,具体分析可知:"能源强度"相关文献有 85 篇,主要集中于 2004 ~ 2019 年,其中,2012 年发文量在 20 篇,代表性文献《结构调整还是技术进步?——改革开放后我国能源效率提高的因素分析》《如何在保障中国经济增长前提下完成碳减排目标》《中国能源效率问题研究》被引 411 次、247 次和 82 次;"生活能源消费"相关文献有 3 篇,集中于 2011 年和 2014 年,代表性文献《我国居民生活用能能源效率回弹效应研究》和《城市化进程中的收入差距对能源效率的影响分析》分别被引 17 次和 13 次。

(12)"#12 影响因素"聚类块内中心度 >0.1 的关键词有 2 个,具体分析可知:"全要素生产率"相关文献有 29 篇,主要集中于 2008 ~ 2017 年,其中,2015 年发文量为 7 篇,代表性文献除《中国能源效率地区差异及其成因研究——基于随机前沿生产函数的方差分解》《中国全要素能源效率变动的实证研究》外,《能源效率、环境约束与我国经济增长质量研究》被引 20 次;"工业"相关文献有 7 篇,主要分布于 2010 年、2011 年、2013 年和 2019 年,代表性文献除《中国工业的节能潜力及影响因素》外,《环境制度约束下中国工业经济能源效率研究》被引 2 次。

(13)"#13 经济发展方式"聚类块内中心度 >0.1 的关键词有 1 个,具体分析可知:"物流业"相关文献有 7 篇,主要集中于 2014 ~ 2018 年,其中 2017 年当年发文 3 篇,代表性文献《基于 RBF 神经网络的物流业能源需求预测》和《中国物流业能源消耗与二氧化碳排放效率测度及分析》分别被引19次和12次。

4.5　能源效率文献研究热点演进

4.5.1　主题词热点演进

由于以"能源效率"为主题的1979~2019年的文献与1998~2019年的文献聚类模型特征指标基本一致，为更加聚焦对文献主题的研究，这里以1998~2019年相关文献为主要对象。为了更准确和详细地对关键词突发度进行观察，经测试，设置模型的突发探测时间为1个单位，γ取0.65，模型的其他参数为默认值，由此计算得到相关的共被引文献关键词突发度较高的前25个（见图4-5）。

关键词	年份	强度	起始年	终止年	1998~2019年
能源	1998	4.7247	2006	2011	
能源消费	1998	3.2922	2007	2009	
能源效率	1998	2.1946	2007	2007	
能源强度	1998	2.7844	2008	2012	
能源价格	1998	2.3568	2009	2011	
技术效率	1998	3.244	2010	2012	
tobit模型	1998	2.2876	2010	2011	
低碳经济	1998	4.7866	2011	2014	
DEA方法	1998	2.4582	2011	2012	
碳排放强度	1998	2.4582	2011	2012	
能源消耗	1998	3.367	2012	2014	
sbm模型	1998	3.3865	2013	2016	
环境约束	1998	2.2526	2013	2016	
CO_2排放	1998	2.1775	2013	2013	
能源回弹效应	1998	3.3618	2014	2017	
城市化	1998	2.4213	2014	2015	
全要素能源效率	1998	3.6649	2015	2015	
物流业	1998	2.6847	2015	2017	
环境规制	1998	5.3027	2016	2019	
空间杜宾模型	1998	2.6855	2017	2019	
空间相关性	1998	2.3682	2017	2017	
工业能源效率	1998	2.1711	2017	2019	
产业集聚	1998	2.1652	2017	2017	
金融发展	1998	3.0562	2018	2019	
效率评价	1998	2.4505	2018	2019	

图4-5　1998~2019年中国能源效率研究共被引文献的前25个关键词

由图 4 - 5 分析可知，"环境规制""低碳经济"和"能源"的突发度最高。2015 年以"全要素能源效率"为主题的相关研究持续时间虽不长，但其突发度较高，超过 3.6。在时间维度上，2010 年之前，以"能源""能源消费""能源强度""能源价格"等主题成为本领域的研究热点，如"能源强度"不仅在此期间作为研究热点较早且持续时间相对较长，达到 5 年；2010 ~ 2015 年，一些计量分析工具，如"tobit 模型""DEA 方法""sbm 模型"等逐渐成为研究热点，表明计量方法和工具成为该时期的研究热点，"低碳经济"和"环境约束"成为研究热点持续的时间相对较长；2016 ~ 2019 年期间，"环境规制""工业能源效率""金融发展"等主题是持续研究的焦点之一，同时，对能源效率空间性分析也受到关注。"十二五"期间，"能源效率"与低碳和环保相关的主题研究结合较为紧密；而"十三五"后，能源效率与包括"金融发展"等在内的主题相结合的文献已成为研究热点，且效率评价也成为本领域研究的侧重点之一。

4.5.2 文献作者热点演进

由筛选出的 1998 ~ 2019 年相关文献还计算得到相关共被引文献作者的突发度排序情况。这里设置模型的突发探测时间和 γ 值同关键词突发度模型的参数，计算得到相关的共被引文献的作者突发度较高的前 24 位（见图 4 - 6）。

由图 4 - 6 分析可知，整体而言，突发度较高的作者发文集中于 2007 ~ 2010 年，其中，周德群（南京航空航天大学）、魏楚（浙江理工大学/浙江大学/中国人民大学）、王群伟（南京航空航天大学/苏州大学）三位作者的突发度最高。从时间维度分析认为，周凤起（国家发改委能源研究所）和朱成章（原国家能源部政策法规司）发文起始时间较早且持续时间较长；相关文献突发度较高的作者集中于"十一五"期间，其中，魏楚、周德群、沈满洪、李世祥（中国地质大学〈武汉〉/武汉大学）持续时间为 3 ~ 4 年；"十二五"期间，代表性文献的作者范如国（武汉大学）、江洪（辽宁工程技术大学）的突发度相对较高，且主要集中于"十二五"末期；"十三五"期间，相关文献作者的突发度基本相当。总体而言，区别于文献关键词突发度时间连续性的特征，以"能源效率"为主题的相关文献的作者突发度呈现出明显的阶段性特征，且中国该领域研究主要集中在长三角地区南京航空航天大学和华中地区武汉大学的科研团队。

作者	年份	强度	起始年	终止年	1998~2019年
周凤起	1998	1.3863	1998	2005	
朱成章	1998	1.3863	2001	2006	
沈满洪	1998	2.1617	2007	2009	
魏楚	1998	2.6782	2007	2010	
王群伟	1998	2.2199	2008	2009	
李世祥	1998	1.9666	2008	2010	
周德群	1998	3.1956	2008	2010	
潘祺志	1998	1.7431	2009	2009	
徐士元	1998	1.7431	2009	2009	
张唯实	1998	1.6237	2010	2010	
滕玉华	1998	2.1762	2010	2010	
聂锐	1998	1.7398	2010	2011	
范如国	1998	2.643	2014	2015	
冯博	1998	1.8082	2015	2015	
张华	1998	1.8082	2015	2015	
江洪	1998	2.0763	2015	2017	
赵宝福	1998	1.8082	2015	2015	
丰超	1998	1.8082	2015	2015	
成金华	1998	1.3392	2017	2017	
王丽洋	1998	1.3287	2018	2019	
聂亮	1998	1.3287	2018	2019	
张志雯	1998	1.3287	2018	2019	
李金	1998	1.3287	2018	2019	
吴亭亭	1998	1.3287	2018	2019	

图 4-6 1998~2019 年中国能源效率研究共被引文献的前 24 位作者

4.6 能源效率文献知识脉络梳理

基于上述分析结果，笔者对国内相关节点文献的主要内容、作者团队、科研机构等信息进行分析梳理，得到 1998~2019 年以"能源效率"为主题的文献知识脉络图谱（见图 4-7）。

由图 4-7 可知，以"能源效率"为主题检索相关文献，归纳出 13 个聚类一级关键词，其衍生出的二级关键词共计 33 个，二级关键词主要集中在计量模型和测度方法，涉及不同类别的代表性文献，作者包括史丹、周德群、武春友、蒋金荷等，其各自所著相关文献引证度越高，对应的其他关键词背景颜色越深，这些引证度最高的文献二级关键词——其他关键词包括"能源结构——碳排放、因素分解""能源效率——能源生产率、DEA、影响因素"等。这些二级关键词所关联的高频被引文献的具体研究时段主要集中在 20 世纪末和 21

世纪初，技术路线基本以"能源效率概念诠释 – 评价指标体系和测度模型构建 – 我国省级区域实证"为主，运用的计量方法主要为 DEA 和改进后的 DEA，能源效率评价指标体系中除了传统的经济增长指标外，还对节能环保、技术进步等影响因素予以了充分考虑。

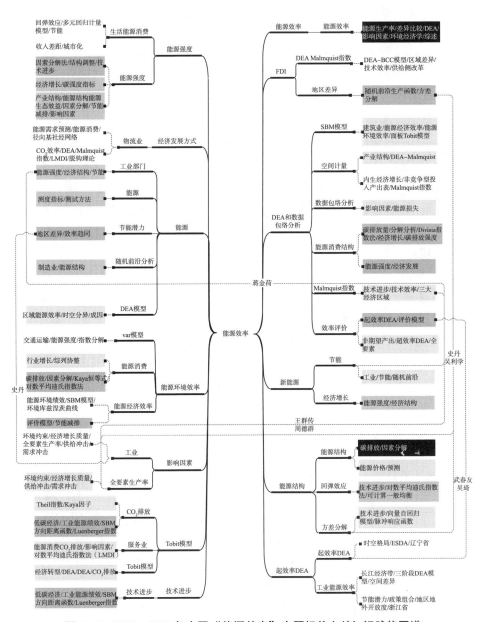

图 4 – 7　1998 ~ 2019 年中国"能源效率"主题相关文献知识脉络图谱

按照时间序列，对引证度较高不同聚类主题和关键词的代表性文献进一步分析。

《提高能源效率与经济结构调整的策略分析》（2004 年）对中国与其他一些国家和地区的能源效率进行了比较，对中国经济结构调整和产值能耗的关系变化趋势进行了分析，并提出了加快中国产业结构调整、降低能源消耗的策略建议。

《中国能源效率的地区差异与节能潜力分析》（2006 年）采用单要素能源效率方法对节能潜力做了经济学解释，对节能效率趋同进行了检验，并从产业结构、人均收入水平、能源消费结构、供需平衡等视角进行了分析，提出把能源经济效率作为结构调整和招商引资的重要标准。

《中国碳排放的因素分解模型及实证分析：1995 – 2004》（2006 年）基于能源消费是碳排放的主要来源以及短期内碳排放量的增长态势不会改变的认知，运用碳排放量基本等式，采用 LMD 方法研究了碳排放与能源效率和能源结构之间的数量关系，研究表明，能源效率和能源结构对抑制人均碳排放的贡献率都呈倒 U 形，即，能源效率和能源结构的抑制作用难以相抵，碳排放量与经济增长具有显著的正相关关系。

《能源效率及其影响因素：基于 DEA 的实证分析》（2007 年）运用基于 DEA 方法构建出一个相对前沿的能源效率指标，并将它同传统的能源生产率指标进行了区分和比较，并运用省级面板数据进行能源效率的计算，揭示中国"九五"至"十五"期间能源效率总体态势和区域特征，产业结构变化与能源效率变化之间的数量关系。

《能源效率与能源生产率：基于 DEA 方法的省际数据比较》（2007 年）对能源效率指标从热力学、物理 – 热量、经济 – 热量、纯经济四个维度进行了阐释，以及对能源生产率和能源效率进行了比较，并运用 DEAP 软件对"九五"至"十五"期间中国省级层面进行了实证。

《地区能源效率与二氧化碳排放的差异性——基于 Kaya 因素分解》（2007 年）基于绝对差异法、相对差异法和基尼系数对中国部分省区市的能源利用效率的差异性进行了测度，并通过引入 Theil 指数和 Kaya 因子分析了中国能源消耗导致的区域间人均二氧化碳排放的差异。研究认为，在此期间中国能源强度总体呈下降态势，能源利用效率趋同，区域间能源利用效率与能源使用量之间没有必然的关系。

《中国能源效率地区差异及其成因研究——基于随机前沿生产函数的方差分解》（2008 年）基于随机前沿生产函数的地区能源效率差异分析框架，采用差分分解方法对导致能源效率区域差异的各作用因素进行了分析，研究认为，地区的全要素生产率、资本－能源比率和劳动－能源比率的差异对能源效率差异有较大影响，资本－能源比率和劳动－能源比率差异的作用在缩小，而全要素生产率差异的作用在持续提高。

《中国全要素能源效率变动的实证研究》（2008 年）基于 DEA－Malquist 分解了中国部分省区市的全要素生产率变动，进一步构建全要素能源效率模型，并运用面板数据模型进行了实证，研究认为，全要素能源效率存在区域空间差异，技术进步对提高全要素能源效率均具有正向的促进作用。

《基于 DEA 的能源效率评价模型研究》（2009 年）和《基于超效率 DEA 的能源效率评价模型研究》（2009 年）分别基于 DEA 和超效率 DEA 模型和全要素能源效率，从综合投入、技术效率和有效产出三个角度界定能源效率的概念，构建了能源效率投入产出的评价指标体系和相应的评价模型，通过规模收益分析和能源效率影响因素分析，探讨了中国区域能源效率的改进途径。

《能源效率的七类测度指标及其测度方法》（2010 年）分别讨论了能源宏观效率、能源实物效率、能源物理效率、能源要素利用效率、能源要素配置效率、能源价值效率、能源经济效率七大类指标的理论基础或假设条件、相互关系、优缺点或适应范围，研究认为，能源宏观效率和能源实物效率应用较为广泛，应从实际出发进行选取。

此外，结合图 4－4 和图 4－6 可知，研究时段内，在中国经济整体呈现高速增长的背景下，能源需求和利用增长较快是国内该领域研究趋热的主要背景，浙江大学、中国人民大学、武汉大学、南京航空航天大学、北京科技大学等以及中国社会科学院等科研团队成为该领域理论研究的主体，研究内容多涉及指标模型的构建与实证。其中，"十二五"期间，节能减排和环境影响等因素叠加能源效率的相关研究逐渐增多；"十三五"期间，以"能源效率"为主题的相关研究热度较之前期有所下降，这可能是受供给侧结构性改革影响，国内宏观经济正逐渐从"规模数量型"向"质量效益型"转变，"能源效率"主题更侧重于与诸如低碳经济、碳约束、市场要素配置、技术进步、回弹效应、全要素生产率等关联研究。此外，随着计量模型和测度方法的不断改进，诸如 SBM、超效率 DEA 模型等逐渐受到关注和运用，尤其是可计算一般均衡（CGE）和动态 CGE 模型越来越多地使用，该模型以一般均衡理论为基础，构建以投入产出表为基础的核算矩阵，起初在国内能源研究领域主要用于研究能源价格变化对经济的影响，随着其"一般性"（体现多产业、多主体和效用最大化、利润最大化）和"均衡性"（实现供给与需求均衡）在能源效率研究领域的优势逐渐体现，近年来，其被广泛用于能源效率变化对经济增长和环境质量改善的影响研究。

4.7   结论与启示

改革开放四十多年来，一方面，就研究内容与研究方法而言，中国能源效率的相关研究经历了从传统化石能源领域效率测评向传统化石能源、清洁能源、新能源等多领域、多维度以及区域空间分布的综合测评转变；从传统的满足于经济高增长和能源消费利用偏高背景下的能源技术–经济效率研究转向为实现提升全要素生产率和高质量发展和绿色发展背景下的全要素能源效率研究转变；从生产性能源消费向生产与生活、城市与农村的多视角、多产业计算；从传统的 BCC、CCR 等 DEA 模型向包括 SBM、超效率 SBM 和 CGE 等模型运用的转变；从传统的以经济增长为主要指标的能源效率测评向包含绿色发展、技术进步等影响因素的全要素能源效率综合测评指标体系转变。另一方面，就能源效率研究领域的科研机构和研究团队而言，从传统的以国家有关部委的政策研究中心为主向着高校、科研院所、政府政策研究部门等多种类型的科研机构和跨部门协作转变，研究团队目前仍以东、中部地区如南京航空航天大学、中国人民大学、武汉大学、厦门大学、大连理工大学、浙江理工大学和中国社会科学院的团队为主。此外，近年来诸如西安交通大学、西北大学等西部地区高校科研团队的成果也逐渐增多。

能源效率不仅关系支撑经济社会发展的能力，也关系生态环境质量改善的效果。基于对能源效率领域相关文献的分析发现，在建设现代化经济体系和实现高质量发展的总体要求下，与能源效率相关的宏观经济政策调整、中观产业布局优化、微观技术工程改进逐渐成为理论研究的三个大方向，同时，相关概念内涵的不断丰富与外延的不断拓展，更加科学、有效、精准的计量模型与测度方法逐渐被应用，传统的单一维度的经济政策分析和区域模型实证正在被多维度、多领域、多部类的综合建模所替代，聚焦的问题也逐渐从传统的技术效率分析向全要素能源效率测度转变。随着新能源技术的不断成熟和推广，新能源开发利用对能源结构的改变、碳约束下产融结合对能源效率的影响、绿色全要素生产率下能源效率的变化等问题研究逐渐受到关注。后疫情时代下，随着中国"十四五"能源革命和绿色低碳化发展的逐步深入，包括推动中国绿色低碳化发展、加快实现重点行业碳达峰和碳中和目标、进一步提高能源领域产业链供应链现代化水平等问题将可能成为学术研究的热点。此外，还需要看到，中国在能源效率相关的基础性、原创性的经济管理理论与计量模型研究方面尚显不足，学习和引入应用国外前沿理论与技术方法仍是当前国内学界的主要技术路径。

第 5 章
基于经济物理学原理的新时期
能源经济系统理论

5.1 经济物理学基本理论

5.1.1 经济物理学发展文献梳理

经济物理学（econophysics）的概念由美国科学院院士斯坦利（H. E. Stan-ley）于 20 世纪 90 年代提出，其研究认为，经济物理学就是运用和发展物理学中的有关方法、模型、思想等去探讨、分析和理解经济或金融领域的问题。世界一些著名的经济学家具有物理学背景，如费雪（I. Fisher）在耶鲁大学学习时曾师从著名物理学家吉布斯（J. W. Gibbs）；瓦尔拉斯（L. Walras）、帕累托（V. Pareto）等都曾试图运用物理学的经典理论来研究和解释一些经济问题，并通过将经济个体看作物理学中的质点，将效用比作物质能量，运用物理学方法来研究经济活动的过程，得到类似物理学中的均衡态势。经过不断发展，国外对经济物理学的研究如伊林斯基（Ilinski，1997）、罗萨里奥等（Rosario et al.，2006）、保罗·考克肖特等（Paul Cockshott et al.，2009）、皮特·里士满等（Peter Richmond et al.，2013）将物理学中的概念和理论运用到交换价值、货币资本等经济变量的解释和分析中，对经济周期变化、市场机制运行、股票价格波动等相关问题进行了系统研究；保罗·考克肖特等（Paul Cockshott et al.，2009）认为用计算科学重新讨论李嘉图的劳动价值论，可加深人们对经济现实（reality）的理解。

著名物理学家杨振宁（2004）认为，20 世纪人类最伟大的贡献在于运用科技大大提高了生产力，随着能源资源的日益短缺，21 世纪人类对其争夺将会促使世界产生地理政治（geopolitics）主导的形势。中科院院士何祚庥（2014）认为，经济学将不再是只研究"关系学"的科学，而首先是研究生产力发展模式，研究技术路线发展的科学，需要探索构造一个对不同经济部门发展不平衡的动力学进行研究的经济统计模型。魏宇（2002）、程民治（2008）、黄吉平（2010）等对经济物理学的发展和成果进行了梳理并提出经济学和物理学研究应相向而行，客观、理性地看待经济物理学的发展，努力掌握运用经济学和物理学的交叉研究视角将有助于对经济发展中的现实问题的分析与解决。都国雄（2006）对经济物理学研究进行梳理后认为经济物理学实证研究主要应用于股票价格分析与汇率计算、宏观经济增长与微观主体成长趋势、对经济现象的网络分析等；李华钟（2006）将量子场系统与金融系统进行了类比对应研究；杨华磊（2012）认为经济物理学研究应在发挥数理优势的基础之上，尽可能多与现实的经济问题紧密结合、避免一味地追求量化和局限于金融物理和统计物理的研究范式；黄吉平（2014）对经济物理学进行了比较系统的研究，阐述了经济物理学与物理学和经济学之间的基本区别，对经济物理学的研究范式与研究方法进行了梳理与归纳，并从实证经济物理学与实验经济物理学两个方向对典型的经济与金融问题进行了探讨。

5.1.2　经济物理学研究范式概括

物理学是自然科学的基础和以自然科学实验为主要研究方法的学科之一，其主要是研究自然界物质运动与变化的规律（包括力学、热力学、振动与波、电磁学、波动光学、狭义相对论、广义相对论、量子物理等），同时，它对人类的自然观、时空观、宇宙观等产生了重要影响；经济学作为一门社会科学，主要研究人在社会活动中的经济行为与价值的学科；金融学是现代经济的核心。经过几百年的发展，上述学科发展衍生出了许多应用并互有交叉。由于金融学的发展在很大程度上基于计量建模与数理分析，在方法论上，其与统计物理交集较多。因此，国外对经济物理学的研究主要体现在金融领域（在某种程度上更适合称之为"金融物理学"）；国内相关研究仍不多见且较多仍以依循国外模式与路径为主，尤其习惯于运用金融物理和统计物理的思维去研究经济增长、市场运行和价格波动等问题。

经文献梳理后发现，经济物理学虽然作为物理学与经济学的交叉领域学科，但并非简单的"经济 + 物理"，而是以经济现象和经济问题为对象和目标，运用物理学的基本思维理论和方法工具，进行解释、分析和建模，统计、建模、实验可被视为经济物理学的方法核心，其基本的研究范式可概括为：

现象/信息采集→统计分析→问题抽象→提出假设→
计量建模→实验模拟→趋势预测等

经济物理学在现实经济现象和问题的刻画、运用数理统计归纳和逻辑演绎等方法上具有优势，对经济理论解释和经济结构分析等方面的研究空间较大。作为经济物理学的两个重要分支：实证经济物理学和实验经济物理学的研究视角有所不同；前者以逻辑实证主义为指导，运用统计物理学的研究方法对经济与金融领域的相关问题进行研究（Zheng Bo et al.，2014）；后者通过包括代理人模型（Agent - Based Model）等对经济与金融领域的相关问题进行实证分析（Zhuang Chu et al.，2018）。

新时期中国能源经济高质量发展，需要基于中国经济发展的自身特点和规律。经济物理学研究包括运用物理学的视角和思维对经济现象进行观察，借鉴和运用物理学的有关方法、模型，并结合现实经济问题进行研究，从而使得经济现象和经济问题能够尽可能地被客观化、数理化、模型化、系统化地表述与刻画，进而解释现存的经济现象和为经济可持续发展提供更加科学、可行和精准的对策。

5.2 能源经济系统建构的经济物理学解释

5.2.1 能源经济系统的微观结构

1. 能源市场的力学机制

基于经济物理学视角的能源经济系统主要通过能源市场来表现。资源禀赋、政策规制、交通区位、产业基础、地区消费、基建条件、输送通道、环境承载等作为系统外部的环境，也会影响到能源经济系统的运行（见图 5-1）。在此重点对能源经济系统进行分析。

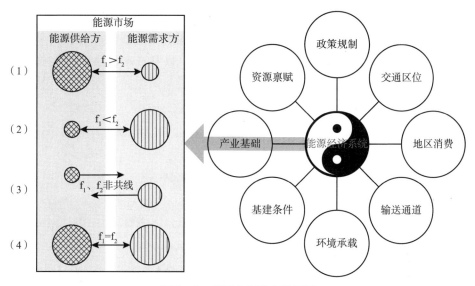

图 5-1 能源市场的力学机制

市场机制下的能源经济系统主要包括能源供给方和能源需求方，能源供给方作为能源的生产和供应者，处于能源经济产业链的上游，能源需求方作为能源的利用和消费者处于能源经济产业链的下游，能源在二者之间单向流动。当能源供给方处于能源市场的主导地位（卖方市场），即能源供给小于能源需求，从力学的角度讲，供给方作用力（f_1）>需求方作用力（f_2），导致市场非平衡而产生"势"（情形 1）；反之，则供给方作用力（f_1）<需求方作用力（f_2），同样也导致市场非平衡而产生"势"（情形 2）；当能源供给与能源需求不匹配，如政策导向或技术进步等原因，能源需求方对清洁能源需求不断增加，而供给方仍以开采生产传统化石能源为主，即出现资源错配（情形 3）；理想的能源市场表现为能源供需双方资源完全匹配且在市场上表现为"均势"（情形 4）。现实中情形（4）并不常见。不同类别的能源市场情况也有所差异，例如，国有企业在化石能源（煤油气）和水电等常规能源的开采（开发）和储运输送等环节具有较强的垄断优势（卖方市场）；而新能源（风电、光伏、氢能等）领域的市场竞争性更强，能源经济系统受到外部环境的叠加影响，导致经常存在情形（1）和情形（2），能源现货市场价格和能源期货指数表现出不同程度的波动并不断寻求动态平衡。

2. 能源经济系统基本结构

从产业结构的视角看，能源经济系统包括产业发展子系统、科技创新子系统、资金融通三个核心子系统，各子系统内部分别通过产业链、技术链、资金链完成物质、信息和价值的传递和交换，子系统之间相互关联相互作用主要通过"产融结合""产学研结合""科技＋金融"以及产融研协同共生等实现（见图5－2）。

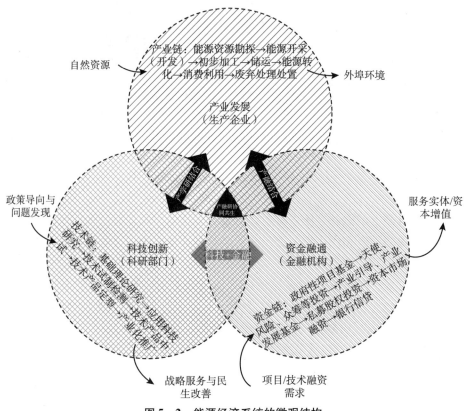

图5－2 能源经济系统的微观结构

基于经济物理学的基本原理，由图5－2分析可知，在产业发展、科技创新、资金融通三个子系统中，物质、能量和信息（科技成果、经济价值）分别通过产业链、技术链、资金链随时序流动，来实现物质形态转换、能量梯级耗用、信息流转交换。根据热力学原理，由于物质守恒和能量做功衰减，需要通过能源资源的减量化和对进入环境的污染物进行有效治理从而减缓熵增。在产业结构调整优化方面的具体应用，如对传统化石能源的清洁化和发展清洁能源，以及为应对气候变化而采取包括清洁发展机制、"双碳"行动等环保措施；在科技创新驱动方面的应用，如通过对现有工艺技术的改造升级和通过实施"互联网＋现代能源技术"助力能源革命；在金融服务实体经济方面的应用，如通过与国际能源金融市场合作，特别是加大在绿色金融、环境金融、碳金融、气候金融、可持续金融等方面的金融政策工具的创新和运用。此外，随着经济增长、技术进步和产业升级，三个子系统之间存在的相互作用力不断增强，三个子系统之间的交集（产业发展∩科技创新∩资金融通）不断扩大，即形成产融研协同共生。

5.2.2 能源经济系统的动态运行

能源经济系统持续进行着多维的运动变化，随时间序列发生着包括链式维度（线性）、空间维度（面性）、质量维度（体性）等变化。

1. 链式维度变化

能源经济系统的链式维度变化主要是指物质、能量、信息（包括科技成果、经济价值等）在能源经济系统内分别沿着产业链、技术链、资金链随时序发生运动，根据物质守恒定律和热力学定律，物质在系统能运动并与系统外环境进行一定的置换；能量则是单向流动，不断向外界环境耗散和从外界环境获得补充，信息在系统内的各子系统和与外埠环境进行持续的交换（见图5-2）。

（1）产业链。根据物质守恒定律，产业链是以能源资源开采（发）加工、储运、转化和能源产品利用为链条的单向物质传递过程。减量化、再利用和资源化（循环经济"3R"法则）有助于提高能源产业的生产效率和减低污染物排放的外部性影响。传统"两高一资"的发展模式已被证实不能满足高质量发展的现实需求，同时，深化供给侧结构性改革和能源领域"去产能"对提高中国能源产业整体效率产生明显成效。

（2）技术链。以相关政策导向和科学探索为起始，以理论和技术产生的成果应用和推广为目标，是围绕能源领域相关科技的基础理论研究、技术应用研究、产品试验测试、成果转化推广等为轴线的新科技不断创新运用的过程。随着经济发展水平和研发投入的不断增加，现代科研手段和政策激励条件的改善，尤其是人才（团队）的聚集效应不断显现，科技领域的创新成果（学术论文、项目专利等）呈现快速增长。

（3）资金链。以能源产业转型升级和技术创新驱动等融资需求为起始，充分发挥各类政府性基金引导对基础性理论研究的支持，发挥政府在政策引导规范和信息平台搭建的作用，及时分享在项目孵化和技术产品试验、测试与定型等阶段的资金需求，促进生产企业、金融机构、科创团队的有效对接，并通过产业引导、产业发展基金，以及畅通天使基金、VC、众筹、PE 等多元化的投融渠道，助力科创企业上市融资。

2. 空间维度变化

能源经济系统的空间维度变化指能源经济系统的重心随时序变化在地理空间上发生转移。长期以来，中国对传统化石能源过度依赖，其开采加工和转化基地主要位于西部、北部、东北和部分西南地区，其重心基本处于瑷珲–腾冲线的偏西一侧；常规水电设施位于大江大河的中上游，尤其是南方地区的江河干支流上中游；核电设施主要位于东部沿海地区，但随着能源结构的不断优化和技术条件的不断提高，特别是能源、环保等政策持续收紧，国家不断加大"三北"和西藏等地区的风、光、地热等资源开发利用，新一代核电技术的自主开发应用和氢能开发利用与储能技术不断进步，可再生能源和清洁能源的占比提高较快，能源大通道建设（北煤南运、西气东输、西电东送）不断完善，以及新能源汽车等产业链下游消费需求得到进一步扩大。在能源结构不断优化的同时，中国能源市场的供需双方的空间距离被不断拉近，能源富集区与生产基地（"三北"地区等）决定着能源产业的发展质量，重点能源消费地区（珠三角、长三角等）影响着能源金融的市场稳定，并且，由于存在马太效应，上游能源产业集聚高端化与下游能源金融市场的国际化不断增强（见图 5 – 3）。

3. 质量维度变化

能源经济系统的质量维度变化指能源经济系统随时序变化发生的规模和质量上的改变，与链式运动和空间运动叠加进行的复杂运动过程。能源系统在链式维度内的运动具有单向性，其重心在地理空间维度内的运动具有较强的社会经济性，受不同时期的政策导向、经济技术发展阶段、对外经济交往、交通区位和基础设施建设水平等影响；能源经济系统质量维度的变化受资源环境条件、科技发展水平、人类社会文明程度等影响，具有发展累积性、技术迭代性和文明更替性（见图 5 – 4）。

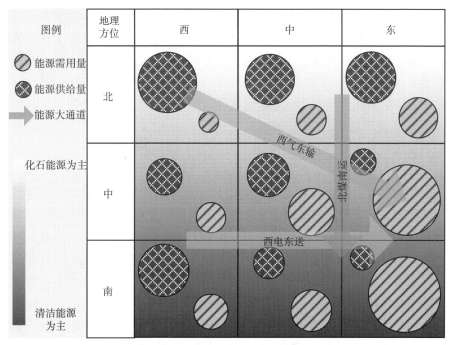

图 5 - 3 能源经济系统的空间维度变化

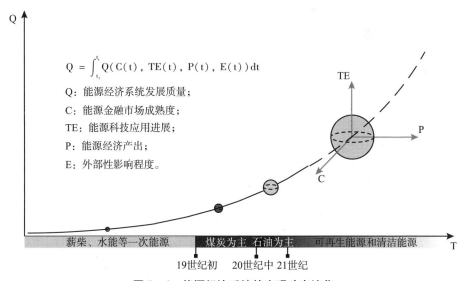

图 5 - 4 能源经济系统的宏观动态演化

结合图 5-4 分析认为，在农耕文明时期，人类对能源的利用仅限于薪柴和水能等一次能源的初步加工和利用，能源产出价值很低，能源燃烧所排放的污染物对环境影响很小，基本可以被自然环境所消纳。随着近代科学技术的发展，特别是对煤炭大规模开采利用和直接燃烧后，使包括蒸汽机、电力等技术在世界范围逐步推广应用，此后的 100 年内，煤炭逐步成为世界的主要能源，相应地，煤炭贸易开始繁荣，能源领域科技推动经济发展已经开始，但能源经济系统的规模仍比较小。由于煤炭几乎全是被作为燃料直接燃烧，产生的环境污染明显加剧，环境公害事件频发（如伦敦烟雾事件）。19 世纪后期至 20 世纪上半叶，石油逐渐成为西方发达国家的主要能源，尤其是 20 世纪 70 年代之后，人们对石油的开发利用需求快速增长，相应的国际原油期货交易逐渐兴盛，欧佩克逐渐掌控了国际原油定价权，中东地区成为国际能源的中心，随着现代科技和交通运输工具的普及应用，石油大规模的开采加工和利用所产的污染物已对全球环境和气候造成了明显甚至部分不可逆的影响，相应的环保问题逐渐受到重视。随着可持续发展理念的提出和不断普及，尤其是第三次科技革命带动了包括能源领域科技的进步，20 世纪后期，清洁能源和可再生能源技术不断得到推广（尤其是核能的应用），经济、科技和金融的结合进一步紧密，能源效率得到进一步提高、非化石能源占比不断下降，但石油仍是世界各国能源的主要需求。进入 21 世纪后，随着新能源技术和现代信息技术的交叉应用，页岩气革命、特高压输电、智能电网、大容量储能技术、清洁能源替代技术、碳捕集与封存技术等陆续得到应用，中国逐渐成为世界第一能源生产和消费大国。中国在传统能源转型升级的同时，对风电、光伏和氢能等的开发利用规模已走在世界前列，此外，对发展带来的环境问题高度重视并持续加大投入。尽管能源金融在中国起步较晚，但是发展快速，国内能源现货和期货交易逐步与国际接轨，碳市场建设不断规范，中国能源经济发展质量决定着未来高质量发展和"双碳"目标的实现程度。

图 5-4 能源经济质量分析的表达式为：

$$Q = \int_{t_1}^{t_2} Q[\,C(t)\,,\ TE(t)\,,\ P(t)\,,\ E(t)\,]dt \qquad (5-1)$$

式（5-1）中，能源经济产出数量、能源金融市场完善程度、科技应用成效作为影响能源经济质量的三个变量，随着时间推移而逐渐提高，并且，根据前述对能源经济系统微观结构的研究，三者分别与能源产业链、技术链、资金链相关。根据近年来的典型实证，能源领域的生产企业、金融机构与科研团队之间的业务交流合作愈发紧密，特别是一些大型能源企业已经实施以能源生产经营为主导、以领域内的科研和金融业务为支撑的多元化发展战略。此外，E(t) 作为能源经济系统的环境变量，随时间变化对能源经济系统质量可能产生正向或负向的影响，这取决于对能源政策导向、能源结构调整情况以及能源的开采加工利用方式。环境质量变量的物理性和复杂性，可通过环境污染物浓度的三维空间基础模型来表征：

$$\frac{\partial C}{\partial t} = E_x \frac{\partial^2 C}{\partial x^2} + E_y \frac{\partial^2 C}{\partial y^2} + E_z \frac{\partial^2 C}{\partial z^2} - u_x \frac{\partial C}{\partial x} - u_y \frac{\partial C}{\partial y} - u_z \frac{\partial C}{\partial z} - kC \qquad (5-2)$$

式（5-2）中，C 为污染物浓度，x、y、z 分别表示空间的三个维度，u 为污染物扩散速度，k 为降解系数。环境污染物浓度随时间推移而呈现三维空间扩散和衰减，一些难以降解的污染物（如核废料）将可能在环境中累积，其被自然界消减的周期将非常漫长。因此，能源经济系统发展过程中的外部性影响不容忽视。

对能源经济系统进行解构后，本书认为影响能源经济系统的质量主要涉及以下八个因素。

（1）能源结构。能源结构在一定程度上反映了能源开发利用的工业化水平和所处阶段。农耕文明时期，以传统的生物质能、太阳能和水能的简单收集加工利用为主；进入工业文明后，依次对以煤炭、石油和天然气为主的化石能源和核能开采（开发）利用；工业文明进入高级阶段后，对于风电、太阳能光伏、氢能等可再生能源和清洁能源的高效利用逐渐增多，对新一代核能研究、开发和利用技术不断取得进展。因此，能源结构可以反映国家和地区的能源经济发展质量。

（2）能源效率。从传统的能源弹性系数到全要素能源效率的研究和应用，旨在不断提高能源开发利用的水平和投入产出效能。科学评测能源效率和不断追求改进方法，不仅有助于延长可耗竭能源资源（如传统化石能源等）的使用周期，为新能源的研究和开发利用尽可能地降低经济技术成本、赢得宝贵时间，同时，对能源效率的提升也有助于减少环境污染。

（3）外部性。根据热力学定律，能量的传递和利用过程中存在耗损，耗损的能量进入环境后将改变原有的环境状态。能源领域作为应对气候变化和实现"双碳"目标的重点之一，需要从能源开发利用的全过程去考虑、设计和运用减缓外部性影响的政策、技术和措施。采取科学合理的对策解决外部性问题越早，所付出的代价越小，反之则越大，一些不可逆的外部性产生的影响甚至无法彻底消除。

（4）经济贡献度。能源作为工业的支柱和经济发展基础，其对经济的贡献度主要表现为能源行业（部门）产值占地区工业生产总值的比重，以及能源价格波动对工业产品出厂价格的影响。特别是，对于将能源作为支柱产业的地区来讲，能源价格的变化直接影响着能源的生产和消费，进而对地区的工业甚至经济产生连锁影响。因此，产业结构多元化和接续产业发展质量对于能源资源枯竭城市的转型发展至关重要。

（5）企业竞争力。作为现代市场主体的企业，其生产经营情况不仅反映了市场机制的健全程度，也反映了所处行业的整体水平，尤其是行业内的龙头企业，如国内能源领域的"三桶油"和国家电网公司的竞争力世界排名，反映了所在国该行业的整体质量情况和产业集聚规模。现阶段中国的能源战略和发展环境决定了能源市场仍以国企为主导，逐步有序放开非公企业参与竞争的局面。

（6）资本市场成熟度。能源生产经营与金融资本的结合已经发展了近半个世纪，欧美能源市场与金融市场紧密结合，"美元与石油挂钩"和"欧佩克主导国际油价"是能源金融的典型代表。中国的能源领域金融市场起步较晚，能源产地与能源期货交易之间存在明显的时空分异，前者依托能源富集地区和重要的能源基地，后者植根于金融业发达地区，这种时空分异与现代信息技术的广泛应用促使信息流和价值流可以远离实体市场进行流转和交换，但同时也容易引发能源领域的金融风险。

（7）技术融合。以5G、"互联网＋"、大数据和人工智能等为代表的科技革命不仅有助于传统能源产业的改造升级，也加速了新能源的开发利用，同时，为能源领域的金融科技提供了实现和应用的条件。能源技术与新一代信息技术的融合，作为中国"四个革命、一个合作"能源安全新战略的重要内容，有助于培育能源产业新的经济增长点，也为保障国家能源安全提供了重要支撑。

（8）能源安全。作为国家安全的重要组成之一，能源安全几乎影响到了国内生产生活的各个方面。随着能源结构的改变，我国对煤炭的依赖程度有所降低，但石油和天然气的消费占比逐渐提升。作为世界主要的油气进口大国，不仅油气进口规模受到国际能源价格影响，油气过境输送通道安全也受地缘政治的影响，加强能源安全既关系保持经济增长和国民经济正常运转，也关系中国高质量发展目标的实现。

5.3 新时期中国能源经济系统理论阐述

5.3.1 中国能源经济系统核心要素

根据前述研究，在产业组织（系统）内部，相关产业环节或产业部门（要素）通过一定的经济、技术和价值关系相互关联。新时期中国经济高质量发展的前提是产业结构调整升级，而中国宏观经济各部门产业结构调整升级带来的共同影响主要包括发挥政策导向推动经济高质量发展、抓住新技术革命带动新的工业革命、完善市场机制促进新一轮深化改革开放等。整体而言，产业结构调整升级的基本趋势就是依托新理念、新产业、新技术、新模式、新业态等日益融合，实现现代化经济体系建设的目标。

"十三五"以来，在中国能源经济发展过程中，供给侧结构性改革、基建短板弥补、技术创新、资源高效利用、生态环境改善、产业结构优化等均不同程度地发挥着正向作用，但同时，空间区域和行业领域的差异均较为明显，东部沿海发达地区较西部地区的技术创新动能充足、能源利用率相对较高、经济产出效益明显；可再生能源与新能源产业发展势头迅猛，传统能源产业低碳转型升级瓶颈压力较大，能源产业链供应链现代化水平有待提高，能源现货市场、期货市场以及碳交易市场等的发展程度尚不均衡。

1. 产业发展

产业作为能源经济系统的核心要素之一，其应用主要是通过产业结构、产业组织、产业布局和产业发展等表现出来。从经济学的角度称其为"产业"，从国民经济统计的视角，称其为"行业"。前者更具有市场性，以市场主体为核心进行相关经济活动；后者更具有计划性，是通过政府（政策）进行的计划、组织与管理活动。能源经济涉及领域和部门较多，相关的产业链种类和环节也差异明显。新时期为实现中国能源经济高质量发展，需要更加突出集约高效、创新协同、绿色低碳、安全持续的新理念，重视组织布局科学化、生产过程集约化、产品服务市场化。

就产业组织而言，由于能源经济在国民经济体系中具有基础性、战略性的特点，并且属于劳动力、科技、资金叠加密集型的产业类别，长期以来，中国的煤炭、石油、天然气、电力等行业的国有能源企业（包括中央直属企业和地方所属企业）始终是能源行业的中坚力量，在规模、资产、人员、效益等方面优势明显。

就产业结构而言，中国能源供给与需求结构有待进一步优化，长期以来，传统化石能源占比仍偏高（特别是煤炭），近年来随着石油和天然气进口的增长，煤炭占比有所下降，能源行业始终是深化供给侧结构性改革和落实碳达峰、碳中和目标的关键，正是由于能源结构偏"重"（重化石能源）导致产业结构偏重（传统能化产业投资偏重、能源产业链上游环节偏重、能源经济技术效率偏低），很大程度上影响了传统能源产业的低碳化清洁化改造升级和可再生能源与新能源的产业化开发利用。

就产业布局而言，长期以来，中国的煤油气等化石能源产地主要集中在西北、华北、东北和西南等地区，水力发电设施分布于大江大河主要的干支流上中游，核电设施分布于沿海，可再生能源和新能源（风电、太阳能光伏）装机主要集中在西部地区，而能源的主要消费地主要在东部沿海发达地区和大中型城市（群），形成了跨区域、长距离的能源供需空间分异的基本格局。此外，能源主要产出地与能源主要消费地之间尚未充分实现能源价值与经济效益交换。

就产业持续而言，能源产业的持续需要坚持绿色低碳和系统安全的基本原则，传统化石能源生产加工转化过程中的外部性已不能适应可持续发展的要求，主要表现就是资源耗竭和环境污染，对传统化石能源的清洁化改造升级以保证在能源经济平稳运行的背景下实现绿色低碳转型升级，加快对可再生能源和清洁能源的规模化产业化开发利用是实现能源接续的关键。同时，确保能源产业安全需要强化产业链供应链的稳定，防止系统性风险和突发事件对能源经济造成负面冲击。

2. 科创驱动

随着中国综合国力的快速提升和研发投入的持续加大，科技作为第一生产力和新时期中国经济发展的重要引擎，新一轮科技革命对经济结构调整和产业转型升级的贡献日益凸显，多元化的能源科技创新平台逐渐建立并不断完善，先进、高效、绿色、安全的能源科技不断被应用和推广，加快了传统能源产业的转型升级，同时，新能源开发利用科技瓶颈不断被打破，使得先进技术逐渐普及。此外，现代信息技术和能源技术的结合不仅仅带动和促进了传统产业的改造，也催生出了新产业和新业态。

能源领域基础理论、前瞻性和战略性科技以及关键技术需要持续的关注和人财物投入。能源领域的 5G、储能技术、智慧能源、碳补集利用与封存技术（CCUS）、深层页岩气开采、高比例可再生能源大规模并网、核聚变理论和试验研究、温室气体减排等领域的核心技术创新与突破，将对中国能源革命产生重要的现实意义与战略价值。

新时期中国加强了在特高压输变电工程、第三代核电技术、煤电超低排放和超超临界机组、大型水电机组成套设计等方面的能源科技和装备的自主化研发、设计和生产能力建设。同时还需要看到，尽管拥有能源科技资源优势的"三桶油"、国家电网和一些大型煤炭集团等能源国企的综合竞争力在世界企业排名不断上升，但"政产学研用"一体化产业链创新链需要进一步完善，以促进科技成果转化和产业化推广。

新时期应坚持贯彻"四个革命、一个合作"的能源安全新战略，支持科技创新在基础领域和前沿领域的研究，加强关键共性技术和交叉学科的研究，针对"卡脖子"问题突出联合协同攻关的优势，推动能源领域新业态形成和发展过程中的重要作用。此外，针对突发重大事件对经济造成冲击的风险，在确保国内油气供应安全的同时，积极探索"新一代信息技术 + 能源技术"，在核能、可再生能源和碳的捕获、利用与封存（CCUS）等领域的开发利用。

3. 金融支持

随着经济的发展，金融对产业发展和科技创新的加持作用愈发明显，作为现代经济流通的价值体现，金融具有较强的"两面性"，强化金融监管有助于避免金融业运行"脱实向虚"和减缓泡沫产生；引导相关金融机构充分运用金融政策与工具、积极创新金融产品与服务、合理应对金融风险与挑战，对能源产业等实体经济高质量发展将具有正向的促进作用。

依托能源金融中心，建立金融市场体系。依托能源现货期货交易和碳交易市场等金融中心，建立并不断完善各类交易平台，对价格波动进行实时分析，积极对接国际能源市场，有序放开能源市场相关业务，运用现代科技强化金融业务监管，进一步完善相关风险预警和防范机制，不断提升中国掌握国际能源定价权的能力。

服务实体经济发展，力求产出效益最大。发挥政策对能源革命的引领、推动作用，以能源领域的项目融资需求、科技成果转化为主要目标，通过建立政策信息服务高效、合作规范监管公允、权益共享风险共担的机制和模式，激发金融机构主动对接能源企业与科创团队，有助于能源产业链、技术链、资金链的良性互动发展。

参与国际能源合作，构筑能源安全格局。积极参与国际能源技术标准制定和金融体系建设，推动国内能源领域的龙头企业"走出去"和积极开展技术贸易投资合作，加强与"一带一路"沿线国家互联互通，提高企业的国际能源市场竞争力，有助于强化中国能源安全格局的稳定。

5.3.2　中国能源经济系统理论模型

1. 理论模型建构

结合经济物理学的基本思想和原理以及中国能源经济高质量发展的产融研分析，促进能源经济系统的可持续运行，系统内要素之间进行着物质、能量和信息的传递和交换。在能源经济系统中，这种现实存在的关系链条主要包括产业链、资金链和技术链，此外，供应链通常与产业链相互嵌入。

（1）产业链（供应链），通常是指在整个经济活动中，从原材（物）料的开采、加工、储运、销售等全部的生产过程，此期间产生的同类产品与服务单元通过计划或市场的组合与时空布局，形成的相互关联、相互协作的链式结构。简而言之，就是围绕从原材料到产成品（服务）之间形成的各经济部门环环相扣的链条形式，其具有一定的系统性、规模性、营利性、结构性、转化性等特点。在产业链上下游之间存在物资供应关系的部分衍生出供应链，产业链侧重于从生产的过程视角；供应链侧重于从原材料和产品的物质视角。

（2）资金链（价值链），是围绕产业发展与科技创新所需，伴随产业链和技术链并存的资金链条，通常包括企业 - 企业、企业 - 政府部门、生产企业 - 金融机构、生产企业 - 科研院所、金融机构 - 科研院所等相关联的资金流动与价值交换形式。能够体现经济投入产出效果与资本价值的资金运动形式，即表述为价值链。资金链和价值链分别侧重于从投入和产出视角考察金融对产业链和技术链的作用。

（3）技术链（创新链），是以战略性、前瞻性、创新性的基础研究和产业发展所需的应用研究为导向，以高校、科研院所、企业等传统的有组织形态和新兴的包括自由人（群）等组成的各类创新平台为支撑，通过行政化与市场化相结合而形成的现代科技创新链式结构。一些文献中用"创新链"表述，创新链是为适应技术和产品的升级需要，不断改进、优化和更替，这里为更好地体现链式结构的技术特征，主要对技术链进行考察。

就能源经济系统整体而言，产业链、资金链、技术链三者通常相互关联和相互作用。就该系统内部的产业链维度而言，能源产业的绿色转型与高质量发展需要通过科技创新驱动实现技术装备的改造升级和高端化，也需要通过大量的投融资支持实现产业的规模化和集聚发展；就技术链维度而言，先进技术装备的研发、设计、测试和投运需要以产业发展为依托得到应用和检验，在理论研究、技术设计和产品研发、测试和成果转化等全过程中也需要得到必要的资金保障；就资金链维度而言，由于能源领域相关全产业链通常具有重资产性和劳动力、技术密集性等特点，对资金的需求固然较大，资金投入具有回报周期较长和风险较高的特点，相关基础理论研究、应用技术研发、样品测试、成果转化与市场化各阶段也需要持续的资金注入，这决定了能源金融产品与服务的多元化。

　　资金链通常依附于相应的产业链和技术链；而技术链又是以产业发展为导向，需要资金链作为财力支撑。政策规制为能源经济发展提供重要的制度保障，在市场经济体系框架内，产业、技术、资金是核心。为减少金融泡沫的产生和规避"脱实向虚"的金融风险，实现能源经济高质量发展，对能源经济领域的产业链、资金链、技术链进行整合和优化，构建"三链"协同理论模型，见图 5-5。

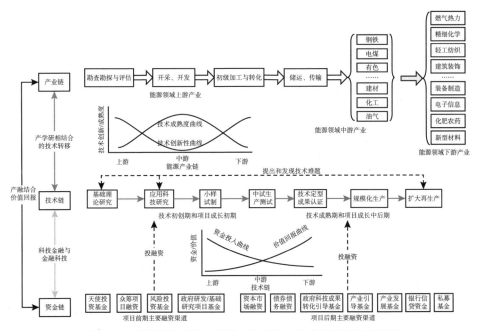

图 5-5　能源经济系统产业链、资金链、技术链协同理论模型

2. 模型机理阐释

能源经济系统内产业链、资金链、技术链既相互独立又相互关联，每一链条可单独视为一个子系统，在其内部，分别进行着物质、价值和信息的传递与交换。在产业链内部，上游产业偏"重"，资源消耗、环境污染、项目投资均相对较大，劳动力聚集度和行业集中程度均相对较高，中下游产业，尤其是下游产业的细分领域较多，资源消耗和环境污染相对较小，智力密集度和消费需求度较高；在技术链内部，从基础理论研究到扩大再生产的各阶段，技术和产品的成熟度不断增加，是理论和科技从试验室走向市场和变现的主要路径，且由于市场需求导向，对新的理论和应用研究不断提出新的技术挑战和问题；在资金链内部，无论是天使投资、众筹融资、风险投资（venture capital，VC），还是政府科技项目基金等都旨在服务于项目的概念设计、理论研讨和模型试验等初创阶段，随着技术的不断成熟和市场前景预期不断向好，包括产业引导基金、私募股权投资（private equity，PE）、资本市场（如科创板）融资、产业发展基金、各类融资渠道不断增加，将为项目中后期的顺利实施和成果转化提供资金保障。

同时，三链条之间还表现为作用与反作用的关系。产业链与资金链之间的良性互动（即产融结合形式）是传统产业部门与金融资本的一种互动融合，生产企业与金融机构之间的这种经济互动，有利于加快产业集聚和避免金融"脱实向虚"。产业链与技术链的良性互动（如"产学研"结合等），有力地检验了科研成果能否得到市场的认可，也是科技影响产业发展和推动产业升级的重要表现，企业技术中心与科研院所和高校各有侧重的职能定位，也是促进技术转移的重要接口。技术链与资金链的良性互动（如科技金融和金融科技），一方面将加快科技成果转化和确保科研试制过程中间环节顺利进行，另一方面也将推动金融工具创新和金融产品多元化的新需求。

进一步研究还发现，随着能源产业链向后延伸，技术成熟度产业链呈现类似"武藏曲线"的规律，而技术创新性产业链呈现类似"微笑曲线"的规律。前者对传统化石能源探明储量和可采储量以及新能源开发的技术有待完善，对相应的整体技术创新性和颠覆性技术的要求较高，同样的情况也存在于产业链的下游；后者即产业链的中游，由于市场较为成熟、产品相对稳定，技术的成熟度较高而创新性相对较低。随着能源领域技术链向后推移，其与资金投入和价值回报的对应关系分别呈现为幂函数和指数函数的形态，并且，前期由于新理论、新技术、新产品等的研发和积累资金投入巨大且价值回报较小（甚至几乎没有回报），沿着技术链向后推移，资金投入量和相应的投资风险不断减小，相应的价值回报不断增加。

为实现能源经济的产业结构优化、原料供给安全、技术水平提升、资金风险可控、产品满足需求、经济价值增加、环境效益显著等战略目标，基于上述模型理论，本书认为，需要充分理解和认识能源经济产业链、资金链、技术链的协同特性，把握其内在的相互关联和相互作用的规律，充分利用好产学研平台，强化关键技术对产业转型升级的支撑和产业发展需用对科技创新研发的市场导向；协调好"产融结合"，提升金融资本服务实体产业的能力；充分发挥"科技＋金融"的作用，确保项目和成果转化全过程顺利实施，不断创新现代金融管理与服务技术手段。

第6章
能源经济技术效率分析及其高质量发展机制创新

6.1　陕西能源经济转型升级的困惑

"十三五"以来，作为全国能源大省之一的陕西，能源产业一直占据全省工业经济的半壁江山。目前，全省的能源经济主要围绕对传统能源的开发利用，包括原煤炭、原油、天然气等的开采，以及能源化工产业。尽管全省煤、油、气等传统能源产品的产量整体有所增长，但对能源消费市场波动较为敏感，增速渐缓，同时，随着供给侧结构性改革的不断深入和节能环保政策的不断收紧，对太阳能、风能、生物质等新能源的开发利用逐步加快，但利用规模较传统能源仍然偏小。

受近年来全球经济复苏乏力、中美经贸摩擦和新冠肺炎疫情等因素叠加影响，陕西经济转型升级阻力重重。从宏观层面看，在全省传统能源产量增长基本保持稳定、能源消费量逐渐增加的同时，以能源产业为重要支柱的工业经济抗御风险的能力仍然偏弱，推动能源经济高质量发展的新驱动力尚未形成；从中观层面看，能源产业链上下游环节和关联产业的协同融合成效不够明显，能源开发、生产和加工环节与能源储运、分配、输送环节以及能源产品消费市场之间在技术转移、信息共享等方面还存在一定的障碍，产业链供应链基础仍较为薄弱；从微观层面上看，国有能源企业垄断优势明显存在转型升级的路径依赖、金融机构对能源产业发展所需的金融产品和服务创新不足、产学研协同创新平台在相关的能源领域新材料、新技术研发能力偏弱、相关的中介服务机构缺乏，产业发展、金融支持、科技创新三者的协同机制尚未建立等。

当前，能源经济产业链、资金链、技术链关联不够紧密，甚至在一些领域出现脱节，笔者经调研分析认为，在能源经济绿色转型和高质量发展过程中，产业链与技术链融合不够紧密，由于信息不对称和管理机制壁垒的存在，存在制约产业发展的技术瓶颈，与科研院所研发成果之间对接的时效与效率有待提高；资金链尚未对技术链形成有力支持，现有的企业融资平台主要为财务管理和产业发展服务，对技术链各环节中的产品研发与服务创新的全过程资金保障还不到位；产业链与资金链存在脱节风险，地方一些部门热衷于"能源金融"概念的宣传，而对相关企业的股权债权融资、资产管理、风险管控等重视不够，对能源产品的定价机制、期货交易等金融产品与服务开发尚不足，同时，在现有的金融风险管理体系和管理能力条件下，脱离实体产业发展也容易导致资金链运营过程中产生"脱实向虚"的泡沫风险。

国家和部分地区以及主要行业在各自的"十四五"规划文件中都相继提出了碳达峰和碳中和有关目标（即"30·60 目标"）。陕西在"十四五"规划纲要中也提出了加快风电、光伏、氢能等新能源产业布局、推动提质增效，以及对传统能化产业低碳化、清洁化改造提升，积极应对气候变化落实碳达峰要求等内容，为"十四五"和 2035 年陕西能源经济高质量发展提供了政策指引。在此，基于产融研协同的视角，对陕西能源经济绿色转型升级的现状进行系统分析，从产业链供应链理论着手进行研究阐释，进而提出促进能源经济高质量发展的可行路径。

6.2 主要区域的能源供需结构现状

2018 年以来，受逆全球化和中美贸易摩擦等外部因素的影响，宏观经济下行压力不断增加，特别是新冠肺炎疫情对经济的冲击加剧。尽管如此，在国家统一协调和组织下，包括能源等一些重点行业和重点领域的企业积极应对，主动作为，为减缓疫情对地区经济的冲击和保持经济社会运行基本稳定起到了关键的支撑作用。2020 年，陕西省生产总值和人均 GDP 分别位居全国第 14 和第 12 位，全省能源工业两年平均增速 11.7%（非能源工业两年平均增速3.9%），其中煤炭工业两年平均增速超过 20%，对保持全省经济平稳运行起到了关键作用。为实现陕西化石能源占能源消费比重降至 85% 以下和单位GDP 能耗年均下降 2.4% 的目标，需要进一步明确陕西能源结构以及在能源产业转型升级方面与周边一些省区市存在的差距，提出进一步确保陕西能源经济稳定运行和能源产业高质量发展的对策。

6.2.1　现状问题

通过选取与陕西经济发展水平和产业结构接近的中国部分省份，对其近年的能源生产消费结构进行研究，见图6-1。

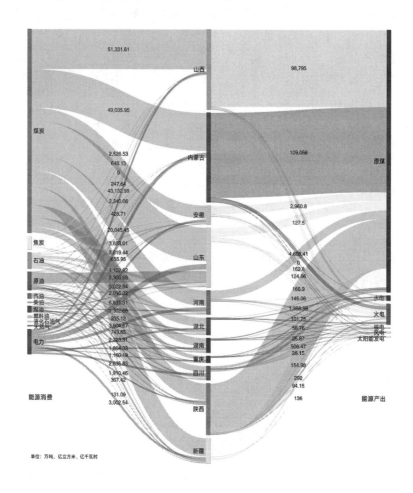

图6-1　2019年中国11个省区市能源产出与消费量

资料来源：中国能源统计年鉴2020。

由图6-1可看出，无论是从能源产出端还是消费端来看，内蒙古、陕西、山西等煤炭在能源结构中的占比过大（超过80%），能源结构进一步优化的空间较大。内蒙古、陕西等以能源供给为主的省份其能源产出量远大于能源消费量（产出消费比超过 2.0）；而湖北、湖南、重庆、山东等以能源需求为主的省份则反之（产出消费比低于 0.3），地区间能源供需矛盾凸显。从能源消费端看，山东、河南、内蒙古等对煤炭和电力的需求较大；从能源生产端看，四川、湖北等能源供给结构更趋多元且其可再生能源发电占比较高（超过 50%），而北方地区可再生能源的电力转化率偏低。从全省工业来看，2021 年上半年陕西能源工业增长高于同期非能工业 0.6 个百分点并超过疫情之前同期水平，煤炭在能源生产和消费中的占比依然较大（超过 70%）；此外，陕西的能耗强度降低进度目标和能源消费总量控制目标被国家发改委分别列为一级预警和二级预警。

与中东部一些省份相比，当前陕西既面临着传统能化产业占比过高、低碳绿色转型周期较长、能耗双控和碳达峰任务较为艰巨等困难；也存在着能源就地转化率不高、可再生能源利用率偏低（见表 6 - 1）、能源经济效益不显著、产业链供应链相互结合不紧密、科技创新对产业提质增效的驱动作用需加强、金融资本服务实体产业和科技创新的功能发挥还不够充分等短板。

表 6 - 1　2019 年中国 11 个省区市的能源产出消费比和可再生能源发电占比

地区	煤炭产出消费比	原油产出消费比	天然气产出消费比	电力产出消费比	可再生能源发电占比
山西	1.925	无产出消费量	0.900	1.437	11.92%
内蒙古	2.224	0.035	0.344	1.504	16.14%
安徽	0.658	仅有消费量	0.036	1.255	7.72%
山东	0.276	0.163	0.026	0.863	10.25%
河南	0.546	0.314	0.027	0.801	11.59%
湖北	0.003	0.035	0.016	1.273	50.30%
湖南	0.138	仅有消费量	仅有消费量	0.836	41.35%
重庆	0.233	无产出消费量	0.703	0.699	31.62%
四川	0.440	0.008	1.639	1.489	87.04%
陕西	2.953（第一）	1.469（第一）	3.920（第一）	1.148（第六）	15.17%（第七）
新疆	1.020	1.174	2.602	1.222	22.92%

注：能源产出消费比 = 地区能源产出量 ÷ 地区能源消费量，反映能源净流向。能源产出消费比大于 1 表明该地区为能源净产出地，数值越大表明地区能源的净产出越大；反之，则表明该地区为能源净消费地。

6.2.2 研究启示

无论从能源生产端还是从能源消费端看,以煤为主的能源结构短期内不会根本改变,对于包括陕西在内的中国能源大省而言,推进能源革命和绿色低碳发展任重道远且势在必行。为顺利实现碳达峰和碳中和目标,需要对煤炭等传统能源的清洁化高效集约利用与加快清洁能源和新能源的推广使用做到统筹推进、有序协调。加快能源就地转化和清洁化、低碳化利用,推动能源领域产融研协同,有助于进一步提升陕西能源"双链"的现代化水平和助力陕西经济高质量发展。

6.3 能源行业的典型企业发展现状

长期以来,中国的能源结构以煤为主,随着供给侧结构性改革的不断深入,加之中国碳达峰碳中和目标的明确,能源结构不断优化调整。短期内,煤炭在中国能源结构中的主体地位不会根本改变,为适应低碳化清洁化的能源经济发展趋势,需要对中国煤炭行业清洁高效利用情况和重点煤炭企业经营绩效进行研究。

经过多年的发展,中国煤炭行业已经形成了以"三西"(山西、陕西和内蒙古西部)煤炭基地为核心,以山东、河南等地的煤炭市场为生产供给的主体。本书选取上述地区煤炭行业的部分重点企业作为代表,对其2016~2019年以煤为主的生产经营业务绩效进行研究,从企业层面测评中国煤炭行业的经济运行效率。

6.3.1 企业经营状况的基本面分析

中国的重点煤炭企业大多集聚于晋陕蒙三地以及河南、山东等省区,煤炭资源储备充足、煤炭品质好、种类全,拥有一定的技术优势和生产管理经验,占有一定的市场份额,对地方经济发展和带动本地人口就业的贡献度和影响力较大。通过对上述地区的重点煤炭企业近年生产经营情况初步分析,筛选出陕西的陕西煤业、山西的山煤国际、内蒙古的露天煤业、山东的兖州煤业和河南的郑州煤电作为重点研究对象,对2016~2019年的基本经营状况进行统计(见表6-2和图6-2)。

表 6 - 2   2016～2019 年中国部分重点煤炭企业主营业务情况

指标	评价时期（年）	陕西煤业	山煤国际	露天煤业	兖州煤业	郑州煤电
煤炭行业营业收入（亿元）	2016	317.54	439.38	43.63	317.41	31.73
	2017	487.29	374.82	63.55	515.81	39.81
	2018	549.72	370.27	68.66	659.23	38.25
	2019	706.15	371.36	64.44	666.41	28.94
煤炭行业营业收入同比变化率（%）	2016	2.69	43.02	0.55	-9.67	26.78
	2017	53.46	1.23	45.64	62.50	25.44
	2018	12.81	17.22	8.05	27.81	-3.91
	2019	28.46	-15.48	-6.15	1.09	-24.35
煤炭行业营业成本（亿元）	2016	176.71	404.09	28.31	198.30	19.31
	2017	213.13	317.79	35.26	279.83	20.32
	2018	277.90	294.86	36.99	367.98	22.22
	2019	414.65	289.58	32.76	409.58	20.37
煤炭行业营业成本同比变化率（%）	2016	-14.83	40.97	-12.2	-26.95	-15.93
	2017	20.61	7.78	24.57	41.11	5.23
	2018	30.39	27.16	4.89	31.50	9.32
	2019	49.21	-28.34	-11.43	11.30	-8.31

资料来源：上述公司年报。

结合表 6 - 2 和图 6 - 2 分析认为，"十三五"以来，通过不断优化产业结构和有效化解过剩产能，中国重点煤炭企业生产经营情况出现分异，晋陕蒙三地的煤炭企业仍是中国煤炭经济的主力。陕西煤业的营业收入和营业成本均呈现增长态势，而山煤国际、露天煤业、兖州煤业、郑州煤电的营业收入和营业成本增幅较小甚至在 2019 年呈现明显下降。其中，2018～2019 年陕西煤业的营业成本同比上涨水平超过了营业收入上涨水平，郑州煤电的营业收入下降水平超过了同期的营业成本，反映出中国煤炭产能总体宽松与区域性、时段性供应不足的问题还较为突出，保持煤炭市场供需平衡的基础还比较脆弱，行业发展不平衡不充分的问题尚未根本解决。

单位：亿元

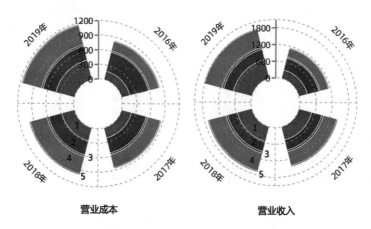

营业成本　　　　　　　　　　营业收入

从内到外依次为：❶ 陕西煤业　❷ 山煤国际　❸ 露天煤业　❹ 兖州煤业　❺ 郑州煤电

图 6 - 2　2016 ~ 2019 年部分重点煤炭企业主营业务情况

资料来源：图中各公司年报。

6.3.2　企业技术效率的 DEA 测度

依托微观经济视角，本书主要从技术效率、规模收益、松弛变量等考察当前中国煤炭行业重点企业主营业务经营效率，以 2016 ~ 2019 年评价单元的主营业务成本和营业收入分别作为投入项与产出项的面板数据，考虑到该时期中国经济发展仍以投资驱动为主，采用 CCR 径向距离函数投入导向优先的数据包络分析模型（DEA），基于 MaxDEA Pro 8.15（Basic）平台（成钢、钱振华，2011），对典型煤炭企业主营业务指标的效率进行测度（见表 6 - 3）。

表 6 - 3　　　　2016 ~ 2019 年中国部分重点煤炭企业主营业务技术效率

评价单元	评价时期	技术效率 TE	纯技术效率 PTE	规模效率 SE	规模收益	主营业务成本松弛量（亿元）	主营业务成本目标值（亿元）
陕西煤业	2016 年	0.7859	0.7922	0.9921	递增	-37.83	138.88
	2017 年	1.0000	1.0000	1.0000	不变	0.00	213.13
	2018 年	0.8652	0.9693	0.8926	递减	-37.46	240.43
	2019 年	0.7449	1.0000	0.7449	递减	-105.80	308.85
	年均值	0.8490	0.9404	0.9074	—	—	—

续表

评价单元	评价时期	技术效率 TE	纯技术效率 PTE	规模效率 SE	规模 收益	主营业务成 本松弛量 （亿元）	主营业务成 本目标值 （亿元）
山煤国际	2016 年	0.4756	0.4763	0.9984	递增	−211.92	192.17
	2017 年	0.5159	0.5182	0.9956	递增	−153.86	163.94
	2018 年	0.5492	0.5518	0.9953	递增	−132.91	161.95
	2019 年	0.5609	0.5635	0.9954	递增	−127.15	162.42
	年均值	0.5254	0.5275	0.9962	—	—	—
露天煤业	2016 年	0.6742	0.7762	0.8686	递增	−9.22	19.08
	2017 年	0.7882	0.8664	0.9097	递增	−7.47	27.79
	2018 年	0.8119	0.8855	0.9168	递增	−6.96	30.03
	2019 年	0.8603	0.9443	0.9111	递增	−4.58	28.18
	年均值	0.7837	0.8681	0.9016			
兖州煤业	2016 年	0.7001	0.7057	0.9921	递增	−59.48	138.83
	2017 年	0.8062	0.8534	0.9447	递减	−54.23	225.60
	2018 年	0.7835	1.0000	0.7835	递减	−79.65	288.33
	2019 年	0.7116	0.9159	0.7770	递减	−118.11	291.47
	年均值	0.7504	0.8688	0.8743	—	—	—
郑州煤电	2016 年	0.7187	1.0000	0.7187	递增	−5.43	13.88
	2017 年	0.8567	1.0000	0.8567	递增	−2.91	17.41
	2018 年	0.7531	0.9060	0.8312	递增	−5.49	16.73
	2019 年	0.6213	0.9481	0.6554	递增	−7.71	12.66
	年均值	0.7375	0.9635	0.7655			

为更加清晰直观地观察上述企业 2016 ~ 2019 年（共计 20 组）的技术效率
情况，绘制其技术效率值的正态分布直方图（见图 6 - 3）。

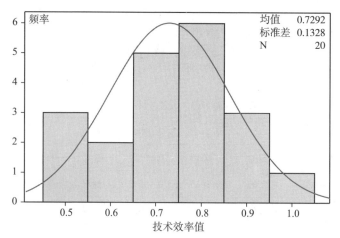

图 6 - 3   2016 ~ 2019 年部分重点煤炭企业主营业务技术效率直方图

结合表 6 - 3 和图 6 - 3，从技术效率的整体情况看，2016 ~ 2019 年这些企业的技术效率值多位于 0.7 ~ 0.8。就年均值而言，技术效率（TE）自高而低排序为陕西煤业、露天煤业、兖州煤业、郑州煤电、山煤国际，其中，陕西煤业的技术效率最高，年均值接近 0.85，其余企业均小于 0.80；郑州煤电的纯技术效率（PTE）最高、陕西煤业次之；山煤国际的规模效率（SE）最高、陕西煤业次之。另外，历年陕西煤业的技术效率、纯技术效率和规模效率均较高，2017 年陕西煤业的 TE、PET、SE 均为 1。投入导向下的郑州煤电和山煤国际的规模收益均呈现递增，表明其产量的增加比例大于生产要素增加的比例，同时，陕西煤业等企业的 2018 年和 2019 年的规模收益递减，反映了企业发展在步入成熟期时，由于生产规模过大、协调性降低，需要通过优化公司结构和改进组织管理进一步提升协调效率。从投入导向角度考虑的煤炭企业营业成本松弛量看，横向上，除 2017 年的陕西煤业外，其他年份的企业技术效率并非有效，均需降低营业成本，2016 ~ 2019 年山煤国际的主营业务成本松弛量最大，反映出企业降成本的空间较大但松弛量呈现逐渐缩小的趋势，而陕西煤业和兖州煤业增呈现扩大的趋势，反映了中国一些重点煤炭企业需要进一步提高技术效率，如积极组织技术研发攻关、强化成本控制、细化专业分工、推进多元化经营等。

6.4 典型能源经济产业链供应链系统

6.4.1 新时期中国能源经济基本特征

习近平同志提出，新时期中国进入了新发展阶段，并重点阐述了七个"新"（新机遇、新挑战、新发展格局、新发展动能、新发展活力、新优势、新局面）。这是中国共产党对"十四五"时期国家所处的历史方位做出的新的重大论断。新发展阶段下，中国能源经济必须加快实现动力转换、效率变革和质量提升，这也是能源经济高质量发展的内在要求。根据中国能源资源和能源工业的特点，需要统筹谋划能源领域产业结构调整、技术改造升级、行业市场监管、政策规制优化、国际产能合作；协调推进传统能源与清洁能源、常规能源与新型能源的综合开发利用；科学考量资源探采利用规模、市场供需消费平衡、技术经济产投效率、节能环保实践效果、能源安全战略储备等。

新时期能源经济的基本特征可以概括为高效绿色、协调创新、安全可靠。具体而言，推广先进高效开发利用技术将有助于产业升级，加快清洁能源开发和能源清洁化利用将有助于实现节能减排目标，优化能源产能结构、协调上下游产业布局将有助于实现能源领域供给侧结构性改革，促进产业－金融－科技融合将有助于能源产业创新动力，科学调控能源价格将有助于能源市场繁荣稳定，强化能源战略储备将有助于维护国家能源安全，积极开发接续能源将有助于经济社会可持续发展。为适应高质量发展的内在要求，需要在能源经济领域构建融合产业发展、技术创新、金融支持的组织体系。

6.4.2 典型能源经济产业链供应链系统机制

近年来，中国的产业链供应链发展短板不断显现。本书从系统的角度出发，对中国煤炭行业的全产业链供应链进行分析。

1. 资源探采

"十三五"期间，中国煤炭资源进一步向晋陕蒙等资源禀赋较好的探采区集中，西部地区的煤炭产量占全国的 59.7%，较"十二五"末提高了 5 个百分点；东中部地区和东北的占比均有所下降。晋陕蒙的煤炭产量占全国的

71.5%，其 14 个大型煤炭基地的产量约占全国的 96.6%，在此期间，一批煤炭企业战略性重组进一步加快。

2. 主营生产

煤炭产业链供应链现代化水平不断提高，煤炭企业参股控股电厂权益装机容量同比增长 1.8 亿千瓦，占全国燃煤电力装机的 26.5%，并参股控股一批煤化焦化企业。此外，中国一些大型煤炭企业积极发展新能源、新材料、先进制造、节能环保、现代金融等多元产业，人工智能、大数据、云计算等相关科技领域与煤炭行业不断融合，一批智能化、数字化的采掘作业面和示范矿区建成。

3. 运输物流

铁路仍是中国煤炭运输的主力，在煤炭的各种运输方式中，铁路所占份额最高；受新冠肺炎疫情等因素影响，2020 年，全国铁路发运煤炭 23.6 亿吨，同比下降 3.9%（煤炭发运量占铁路货运总量的 53.2%）。其中，电煤发运量为 17.2 亿吨，下降 4.8%；重要运煤通道大秦线发运煤炭 4.3 亿吨，下降 6.0%。

4. 转化利用

中国一些能源基地加快了煤向电力转化、煤电向载能工业品转化、煤向现代煤化工转化的步伐，使煤油气、化工和新材料等产业链逐步关联起来，包括无煤柱开采、煤炭分质分级梯级利用、千万吨级湿法全重介选煤、细粒级煤炭高效分选、超低排放等低碳化清洁化生产工艺技术得到应用，打造了一批绿色矿山和绿色矿区。

5. 市场销售

煤炭市场价格波动较大，供需阶段性失衡矛盾依然存在，特别是 2020 年，为减缓疫情等因素对经济运行的影响，行业协会出台了相关的保稳定政策，电力、钢铁、建材、化工等行业不同程度地增加了对煤炭的需求，尽管煤炭现货价格波动较大，仍采取煤炭中长期合同与"基础价＋浮动价"的定价机制，确保价格处于合理区间和市场运行总体平稳。

6. 外贸库存

受世界经济疲软和新冠疫情的因素影响，国际煤价持续下行，而中国煤炭库存量相对较高，煤炭进口已实现连续五年增长，在进口通关政策放松的条件下，由于国内外煤价差距仍会存在，对控制煤炭进口会造成一定的压力。

7. 节能降耗

通过出台和完善《关于推进电能替代的指导意见》等能源领域相关政策法规，采取严格限制劣质煤的使用和严格限制硫分、灰分、有害元素等指标措施，从源头上控制污染物的排放，加快煤炭低碳化清洁化开采利用和鼓励推广使用清洁能源等，在客观上会减缓传统煤炭消费需求的增长。

基于系统整体视角的分析认为，原煤生产供给量增加和煤炭库存积压减少、煤炭下游市场消费不旺是煤炭市场供大于求的主要因素，煤炭勘探储量增加在一定程度上会促进原煤生产量的增加，煤炭开采成本增加会影响煤炭外运成本的上升，加快煤炭"三个转化"和煤炭精深加工会促使市场进一步活跃，而较高的物流成本并不利于调控煤炭市场价格。因此，在整个煤炭全产业链供应链系统中，煤炭深加工和煤炭市场运行是重要组成，前者是提升煤炭产业链现代化水平的关键环节，后者是影响煤炭供应链现代化的主要因素，加强以煤炭"三个转化"和精深加工为代表的"产学研"平台建设，保持煤炭市场价格基本稳定和供需均衡是"十四五"时期提升中国煤炭行业产业链供应链现代化水平的主要任务（见图6-4）。

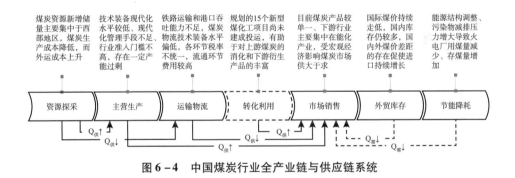

图6-4 中国煤炭行业全产业链与供应链系统

中国能源结构以煤为主和煤炭市场供需结构不均衡的局面短期内尚不会发生根本改变，对煤炭的调控举措的着力点应放在行业全产业链的主要环节，尤其应不断提高煤炭行业的清洁生产工艺技术水平，积极推广低碳化精深加工、转换煤炭过剩产能、合理运用现代金融工具、促进煤炭消费市场多元化。

6.5 陕西能源经济高质量发展的实现路径

当今，世界正经历百年未有之大变局，作为经济发展的基础的能源，其结构和发展质量影响着国家和地区的现代化水平。为深入贯彻"四个革命、一个合作"的能源安全新战略，实现陕西"十四五"能耗"双控"与"30·60目标"，优化全省能源生产、运输和消费结构，促进能源产业高质量发展，需要构建陕西能源经济产融研协同系统，进一步提高能源产业链和供应链现代化水平，从而实现全省能源经济高质量发展。

6.5.1 陕西能源经济产融研协同的系统建构

基于能源经济产融研协同系统理论，结合陕西能源经济发展的产业基础、科技水平与金融生态，从五个方面构建陕西能源经济的产融研协同系统。

（1）继续深化陕西能源领域供给侧改革，确保全省煤、油、气产能基本稳定，推进光伏、风电、生物质、地热等新能源开发利用，积极围绕"双循环"发展，建设高质量能化产业集群和高质量载能工业，加快推进能源领域"三个转化"，稳步实施电力外送通道建设和增量配电网市场改革，加大力度推广应用智能电网和能源互联网等技术，构建具有陕西特色的现代能源产业体系。

（2）以建设全国天然气交易平台为载体，依托国家能化产业基地，支持西咸新区能源金贸区率先建立和完善能源（天然气）的市场价格指导机制，争取定价权，并以区内总部经济发展为引领，加大对外政策宣传和推介力度，吸引更多能源金融领域的知名企业、总部机构、科创团队和中介服务组织等入驻园区，加快打造西咸新区能源金融贸易区，成为中国西部的能源金融中心。

（3）促进能源产业融合和一体化发展，全面建设"上游与煤油气结合，中游与电力、冶金等结合，下游和建材、化工、纺织、环保等融合"的现代能源化工产业体系，提高资源利用效率和清洁生产水平；大力支持储能、微电网、分布式能源等能源基础技术的研发和应用；积极探索"区块链+能源"的新模式，打造基于现代贸易与物流的区块链数字能源交易平台。

（4）在西咸新区能源金融贸易区内探索"产业链、资金链、技术链"融合试点，为重点企业与金融机构在产权、期货等投融资过程中实现有效对接提供所需的政策服务，推进股权多元化改革，支持区内更多企业上市融资，并持续加大金融去杠杆力度，进一步降低企业经营成本，充分发挥新金融工具的作用，积极鼓励资产证券化重构、金融衍生品开发等新的合作模式与业态产品。

（5）充分发挥财政引导和社会融资的双重效应，鼓励各开发区支持和鼓励各类企业创造条件上市直接融资，创新产业、技术与资本有效融合，确保对重大技术创新成果产业化过程中示范试验项目的资金投入；深入推进供给侧结构性改革，积极创建能源革命创新示范区，全力推进能源资源"三个转化"，加快能源产业的数字化、网络化和智能化，促进陕西能源产业转型升级。

6.5.2 提高能源产业链供应链现代化水平的实现路径

结合理论研究与实地调研情况，本书认为，陕西应抓住实现能源产业链供应链现代化的关键环节，重点围绕优化全省能源供给结构，带动地区能源消费需求，借助科技创新赋能和强化金融风险管理，确保"双链"衔接协同和安全可靠，系统谋划、统筹推进、精准施策、注重实效。

1. 推进能源低碳发展，优化能源供给结构

（1）坚决落实能源"双控"制度，以创建能源革命创新示范区为载体，在加快陕西"三个转化"、推进能源分质分级梯级利用和传统能源化工产业升级，在不断提高能源资源绿色智能开采水平的同时，参考陕西年度清洁能源电力的新装机规模合理确定煤炭消费减量和等量替代，逐步提高非煤能源在一次能源中的占比。

（2）推动清洁能源开发、储运及装备制造业，将隆基股份等企业作为陕西新能源发展的支持对象，不断降低光伏行业度电成本，并积极引进培育逆变器、光伏玻璃等配套企业，加快陕北、渭北集中式平价光伏规模化项目建设。鼓励科研机构与企业研发中心协同攻关，尽快突破包括氢纯化、燃料电池制备、氢能源汽车生产等技术瓶颈，弥补氢能储运设施不足等短板，加快陕西氢能产业建设。

（3）加快陕西特高压外送通道和智能电网建设，按照风光火储和源网荷储一体化的开发模式，优化电源规模配比，力争能源供需动态平衡，以增强能源供给体系的韧性和提升能源系统的整体效率。

2. 促进产业转型升级，带动能源消费需求

（1）以满足关中平原城市群、大西安都市圈建设对能源基础设施升级的内生需求，积极推行"基准价＋上下浮动"的电力价格机制和逐步取消天然气门站价格，优化陕西电力、天然气价格市场环境。鼓励西安等城市试点碳普惠制，通过建设碳普惠平台，与公共数据对接和量化价值，实现碳配额的交易，并探索基于清洁能源系统的零碳智慧园区（校园、社区）创建。

（2）支持陕煤化、延长石油等重点能源企业把握好技术研发、项目孵化与产业引领的窗口期，引导企业加强用电设备改造和提升信息化管理水平，创新先进制造与能源需求环节的深度融合，鼓励储能设施、充电桩网络、微电网、虚拟电厂等能源基建，为能源消费市场提供偏好性更优和经济性更强的能源产品与服务。

（3）加大地方财政支持力度，拓展能源有效投资需求，在传统产能低碳化改造、城镇煤改气（电）、农村清洁能源推广利用、农网改造升级等方面，有效衔接脱贫攻坚与乡村振兴，助力陕北、渭北等资源型城市和陕南地区的能源消费不断升级。

3. 借助现代科技赋能，实现能源"双链"协同

（1）抓住当前能源电力数字化转型和能源互联网发展的战略契机，在陕西逐步实施"双替代""双主导""双脱钩"①的系统性减碳，特别是在能源基础设施共享与升级、微电网建设、能源交易结算、能源金融业务开展、碳减排以及电动汽车入网等方面提升地区能源产业链上下游现代化水平。

（2）在西咸新区气候投融资试点项目建设中，探索5G与能源需求终端相匹配的应用生态场景，以清洁能源和智慧能源系统为基础，构建超级AI能源生态，提升能源供给的即时响应力、创新力和关联性，并探索用能权和碳交易市场建设，充实西咸能源金贸区的核心功能，实现创新链、产业链、供应链、资金链的有效衔接和协同发展。

（3）支持中国西电、省电力公司与省电力科研院等单位发挥"产学研"平台的协作优势，加快节能环保领域的科技创新与配套服务，借助区块链等数字技术在分布式发电、可再生能源电力、微电网为首的能源技术研发与成果推

---

① "双替代"即能源开发清洁替代和能源消费电能替代，"双主导"即实现能源生产清洁主导和能源使用电能主导，"双脱钩"即能源电力发展与碳排放脱钩和经济社会发展与碳排放脱钩。

广应用。

4. 强化金融稳定支撑，确保能源"双链"安全

（1）强化绿色金融工具创新与应用，充分发挥其资源配置、风险管理和市场定价的重要功能，为陕西的气候投融资框架顶层设计、畅通投融资渠道、完善相关激励机制和协调机制等提供金融支持，同时，在新能源开发利用和传统能源清洁化低碳化过程中，实施基于绿色供应链管理的全产业链能源效率提升行动计划。

（2）强化系统性风险防范观念，筑牢能源安全底线，在提高能源系统效率的同时提升能源经济运行质量，不断完善能源领域的应急响应机制，增强局部地区高峰时段的能源应急保供能力和应对突发事件能源系统运行的耐冲击负荷能力，为建设现代化经济体系和实现高质量发展提供安全可靠的技术保障。

（3）借助互联网、大数据、云计算、物联网等现代科技手段，不断完善能源互联网平台监管体系，加快能源领域平台经济治理体系和治理能力建设，为陕西自贸试验区内能源金融贸易发展提供更加科学的技术支撑和规范的制度保障。

第7章

绿色能源矿业的产融研协同
共生模型实证

矿业作为现代工业经济的重要基础，其发展程度反映了经济发展水平、资源利用与环境保护的成效。矿业的粗放式发展，会造成地区生态环境质量下降、经济发展受限，甚至矿区驻地的社会和谐稳定也会受到一定的影响。随着国民经济水平和环境危机意识的不断提升，自2007年开始，中国相继提出了"发展绿色矿业"和"建设绿色矿山"等政策规范。国内矿山企业也逐渐在矿产开采、加工、储运、消费等环节采取提高资源利用率和防治环境污染的技术措施。截至2017年，已建成国家级绿色矿山661家、绿色矿业发展示范区116个。2017年国家六部委联合出台的《关于加快建设绿色矿山的实施意见》和2018年的《非金属行业绿色矿山建设规范》等9项行业标准，标志着中国在建设绿色矿山和发展绿色矿业方面已进入规范化、系统化阶段。

新时期中国面临着深化供给侧结构性改革和建设"绿水青山"的重任。为推动绿色矿业健康发展和相关政策落地，仅从矿业部门出发提出产业发展和环境保护的相关政策已不能适应绿色矿业的发展要求，且原有的对资本、土地、劳动等传统要素投入过度依赖的研究视角也不能满足新发展理念的需要。为实施创新驱动和绿色发展战略，通过加快建设绿色矿山和发展绿色矿业等措施，促进矿业经济绿色转型与削减生态环境赤字，进而实现矿业经济对国民经济的基础性支撑作用意义重大。鉴于此，有必要基于绿色全要素生产率视角，对矿产业与金融资本、技术支撑协同共生的有关问题进行系统研究。考虑到能源矿产仍是中国矿业经济的主体，本章选取煤炭作为主要的研究对象。

7.1 中国矿业经济发展的现状分析

7.1.1 中国矿业经济发展的基本现状

矿业经济对中国经济增长、国民经济社会发展奠定了坚实基础，"十二五"末和"十三五"初，随着全球矿业经济加速调整与矿业市场持续低迷，国内矿产勘查增量不足、矿产品需求动力不足、矿产品价格下跌、企业产值下降、利润空间缩小的压力持续增加。根据国家统计局数据，中国采矿业利润率从 2014 年的 9.67% 下降到 2016 年的 3.68%，位居规模以上工业企业行业最末；采矿业固定资产投资从 2014 年的 14681 亿元下降到 2016 年的 10320 亿元，下降 29.71%。同时，受国内宏观经济增长动力逐步转换和生态环保压力不断增加双重作用，中国矿业领域的技术改造升级需求更加迫切，环保准入门槛持续提高，传统发展模式下的矿业经济发展"黄金期"不再出现。

在国际矿业市场变化和国内产业政策调整等因素的叠加影响下，2017 年，中国采矿行业实现利润总额较上年增长 2.6 倍，2018 年上半年行业实现利润总额同比增长 47.9%。为缓解矿山生态环境赤字和矿区社会矛盾日渐凸显的局面，2017 年以来，国家相继出台建设绿色矿山和发展绿色矿业等相关政策措施和标准规范，旨在通过实施技术创新与绿色发展，自上而下地有序推动中国矿业经济加快实施产能"优胜劣汰"的步伐。目前，中国矿业正处于经济结构的变革期、产业政策的调整期、环境治理的关键期，同时也正处于新的战略发展机遇期。为推动矿业领域落后过剩产能向急需优质产能转换，需要按照新发展理念的要求，加快实现矿业经济绿色转型。

7.1.2 中国矿业经济转型升级的经济技术分析

近年来，中国积极借鉴国外矿山生态修复和矿区环境治理的成功经验，从环保立法、行政督察、财政补贴、税收调控、环评准入、生态补偿等多方面陆续建立健全相关制度规范，引导和鼓励矿业企业不断运用先进科技改进采选加工工艺，并且加大环保治污和生态恢复的力度。同时，受经济发展、社会稳定、矿产资源、生态环境等叠加因素作用，在建设绿色矿山和发展绿色矿业过程中也存在一些较突出的问题，如绿色矿山和绿色矿业相关标准规范和具体实施细则亟待完善，对绿色矿业发展的系统性认识有待深化，缺乏运用经济、技术、金融等组合手段促使绿色矿业与其他关联产业实现有机联动，缺乏绿色勘探、绿色矿山建设和绿色矿业发展、生态修复环境治理等系统性和持续性的财政金融政策支持等。因此，实现绿色矿业可持续发展有必要从产业升级、金融支持与技术创新协同视角对绿色矿业发展系统进行审视。

结合实地调研，从"产业 - 金融 - 技术"综合视角分析认为，当前中国建设绿色矿山和发展绿色矿业，主要依托于矿山（井）领域新技术的应用，尤其是矿产开采和加工环节中"智能化开采""井下无人作业"，以及生态修复与环境治理技术的运用，而矿产业链前端的绿色勘探和开采加工之后的产品储运等环节也亟待进行技术绿色升级。除此之外，中国矿业经济绿色转型中存在的一些突出的生态环境问题，离不开金融资本有效和持续的支持，而如何进一步提高金融资本与实体产业的关联效率，如何加大绿色金融资本对相关技术研发的资助力度，如何促进"产业 - 金融 - 研发"系统共生，尚缺乏相关的系统性研究。在此，基于投入—产出与循环经济等理论，首先对中国矿业经济系统进行全产业链全要素的经济技术分析（见图 7 - 1）。

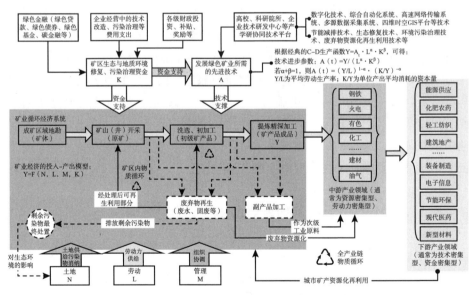

图 7 - 1　矿业经济系统全产业链全要素技术经济图解

基于柯布 - 道格拉斯（Cobb - Douglas）生产函数（以下简称 C - D 函数）相关理论，可得到技术进步参数 $A(t) = Y/(L^\alpha K^\beta)$，以及平均劳动生产率 Y/L

和单位产出平均消耗的资本量 K/Y。基于新古典经济学相关理论，由图 7 – 1 可知，管理要素（M）与资本（K）、劳动（L）、土地（N）等要素的变化规律不同，前者具有报酬递增的规律，而后三者具有报酬递减的规律，结合矿业经济的自身特点，投入 – 产出要素模型 Y = F(N，L，M，K)，假定 N 恒定，用 C – D 生产函数表示为：

$$Y = AL^{\alpha}K^{\beta}M^{\gamma} \qquad (7-1)$$

式（7 – 1）中，α，β，γ 分别表示 L，K，M 的产出弹性。同时，有研究表明，若将 M 考虑进 C – D 函数中，则采用索洛（Solow）增长核算式：

$$Y = AL^{\alpha}K^{\beta}e^{\gamma m} \qquad (7-2)$$

式（7 – 2）符合 M 随报酬递增的特征。此外，在不考虑 N、M 等投入要素的条件下，反映技术进步的全要素生产率（TFP）指标具有较大的松弛量，若考虑 M 的规模递增特性时，会压缩 TFP 的松弛量。

同时，基于循环经济原理，由图 7 – 1 分析认为，矿业位于整个工业体系的上游，为中游重工业行业提供必要的矿产品等原料，其消耗自然资源和对生态环境的影响相对中下游产业而言更加直接且偏大。在矿业经济系统内部，如矿区内，通常包括地质矿体勘探、原矿开采、洗选初加工、矿体精深加工等主导产业链（又称为动脉产业链），伴随主导产业链的各附属产业链条包括副产品和废弃物收集、处理与再生利用或最终处置等环节（又称为静脉产业链）。随着中国促进循环经济发展和环境保护的相关要求的不断提高和细化，加之企业环保意识的不断觉醒和降低自身生产成本的内在需要，静脉产业链与动脉产业链通常能够较好地实现并行发展。这种矿区或矿企内部的资源再生循环利用过程主要发生于生产工序之间和园区内部。随着资源循环利用技术的加大应用，城市矿产逐渐受到重视，为矿业与中下游产业之间形成全产业链的资源再生循环利用链条提供了物质基础。

结合理论研究与矿业发展实际，本书认为，运用传统的劳动、资本投入理论模型来测评矿业经济发展的理论支撑已经不能满足新时代背景下创新驱动的要求，创新驱动不仅包括技术创新，而且包括管理体制机制的优化，即便如此，还需看到，将土地等自然资源作为恒定投入要素的假设已愈发不能适应绿色发展理念的要求，毕竟土地等自然资源不仅作为一种投入要素参与生产经营活动，而且也作为最终的污染物接收和处理处置场所，反映了所在地对产业发展的生态环境容量。此外，传统的资本投入仅作为矿产品产出的直接资金贡献，而未能充分体现发展绿色矿业和建设绿色矿山所需的环保技术应用与污染治理的投入。

建设绿色矿山和发展绿色矿业，是在全球经济受金融危机影响复苏乏力和增长放缓的背景下，以及中国矿产资源勘查开发受到巨大冲击和对生态环境问题日益关注的双重压力下提出的。绿色矿山建设和绿色矿业发展，已经超出对矿山（区）生态环境的保护范畴，其将经济发展、环境保护、科技进步、社会和谐有机统一，是生态文明建设和绿色发展理念在矿业经济的具体体现，是在现代化经济体系框架下为促进矿业经济转型升级的新引擎。鉴于此，需要对适应绿色发展要求的矿业经济全要素生产率模型进行研究。

7.2 基于 GTFP 的矿业经济数理模型

全要素生产率（total factor productivity，TFP）的概念及其计量模型的提出至今已有 60 余年，国内相关的理论研究自 20 世纪 80 年代末逐渐兴起，但是真正引起学者广泛关注则是在 2005 年之后。自 2005 年，相关的学术文献数量快速增长，2018 年较 2006 年相关主题的文献增加了近 20 倍，研究内容主要围绕对 TFP 研究方法的理论探讨与扩展，以及基于 TFP 模型的实证分析等。TFP 计量研究方法较多，代表性的有增长核算法（如 C – D 生产函数、超越对数生产函数以及常代替性生产函数）、生产前沿面法（如确定性参数生产函数、随机性参数前沿生产函数、非参数型模型）、指数法（如 Malmquist 生产率指数）等。近年来，相关计量研究多集中于 Solow 余值、随机前沿分析（SFA）和非参数分析（DEA）等理论方法；实证研究多集中于应用 SFA 或 DEA 法对制造业或区域经济领域的测评。在矿业领域中，运用 Solow 增长核算模型的学理分析相关文献较少，将绿色发展理念融入 TFP、扩展 Solow 增长核算模型的应用范围、对绿色矿业全产业链全领域的系统建构和政策研究更为匮乏。

近年来，随着中国经济结构的逐渐调整，对劳动力和资本投入依赖度较高的传统模式逐渐向以技术创新、绿色发展等为创新引擎的新发展模式过渡。党的十九大以后，提高全要素生产率被作为深化供给侧结构性改革和推动经济发展三大变革的重要经济评价指标之一，相关的实证研究由对典型企业或某一行业逐步向某一产业部门、某一经济区域拓展，此外，对全要素生产率受影响因素的相关研究也逐渐引起学界关注。这里主要采用 Solow 余值对矿业经济的全要素生产率进行研究。由前述分析可知，即便考虑 M 要素条件下的 Solow 增长核算式 $Y = AL^{\alpha}K^{\beta}e^{\gamma m}$，仍缺乏反映自然资源和生态环境对矿业经济产出的"环境效应"，得出的技术进步 A(t) 仍然具有较大的松弛，为了将绿色要素从技术进步参数中分离和单独考虑,反映自然资源的 N 的内涵不仅表示土地资源,还要包括矿产资源禀赋以及矿区周边生态环境质量,且该要素不再恒定,而是随着矿业经济的科技进步水平、产业演替程度、生产经营规模等变化。因此,在矿业经济系统内,N 可被进一步分解为反映矿产资源禀赋的 M_i 和反映矿区生态环境修复质量的 E。

基于上述分析,对 Solow 增长核算式进行扩展,结合 2007 ~ 2016 年中国矿业经济绿色全要素生产模型(GTFP)进行实证。Solow 增长核算式的原理与方法在相关文献中已有介绍,不再赘述。建立矿业经济 GTFP 模型方程:

$$Y = AL^{\alpha}K^{\beta}M_a^{\gamma}M_i^{\tau}E^{\delta} \tag{7-3}$$

式(7-3)中,Y 为当年矿业规模以上工业企业人均销售产值;L 为当年矿业城镇单位就业人员人均工资;K 为当年矿业规模以上工业企业人均资产总额;M_a 为当年矿业规模以上工业企业人均管理费用;M_i 为当年单位矿产资源的矿业规模以上工业企业人均存货;E 为当年单位治理面积的矿山环境恢复治理资金;A 为绿色全要素生产率条件下的技术进步率,基础数据主要来自中国国家统计局和中国自然资源部已公开的统计数据与报告。此外,计算期数为10 年,上述变量均受价格指数影响但变动不大暂不考虑(见表 7-1)。

表 7-1 矿业经济 GTFP 的主要变量基础数据

年份	矿业企业产值 (万元/人)	矿业企业 人均工资 (万元/人)	矿业企业 人均资产 (万元/人)	矿业企业人均 管理费 (万元/人)	矿产资源折算 价值(元/吨)	单位矿山环境 恢复治理资金 (万元/公顷)
2007	42.88	2.80	53.40	3.37	0.26	9.76
2008	59.07	3.42	72.30	4.59	0.38	10.08
2009	57.91	3.77	83.24	4.74	0.41	29.64
2010	78.08	4.38	102.49	6.07	0.54	22.53
2011	93.90	5.19	113.75	6.41	0.71	13.58
2012	95.45	5.71	122.61	6.40	0.69	28.10
2013	95.55	6.02	134.05	6.23	1.02	42.98
2014	98.60	6.25	153.97	6.07	1.10	32.08
2015	87.88	6.08	173.82	5.80	1.02	30.94
2016	91.24	6.19	189.33	6.18	0.88	17.68

资料来源:国家统计局和自然资源部公开数据。

由表7-1可知，矿业企业人均产值在2014年达到最大，2015年之后随着供给侧结构性改革的实施，矿业产能优化升级对矿企生产经营造成了一定影响，但近十年来总体仍然呈增长态势，正是基于矿业产能优化和部分企业人员分流，主要矿企的人均工资、人均资产、人均管理开销得以提升；企业人均存货价值与单位矿产资源数量的比值间接体现矿产资源折算价值。受制于矿产资源勘探开发和企业生产经营等情况，近十年来，其总体呈现上升趋势，2014年达到最高，之后随着去库存政策的不断落实，该指标有所下降；单位矿山恢复治理资金近十年来总体呈现上升态势。这反映出中央政府和各级地方政府对矿山生态环境恢复治理的决心和措施在不断增强，2014年之后随着宏观经济结构调整，相关的恢复治理资金有所下调，2016年下调幅度较大，反映出依赖各级政府对矿山生态环境恢复治理的环保思路正在调整。

对式（7-3）各变量取对数后，得到相应的线性回归模型方程（括号内为 t 统计量）的结果为：

$$\ln Y = 3.7356 + 0.7641 \times \ln L - 0.3102 \times \ln K + 0.6739 \times \ln M_a$$
$$(15.0189) \quad (5.2233) \quad\quad (-5.5244) \quad\quad (10.5327)$$
$$+ 0.1488 \times \ln M_i - 0.0662 \times \ln E \qquad\qquad (7-4)$$
$$(2.4821) \quad\quad (-4.3889)$$

$$R^2 = 0.9986, \quad AdR^2 = 0.9967, \quad D-W = 3.3969, \quad F = 550.8833$$

由式（7-4）的检验结果可知，A 及 α，β，γ，τ，δ 各系数的 t 检验值均符合要求（ n = 9，5% 显著性水平，t 的临界值为 2.262），表明各系数均显著，且模型拟合优度和调整后的拟合优度均在 0.99 以上，此外，D-W 和 F 值均较合理，表明回归方程（7-4）的拟合结果较优。还原后的矿业经济 GT-FP 模型方程为：

$$Y = 3.7356 \times L^{0.7641} \times K^{-0.3102} \times M_a^{0.6739} \times M_i^{0.1488} \times E^{-0.0662} \qquad (7-5)$$

由式（7-5）分析可知，劳动、资本、管理、矿产资源、生态环境保护等要素对产出的贡献率分别为 76.41%、-31.02%、67.39%、14.88%、-6.62%，其中，劳动、管理、矿产资源三个要素的影响为正向，进一步揭示出目前中国矿业经济仍处于劳动密集型，人员收入的增长与产值变化成正相关关系；矿业企业经营对企业管理的依赖度较高；单位矿产资源价值越大，对矿业经济的贡献度越高；同时也反映出，在当前产业转型升级背景下，人均资产份额越大，推动矿业供给侧结构性改革、化解过剩产能和促进产业转型升级的难度越高；矿山（区）生态环境的恢复治理对于目前整个矿业领域仍然具有外部性非常明显的特征，相关生态环境保护资金的投入对于矿业经济产出尚未有正向的直接经济效益。此外，反映科技进步率的 A 为正，表明科技进步对矿业经济产出具有明显的正向作用。

结合矿业经济 GTFP 模型的计算结果，可得到以下启示。

（1）矿业经济产出对劳动要素投入的弹性 α 仍不小，加快推进该产业由劳动密集型转向技术密集型，增加 A 的弹性，将有助于提高矿业经济产出；强化 γ 的弹性，运用现代技术手段进一步提升矿业管理水平；积极培育矿业循环经济和生态产业，减缓矿业生态破坏与环境污染负外部性影响，促进 δ 对矿业经济产出"由负转正"的贡献。

（2）强化矿业经济的产业协同和优化全产业链管理，将有助于企业降成本、去库存。此外，强化矿业企业与金融资本的联合不仅对于矿业经济绿色转型提供更加充足的资金保证，而且对于促进实体经济发展和避免金融资本"脱实向虚"风险意义重大。

（3）各级政府的财政支持，尤其是作为引导基金性质的财政资助对于建设绿色矿山和发展绿色矿业必不可少，同时，亟待扩展多元化的融资渠道，确保矿业领域去产能取得持久成效。

（4）需要继续加大科技创新的支持力度，继续推动矿业经济从劳动密集型向技术密集型转变，促进矿业企业研发投入，充分发挥"产学研"联合技术攻关等创新平台的作用，加快技术成果的推广应用。

7.3 绿色矿业产融研协同共生的系统机制

在产能过剩较为突出的煤炭、钢铁、有色冶金等领域，需要从其上游的矿产采选加工等环节入手，淘汰落后产能和释放优质产能，加快推动其绿色转型升级。矿业经济的绿色转型升级，需要满足矿业经济发展保持稳定，在推动中国实现工业化的基础性支撑作用更加稳固的同时，实现伴随矿业经济发展产生生态影响和环境污染尽可能降低到可以接受的程度之内。这就需要对与绿色矿业发展相关的资源环境、工程技术、政策条件、资金保障、意识素养等关键要素统筹考虑，同时，还涉及政府部门、相关企业、科研院所、金融机构、其他利益相关者（社会公众）等行为主体，因此，需要将绿色矿业发展作为一个整体系统进行分析，对该系统内的行为主体之间的影响和行为主体对其他要素的关系进行剖析，探讨绿色矿业的系统动力机制（见图 7-2）。

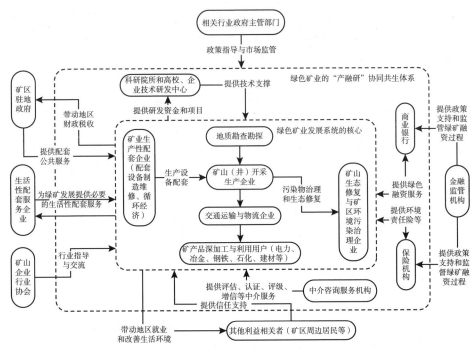

图 7 - 2   绿色矿业发展的系统架构与产融研协同共生机制

由图 7 - 2 分析可知，整个绿色矿业发展系统大体分为三个层次。内层为产业核心，主要围绕绿色矿山（井）开采，涉及上游的地质矿山勘探、下游的矿产品运输物流和消费利用，同时，离不开矿业生产性配套和矿山开采过程中的污染物治理和生态修复。核心层体现了绿色矿业发展系统的产业结构，有别于传统的矿山生态环境恢复治理，紧紧围绕生态产业和循环经济，寻求产业发展与环境保护的协同共生。中间层涉及矿业经济转型发展所需的关键科技研发和成果转化、绿色金融支持以及沟通产学研协同的中介服务，中间层主要为核心层提供技术、资金、信息服务等所需的要素，是维系绿色矿业发展的重要组成。外层主要涉及各级政府主管部门和金融监管机构、行业协会、生活性配套服务部门、相关利益者群体等，主要为绿色矿业发展系统提供政策指导、负责市场监管、行业内部交流、必要的生活设施服务、基本的信任与支持等，是绿色矿业能够持续、健康发展的基本保障，同时，绿色矿业发展系统的产业带动作用不仅能够反哺相关技术的研发投入和促进产业部门与金融资本的良性互动，还将进一步拉动地区财税增长，带动当地人口就业和改善矿区周边生态环境质量。

从矿业经济的全产业链考虑，确保金融对产业转型升级和关键技术研发的稳定支持，强化科技创新对成果转化应用的技术支撑，同时，促进金融资本与实体产业和高科技的紧密结合，进而有效防范化解金融风险，强化产、融、研三者良性互动，是维系绿色矿业经济运行的主要动力。

（1）矿区的自然资源禀赋与生态环境本底是绿色矿业发展的自然基础。矿产资源蕴含储量、探明储量、可采储量和矿石的品位、品级以及可利用价值等矿产资源的"量"与"质"、技术条件决定着矿业经济的发展潜力、规模和进展，同时，生态环境本底质量情况也即矿区生态环境可以承受因矿业发展而可能产生的环境污染和生态改变的程度，决定着矿业经济发展对生态环境的影响阈值。

（2）现代化的采矿技术和先进的生态修复与污染防治措施是绿色矿业发展的重要手段。为解决传统矿山开采过程中的资源利用率较低、作业环境较差、安全隐患和生态环境影响较大的问题，现代化的采矿过程逐步推广全程数字化、信息化和智能化开采技术，实现对作业面的实时监控和设备的远程遥控操作，同时，积极推广矿业循环经济发展理念，鼓励企业"三废"尽可能减量化、再利用和资源化，以及矿区的土地复垦和矿山复绿。

（3）绿色矿山建设和绿色矿业发展示范区创建相关的政策措施是发展绿色矿业制度保证。随着近两年国家和一些地方绿色矿山建设实施方案、工作方案、验收办法、建设规范、建设要求等相关政策的陆续出台和完善，绿色矿山建设的制度可操作性和因地制宜性体现得更加明显，这将有力地保障绿色矿山持续发展和由点及面推广到绿色矿业。

（4）政府财政引导资金和税收优惠，以及对相关的 PPP 项目的绿色贷款、债券和保险等金融业务是绿色矿业发展的重要资金来源。中央和地方对绿色矿山建设和绿色矿业发展示范区创建相关的财政资金倾斜、对相关绿色矿山建设高新技术企业研发投入和成果转化方面的税收减免和相应的奖补政策，以及充分运用绿色金融手段，发挥绿色信贷、绿色担保基金、鼓励购买环境污染责任险等金融手段也为都为绿色矿业发展提供了资金保障。

（5）发展绿色矿业既是落实"两山论"的重要体现，也是经济转型升级和改善生态环境的重要抓手，需要政府、企业、公众对绿色发展理念认识的同步提升。政府相关部门不能把绿色矿山仅仅作为矿区生态环境的"形象工程"甚至错误地将建设绿色矿山会影响矿业经济发展；企业决策和经营管理者对绿色发展的理念不能错误地理解为"为避免环保监管和追责的被动治污"；此外，还需要提高包括公众在内的全社会对绿色矿业发展的认识。

狭义的环保观认为，矿山（区）的生态修复和环境治理主要包括矿山开采过程中的"三废"治理、矿山复绿和矿区土壤污染防治等环保措施，是一种被动的、有限的和"末端"环境管理的环保行为。仅强调对人类活动尤其是矿山开采和矿石加工、矿产品生产过程中对已经造成的生态影响和环境污染进行技术性的污染防治，这种环保措施受制于企业决策者对环保的重视程度、企业自身的经营效益、现有的技术水平等因素影响，由于这种被动的环境治理思路并没有将经济发展与环境保护和社会和谐有机的统一，加之这种被动的持续性环保投入给企业带来直接的正向经济效益非常有限而背负的环境污染治理"负担"会不断累积，通常会被认为是赔钱（至少是不赚钱）之举，可能会导致环保意愿不够强烈和环保行为的不可持续，进而在建设绿色矿山和发展绿色矿业的过程中，矿业竞争市场可能会出现"劣币逐良币"的现象。

当前，绿色矿业发展的具体承载主要包括绿色矿山建设和绿色矿业发展示范区创新，前者突出的是围绕矿业经济"点"的绿色行动；后者不仅涉及各类矿山（井），而且还涉及与矿业企业生产经营相关的配套公共服务和带动当地经济社会发展，是矿业经济"面"的绿色推广。建设绿色矿山和发展绿色矿业，一方面，强调技术上积极采用智能开采（甚至无人开采），通过技术和管理创新，不仅极大地提高矿山（井）作业环境的安全性、环保性，而且由技术进步和管理优化带来企业成本下降；另一方面，充分发挥生态产业、循环经济、绿色金融等现代经济形式和业态，科学运用PPP项目等新的融资模式，有效促进产业转型与环境保护作为相向而行，将社会资本与政府投资紧密结合，充分发挥政策性资金的引导优势和社会资本的巨大潜力，进而推动那些不具有排他性或排他性较小的公共产品（如环境质量改善等）的创造。

发展绿色矿业是矿业经济结构转型与改善生态环境、促进社会和谐的共同目标。从经济发展的系统角度看，绿色矿业发展系统的相关各主体之间存在着相互作用、相互影响的关系，进而构建绿色矿业发展系统的"产融研"协同共生机制。

此外，矿山（区）生态修复与污染治理是发展绿色矿业的自然基础和实现绿色发展的环保目标，而单纯倚仗环保手段推动矿业经济可持续发展的企业内在动力不足，因此，需要充分发挥实体产业、金融资本、科研支撑等系统集成优势，驱动绿色矿业发展，进而加快实现矿业经济转型升级与矿区生态环境明显改善。当前，绿色矿业发展的政策规制不断细化完善，产业配套根据市场主体需求会不断健全，同时，在科技创新驱动的背景下，产学研结合正在逐步得到落实，随着技术进步，绿色矿山建设和绿色矿业发展示范区创建所需的技术支撑不断得到加强。金融资本对绿色矿业的资金支持，以及作为实体经济的矿业实现绿色转型、推动技术创新和帮助金融资本规避"脱实向虚"的金融风险是绿色矿业发展的重点和难点。

7.4 促进绿色矿业健康发展的引导政策

矿业作为中国工业发展的基础产业之一，需要通过技术改造、升级和替代等手段，实现自身经济结构调整，进一步淘汰落后产能，释放更多优质产能，持续改善矿山生态环境。因此，需要将促进矿业经济动能转换、矿山生态修复和矿区环境改善作为共同任务，基于适应绿色矿业发展要求的 TFP 模型产融研协同共生机制，重点围绕系统的关键环节设计相应政策。

（1）从绿色矿山建设和绿色矿业发展的管理体制、运营机制、技术支撑、资金保障、项目后评估等方面尽快完善政策体系。结合矿产资源综合利用、矿山环境生态修复、矿区循环经济实施等政策，推进"智慧矿井"与"和谐矿区"建设，抓住国家"释放优质产能，改善煤炭供应结构，保持市场供需动态平衡"的政策，对照新组建的国家自然资源部下设机构的有关职能，尽快完成各地方矿产资源管理部门相应职能的调整优化，加强对地方绿色矿山建设与绿色矿业发展的管理，探索以"政府部门组织管理、矿山企业和环保企业落实矿山环境治理和生态修复、相关科研院所提供技术支持、金融机构和其他社会资本保障资金供给、第三方评估机构实施跟踪评估"的管理体系，为地方绿色矿业项目在规划建设、运营监管、公共配套等方面，提供企业所需的政策指导、先进适用技术推介、人才融资需求信息等服务，营造公平、公正、有序、便利的市场环境和竞争秩序。

（2）细化和完善相关技术规范，搭建绿色矿山管理信息服务平台，鼓励金融机构为矿业经济开展绿色保险业务。尽快出台符合地区矿业发展实际的绿色矿山技术指导和评估规范，规范应体现不同矿种的分类指导和不同绿色矿业企业的分级管理原则，尽快筹建矿山企业绿色信息大数据管理平台，针对矿产勘查、矿产开发、矿产加工、矿产储运、矿产品销售、矿业循环经济等矿业全生命周期和全产业链条进行精准管理和跟踪评估，并尽快设立"绿色矿山与绿色矿业项目库"，提供包括先进技术装备研发平台、紧缺人才的引进和培养、项目推介和协调融资等所需的信息服务。鼓励金融机构进行矿山生态环境风险评估，开展绿色保险业务，根据所涉及的矿种和环境污染与生态影响的类型，共同并有区别地设计相应的强制环境责任险和任意环境责任险管理办法，引导矿山企业为可能产生的环境污染和生态破坏等责任风险理性投保。

（3）运用绿色金融工具，吸纳社会资本积极参与，推动绿色矿山建设和绿色矿业发展的具体实现形式多元化。矿山环境的恢复治理应积极体现政府投资与社会融资相结合的理念，重视资源环境稀缺性和作为公共物品属性的特点，明晰各主要矿山生态环境的资产所有权、使用权和处置权的权属边界，进行分级分类管理，充分发挥 PPP 模式的优势，对矿山"三废"治理和矿业循环经济项目可采取污染者（受益者）付费模式，建立科学的市场定价和生态补偿机制；通过政府采购分期付款和分期购买公共服务等方式，推动矿山生态恢复和矿区绿化；对废弃矿山生态环保项目可通过发行绿色债券和银行绿色贷款等形式，吸引社会资本参与；对于绿色矿山和矿业发展示范区，可通过创新多元化的绿色矿山建设和绿色矿业发展模式，发展矿产相关的配套制造业，开发以矿业为主题的旅游、科普等项目，不断拓展生态产业链条。

（4）根据拟治理矿区的土地用途，借鉴成功经验，科学分类施策，建立相适宜的矿山生态环境恢复治理收益回馈机制。对社会资本参与矿山生态环境恢复治理成为建设用地的，可通过招拍挂程序获得建设用地使用权，并用先期投入的环境治理恢复基金抵扣土地出让金；治理成为农用地的，可按照"公司＋合作社＋农户"的运营模式，由治理区受益居民以土地入股，选择或组建代理公司作为项目实施主体，以合作社的形式促进受益居民的土地流转，并监督其运营，形成的环境资产，可置换成建设用地指标纳入政府储备中，以获得的土地出让收益补偿矿山环境恢复治理资金；以旅游资源开发作为经济收益的，可采取因地制宜的措施，多元化开发成为新的旅游资源，或结合矿山（区）所具有重要科学价值的特征，建立相关的科普教学实习基地等；在余留矿产资源开发权益回报方面，可为社会资本提供包括减免矿产资源补偿费等政策性优惠，以开发余留资源获得的收益充抵矿山环境恢复治理项目资金。

（5）创新绿色金融供给渠道，积极探索矿产资源证券化路径，鼓励试点矿山项目的绿色资产支持票据（ABN）业务。由于矿产开发周期较长、企业融资风险较高且难度较大，可设立绿色矿山和绿色矿业发展示范区建设基金作为配套专项启动资金，同时，为缓解财政压力，应吸纳民间资本和外资参与绿色矿山建设和绿色矿业发展，确保参与绿色矿山建设和绿色矿业发展的非国有资本的合理盈利权，并强化对矿业权的评估，借鉴住房抵押贷款证券化的可行经验，探索矿业权抵押贷款证券化和矿业权资产证券化，为绿色矿山建设和绿色矿业发展提供充裕的资金保障。此外，应鼓励试点矿业单位通过剥离部分矿业权（包含配套的生态环境恢复治理项目）作为基础资产，公开或定向发行绿色资产支持票据（ABN），以建设绿色矿山和发展绿色矿业为目标，募集更多资金，进而带动矿区生态环境的恢复治理和矿区所在地经济的转型升级。

（6）鼓励矿业资本市场引入"环境保护、社会责任与公司治理（ESG）"投资理念，并建立和完善环境信息披露、环境保护核查与环境绩效评估信息共享平台。在矿山资源刚性需求和"加快释放优质产能，有序退出落后产能"的国家产业政策的双重背景下，积极引入 ESG 投资理念，通过委托专业咨询机构研究，适时发布矿业资本市场 ESG 景气指数，为建立绿色矿业发展市场提供动态的信息指引。此外，应建立并完善矿山企业的环境信息披露制度，并与环境保护核查、第三方环境绩效评估进一步整合为矿山企业环境信息发布平台，及时将企业环境信息在政府网站、微信平台等公开公示，披露的环境信息中应包括污染源情况、节能减排、循环经济、生态修复等信息，对绿色矿山建设成效较好的企业应予褒奖；对矿山环境治理和生态恢复不力的企业应予以红、黄牌警告和督促整改，并与第三方评估机构和金融机构实现信息共享，为绿色矿山建设企业在项目信贷、融资等方面提供企业信誉增级和评级服务。

（7）积极推广采矿新技术、新工艺、新装备在绿色矿业发展方面的应用，加大鼓励科技创新政策的驱动效应。为实现各类矿山（区）推广自动化开采，逐步提高智能化开采水平，应以国家产业政策为指南，鼓励有条件的企业试点无人化开采、流态化开采、地下空间开发利用等绿色技术，在推动整个开采过程的原位利用和污染零排放的同时，提高开采回采率和矿产资源综合利用率；出台旨在减少融资和经营成本的政策，鼓励矿山企业与科研院所、高校等积极开展联合技术攻关和科技创新合作，并探索推广非上市的中小企业进行股权融资、创投企业投资未上市的中小科技企业 2 年以上享受所得税优惠等，为科技型企业项目孵化和融资提供便利；为促进科技成果的市场化转让交易，应理顺科技成果转化路径，可采取包括股权激励、科技成果使用、处置和收益管理改革等，以提升科技人才（团队）收入水平和获得感。

（8）基于矿业经济转型发展视角，统筹协调资源环境、财税金融、产业发展、人才管理等多部门，加强绿色矿山与绿色矿业的公共配套能力建设。加快地方绿色矿山建设向绿色矿业发展全面的推进步伐，严格落实矿山地质环境治理恢复保证金退还或转为恢复基金，同时，积极发挥"政府＋市场"的协同效应，对地方绿色矿业发展的龙头企业在项目许可、融资、技术改造升级、人才引进培养、带动关联产业、参与公益服务等方面给予相应的政策倾斜、财政补贴、税收优惠和奖励；依托"互联网＋环保"等现代技术手段，建立矿山生态修复和矿区环境治理的在线监管和应急监测预警体系，结合企业环境信息披露制度，引导非绿色矿企转向绿色矿山建设和绿色矿业发展，鼓励"浅绿"矿企向"深绿"矿业提升。此外，应根据地区经济发展水平，不断提高和完善公共配套服务能力水平，采取多种形式的宣传活动，加强"智慧矿井＋绿色矿山＋和谐矿区"创建，以获得矿区所在地政府和居民对矿业经济绿色转型更多的理解与支持。

第 8 章
区域煤炭产业高质量发展的产融研协同共生路径
——以陕西为例

8.1 陕西煤炭产业发展现状分析

20 世纪 90 年代末，陕西全省煤炭消费量达到 2500 万吨标准煤。随着省内新煤田的大规模开发，煤炭产量迅速提高，但由于全省经济发展相对滞后，煤炭消费增长缓慢。进入 21 世纪后，陕西将"三个转化"（即煤向电力转化、煤电向载能工业品转化、煤气油盐向化工产品转化）和"三个延伸"（即向配套装备制造业、能源化工下游增值产业和现代服务业延伸）作为煤炭工业发展的主要方向，煤炭消费量迅速回升，增长速度快于 20 世纪 90 年代。陕西省原煤产量整体呈现稳步增长，至 2020 年，全年产量达到 6.79 亿吨，同比增长超过 6.3%，拉动全国原煤产量提高 1.1 个百分点，贡献率位居全国第二。作为中国主要的煤炭资源富集区之一，截至目前，陕西煤炭资源累计探明储量近 1716 亿吨，约占全国的 12%，位居第四，主要集中分布于陕北的榆林神木与府谷、渭北以及黄陵、彬县，储量占全省 99% 以上，陕西原煤产量保持全国第三位，已形成陕北、黄陇等大型煤炭基地。

"十三五"之后，尽管陕西煤炭产业集中度和生产力水平不断提升，但国内外经济下行压力仍未减轻，全国煤炭消费增长明显放缓，陕西煤炭工业发展形势严峻，全省煤炭工业产能过剩现象表现较为突出，受下游煤炭消费市场持续萎缩影响，加之治污减霾压力陡增，包括陕西关中地区在内采取了削减燃煤消耗的举措，进一步加剧了全省煤炭消费增速下滑对煤炭工业生产的冲击。随着国家供给侧结构性改革等政策的陆续出台和节能减排压力持续增加，倒逼陕西煤炭工业加快去产能和转型升级的步伐。2016 年，全省煤炭工业增加值首次出现负增长（－0.7%），其中，煤炭行业的工业增加值占陕西规模以上工业增加值比重的 17.7%（同比下降 0.6%），并且，以煤炭作为支柱产业的榆林市工业增加值虽位于全省首位（占 21.9%），但增速位于倒数第二（3.8%），远低于全省平均水平（6.8%）。同期，陕西煤炭行业超额完成化解过剩产能任务，其主营业务收入和实现利润同比分别增长 15.5% 和 98.8%，规模以上工业综合能耗同比增长 4%，居全国第三位，规模以上工业单位增加值能耗下降 3.8%。

受能源需求增长放缓和产业结构调整等因素影响，一直作为陕西工业支柱的能源产业，近年来其增加值增速与占比持续下降，但总体上，陕西的能源产业规模、从业人员数量、企业营业收入仍在全省工业行业中排第一位，尤其是煤炭行业。尽管化解过剩产能和构建新型产业有助于单位工业增加值能耗下降，但受限于资源禀赋、能源结构与产业基础等条件，短期内煤炭在中国能源消费中的主体地位不会改变。中央经济工作会议和陕西省"十四五"规划都分别提到了以能源革命为引领，加快推进绿色低碳发展，确定了碳达峰和碳中和目标，加快相关重点行业制定和实施路线图。这为加快推进"十四五"陕西能源经济绿色转型和实现高质量发展提供了政策指引。为研究陕西落实深化供给侧结构性改革和完成煤炭工业"去产能"任务，坚持煤炭产业高端化、集群化发展方向，积极推动关键技术创新和产业体系创新，就需要基于陕西煤炭工业高质量发展背景，对陕西能源产业绿色低碳转型发展进行分析。

2008 年以来，陕西原煤产量不断上升，同时，其增速整体呈现下降态势，特别是 2016 年和 2019 年，原煤产量增速出现负增长（见图 8－1）。总体来看，"十三五"期间，陕西坚持市场倒逼与政府引导相结合、化解产能与转型升级相结合、整体推进与重点突破相结合的原则，煤炭去产能关闭煤矿 155 处，退出产能 5597 万吨/年，较计划目标超额完成 872 万吨/年，超额完成 18.46%。

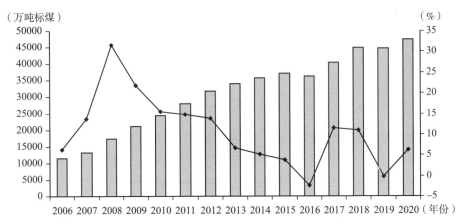

图 8 - 1　2006～2020 年陕西原煤产量及增速情况

资料来源：陕西省各年度统计年鉴。

2010～2019 年，全国煤炭消费比重呈递减态势，而陕西煤炭消费占能源消费比重始终保持在 70% 以上，平均为 72.9%，且与全国的差距不断扩大，这表明，以煤为主仍是陕西能源结构的主要特征，陕西煤炭产业作为全省能源经济支柱的局面没有发生根本改变，能源结构优化的空间仍较大（见图 8 - 2）。

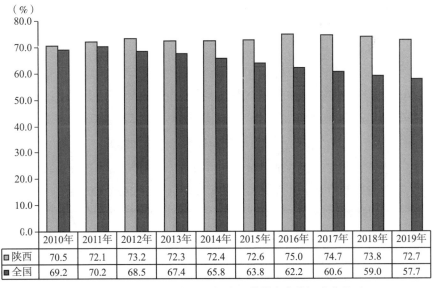

	2010年	2011年	2012年	2013年	2014年	2015年	2016年	2017年	2018年	2019年
陕西	70.5	72.1	73.2	72.3	72.4	72.6	75.0	74.7	73.8	72.7
全国	69.2	70.2	68.5	67.4	65.8	63.8	62.2	60.6	59.0	57.7

图 8 - 2　2010～2019 年陕西与全国的煤炭占能源消费比重

资料来源：2010～2019 年全国及陕西统计年鉴。

随着近年来煤炭行业"去产能"等一系列措施的实施，一些"僵尸企业"被关闭和清理，落后产能被逐步淘汰，优质煤炭产能逐渐得到充分释放，2020年以来，陕西煤炭价格指数总体呈现平稳上升态势（见图8－3）。

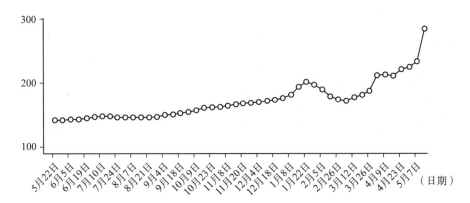

图 8 - 3 2020 年 5 月至 2021 年 5 月陕西煤炭价格指数

资料来源：西煤网. http：//www.snctc.cn/。

随着煤炭工业"去产能"的继续深入，煤炭市场已呈现出向卖方市场倾斜状态。尽管如此，由于冶金、建材等重工业产能发展空间有限，电力需求将成为拉动煤炭工业发展的主要市场，加之节能减排和环保压力的持续增加，转变传统能源生产方式，煤炭产业的高端化和绿色转型将是大势所趋。

8.2 陕西煤炭产业转型升级的基础与必然

"十三五"以来，为落实供给侧结构性改革和稳定陕西工业增长，实现经济追赶超越目标，陕西加快了经济转型升级和全面建成小康社会的步伐。在此期间，受宏观产业政策、环保政策调整和下游能源产品市场价格波动等因素叠加影响，作为陕西支柱工业体量最大的能源工业的增加值对全省工业增加值和地区 GDP 贡献度分别缩减了 10% 和 8%，对陕北等地陕西部分能源资源型产业为主地区的经济增长、社会消费与人口就业造成了不同程度的冲击。经济发展的同时，环境持续改善，尤其是在环境空气质量改善方面，陕西发布了《陕西省 2017 年铁腕治霾"1＋9"行动方案》，就关中地区煤炭削减等制定了专项行动方案。燃料替代是煤炭削减的主要措施，作为替代传统燃煤特别是散烧煤的清洁燃料之一的兰炭，以其质量优良环保、生产工艺成熟、产量规模较大、市场广泛认可，继成功进入京津冀、长三角、珠三角和成湘渝等地的工业和民用市场后，"十三五"以来，陕西省工信厅、榆林市等地分别与关中各地市就推广使用榆林兰炭签订了战略合作协议，兰炭产业正成为陕西颇具特色的煤转化优势产业。

作为中国的能源大省之一，能源消费总量的不断扩大给生态环境带来了巨大压力，对治污减霾提出了新的挑战。必须面对能源革命、温室气体减排等全球化问题，在保持经济持续增长的同时不断推动产业结构调整优化。在未来，地区能源需求刚性增长的态势不会根本改变，以煤炭等为主体的能源工业对陕西经济发展的影响不容小觑，其经济贡献作用也不应削弱。此外，随着全国各地区各行业"碳达峰"和"碳中和"工作将陆续开展，加快推进陕西绿色低碳转型，不仅关系做好"六稳"工作和全面落实"六保"任务，也将为增强全省经济发展韧性和实现高质量发展提供重要支撑。

陕西需要坚持"三个转化"和高端化发展战略，处理好能源工业在去产能过程中产业转型升级与节能减排、绿色发展之间的关系，加强运用现代科技手段，从产业链和技术创新等方面对现有能源产业链的关键环节进行改造和优化，立足陕西现有资源禀赋和产业发展基础，与相关经济规划有机衔接，发挥陕西科技资源密集优势，分别从重点能源产业链源头和下游产品进行切入，抓住影响陕西能源产业绿色转型的主要矛盾，借助现代科技和创新驱动发展的政策机遇，最大限度地发挥陕西能源资源与智力资源富集的优势，改造传统能源工业，向新型能源工业转型升级，培育智慧能源产业，使之成为提振陕西经济的新引擎。同时，需要加强"碳达峰"和"碳中和"工作总体部署，借鉴发达地区"零碳实践"的经验，突出陕西特色，以推动能源革命为引领，统筹协调政策引导、产业升级、金融支持、科技支撑、对外合作、社会参与等方面工作。

本书认为，技术创新和绿色发展是驱动陕西能源产业高质量发展的重要工具和引擎，应发挥二者的协同作用，继续对煤炭等重点行业深化供给侧结构性改革的同时，必须满足产业发展和节能减排等政策的要求，依靠技术创新对现有煤炭产品和生产技术进行改造升级。一是对煤炭产品的深加工转化需要满足当前产业政策和环保政策的要求，兰炭作为满足节能环保等技术指针的半焦产品，在当前城市雾霾治理和烟煤替代背景下，陕西的煤炭质量和产业基础优势明显，做优国家高端能源化工基地，是陕西煤炭产业转型升级的有效路径之一；二是对载能工业发展的瓶颈问题进行研究，提出智慧能源作为能源产业的发展方向，对缓解窝电、有效推动煤电转化和带动区域经济转型发展具有重要作用，对推动陕西能源互联网和带动相关的战略性新兴产业发展具有积极意义。

8.3 "互联网+"下的陕西能源产业高质量发展路径

能源工业作为陕西工业的支柱和基石，对保持全省经济平稳运行至关重要。随着近年来能源结构的不断调整，新能源占比虽逐渐提高，但目前陕西仍以传统化石能源（如煤炭）的生产和消费为主，并且，短期内这种能源结构不会发生根本改变。当前，陕西能源经济发展存在着诸如传统能化产业的"三个转化"有待加强、地区节能减排压力依然较大、与能源产业链关联的价值链存在"前重后轻"；省内能化基地与能源金融贸易区之间的产业互补和融资对接不够、科技创新助力能源产业转型升级的优势尚未充分发挥、能源领域相关的基础理论研究和关键技术瓶颈有待突破、"双循环"格局下的能源经贸合作不足、全社会知晓度与参与度不高等短板。鉴于此，需要有序推动以煤炭为代表的陕西能源产业高端绿色低碳转型升级，促进陕西工业稳增长扩投资和实现"碳达峰""碳中和"目标。为实现全省减碳目标，抓好基于"互联网+"的能化基地高端化清洁化发展，推动智慧能源和能源互联网建设，具体实施路径如下。

8.3.1 制定细化实施方案

1. 科学制定和出台"碳达峰""碳中和"路线图及行动方案

结合有关政策文件，加快出台陕西推进"碳达峰"和"碳中和"工作的具体措施，对全省 2030 年前碳排放情况进行测算并展望到 2060 年。具体包括：测算出全省碳排放量峰值和达峰年份和确定全省能源消费量与碳减排量（"双控"总量指标）、人均指标和单位产出的碳排放强度，并制定相应的实现路径、考核管理办法以及保障措施等，形成符合陕西实际的"碳中和"路线图；基于测算出的全省碳减排目标，进一步从各地区、主要行业和重点领域三个维度分别向下分解 2030 年前碳减排的具体指标、实施内容、责任单位、考核要求等，形成符合陕西实际的"碳达峰"行动方案。同时，应将"碳达峰"和

"碳中和"的有关内容写入全省国民经济和社会发展规划之中。

2. 细化各地市、部门和单位的年度"碳达峰"目标考核

带动实现全省产业绿色转型。陕西各地市、省属相关部门和重点企业应根据上述建议，将碳达峰任务与工作进一步分解细化，并结合节能减排工作目标纳入年度考核。"十四五"期间，陕西加快电子信息、高端装备制造、生物医药、新能源、新材料、节能环保等战略性新兴产业在全省工业经济中的占比同时，应继续围绕"三个转化"和能源化工产品的精深加工，控煤脱碳与发展绿色煤电并举，建立"源随荷动"的电力供应安全网络。同时，应强化对工业燃料低碳化、机动车减排、建筑节能、农村能源替代等方面的监管，科学制定碳达峰的配套实施细则，分时段、分区域有序推进落实。

8.3.2 统筹谋划产业布局

1. 能源生产环节

继续加大在陕北能化基地、关中能源接续区内通过强化与央企合作和实施项目带动战略，促进传统能源"三个转化"，提升清洁化、智慧化开采、生产、加工和综合利用水平；对照煤电风险预警指标，定期对外发布全省煤电规划建设风险预警提示，引导、调控相关能源生产领域投融资项目；鼓励燃煤与光热耦合发电示范项目，确保新建煤电机组与现役机组平均供电煤耗分别达到300克标煤/千瓦时和310克标煤/千瓦时的节能目标，推动煤电有序发展；优化新能源产业布局，加快全省太阳能光伏发电、风电、余热余能利用等项目建设，支持非水源型深部地热供暖制冷发电一体化项目和适宜地区的水源型地热资源综合利用项目建设。

2. 能源输送环节

从电源侧、电网侧、负荷侧等多角度充分挖掘陕西现有电力系统的调峰能力，合理确定受电比重、受电结构和跨区送电的可持续性，将线损率控制在6.5%以下；加快陕北、彬长等地电力外送通道可行性研究，加强陕北至关中特高压直流电力输送等信道能力建设，推动传统能源与新能源厂站级智慧化建设，促进多种能源优化互济；运用大数据、云计算、物联网和移动互联等技术，提高陕西电网的智慧化水平；抓住"新电改"和农村电网改造升级的契机，进一步延伸城乡能源网络体系建设，加快完善配套物流和区域性电力交易中心布设。

3. 能源消费环节

加大新能源发电占比，扩大峰谷电价差，合理设定低谷时段，降低低谷用电成本；逐步推广用能终端的电能替代，在未实现集中供暖的地区推广普及分布式电采暖设施替代散烧煤，逐步推进蓄热式与直热式工业电锅炉在生产工艺中的应用，加快陕西新能源汽车（电动汽车）产业发展并完善相应充电设施布设，提高其本地普及率，推广热泵、电蓄冷空调、蓄热电锅炉等在商业、市政和机关办公场所的应用；鼓励陕西电网企业主动为全省电储能设施入网提供服务以缓解"窝电"和提高陕西整体能效。

8.3.3　强化技术创新引领

1. 做优能源化工基地产业集群

积极探索"围绕价值链优化产业链，对照产业链聚合创新链"的市场导向路径与"基于创新链设计产业链，优化产业链提升价值链"的技术导向路径的双向互动新模式，依托产学研深度融合协同创新中心，发挥陕北国家能化产业基地、国家煤炭分质利用重点实验室与国内外相关高校和科研院所合作优势，重点对煤焦油轻质化、煤基复合材料制备、煤炭分质与煤基多联产以及粉焦发电、高炉喷吹、干法熄焦、粉煤造气、面煤生产、兰炭改性及配煤炼焦等兰炭全产业链工艺中的缺陷进行技术攻关，并进一步优化煤干馏技术及装置系统，改造兰炭直立炭化炉，确保80毫米以下原料煤的充足供应，推进荒煤气脱硫与回收利用、尾气脱氮、废水处理等配套技术升级，从而提升兰炭产业整体绿色清洁生产水平；同时，应充分利用东部产业转移、疏解北京非首都功能、苏陕扶贫协作、央企进陕等机遇，创造条件加快包括陕煤化国富炉等百万吨级粉煤干馏、神木龙成提质煤、富油环烷基油等煤焦油精深加工以及兰炭气化、煤基多联产资源综合利用等重点项目建设。此外，还应建立清洁生产评价体系并推进产品质量标准化，健全载能企业落实节能减排的长效监督机制，为陕西区域环境容量置换创造条件。

2. 加快推进"政产学研"协同创新和联合攻关

发挥政产学研合作平台优势，强化驻陕高校、科研院所和企业加快能源技术与互联网信息技术的融合，在能源互联网架构与核心装备、能源与信息深度融合、能源互联网衍生技术等重点领域进行协同创新，加快突破陕北能化基地、关中能源接续区在煤炭无害化开采与清洁高效利用、非常规油气与深层油气资源开发等关键技术瓶颈；支持陕鼓动力等重点龙头企业在高效燃气轮机整机试验、关键材料部件制造与维护等能源装备领域推广智能制造与绿色制造技术；支持西北电力试验研究院、国电西北电力设计院等科研院所在能源交换与路由、电力储能、新型电力电子器件和能源大数据条件下的复杂大电网仿真技术和跨区域电网互联等关键技术基础理论与应用研究；此外，鼓励陕西相关企业强化自主创新与引进消化吸收再创新相结合，在能源调度通信设备的移动互联、第三方数据优化管理，以及清洁能源的并网、分布式、微电网互联共享和相关储能材料设备研制、能源终端接入平台和用能产品能效提升技术等方面积极开展联合攻关。

3. 推动产业链、创新链、资金链有机融合

以新基建领域为代表，发挥产学研平台优势，鼓励重点企业、科研院所、金融机构在西咸能源金融贸易区聚集发展，自主研发与吸收引进相结合，加快先进适用的节能减排工艺技术推广运用，并充分发挥多元化资本市场直接融资对新兴产业发展的乘数效应，创新和开发出能够促进科创型企业培育成长的绿色金融产品与服务；加大力度支持能源、冶金、建材、制造、交通等传统领域企业利用财政资金对现有技术、工艺和设备的改造升级，引导和强化企业树立环境、责任与公司治理（ESG）理念和减碳责任，鼓励银企合作发行企业绿色债券和探索设立产业绿色发展基金，从而促进全省经济实现整体绿色低碳化转型升级。

8.3.4 发挥财政金融工具

1. 给予政策倾斜与财政补贴

支持能源产业中试基地建设，提升产业配套能力，大力推广燃煤替代。继续落实化解过剩产能，严格控制新增产能，加快现有产业基地的大型低温煤炭热解示范等项目的技术装备引进，并在土地供应、水资源配置、项目审批等方面给予适当政策倾斜和相应的财政补贴，加快建成并投运兰炭中试基地，推动其在钢铁冶金、化工、发电、工业窑炉、大型化气流床、固定床气化、粉煤炉

和循环流化床锅炉和民用炉具方面的高效清洁利用，并对征收中低温煤焦油轻质化产品消费税给予适当优惠，支持拥有自主知识产权的企业在兰炭产业链配套的煤焦油轻质化方面的技术研发与推广。为强化区域大气污染源治理，加大力度对实施工业原煤替代项目进行财政补贴，除巩固铁合金、电石、合成氨等传统消费市场外，鼓励在高炉炼铁、铸造型焦、烧结矿、火电厂掺烧料等重化工业领域以及环保吸附、精细化工、煤基甲醇等精细化工领域推广兰炭产品，尤其在占陕西煤炭削减总量约 3/4 的民用散烧煤替代方面，尽快安排落实财政资金，对城镇和农村地区使用兰炭及环保炉具按照一定的补贴标准落实到位。

2. 加快建设发展碳交易市场

充分发挥财政资金引导作用与资本市场融资互补优势，基于陕西碳交易基础和交易需求，结合应对气候变化和清洁发展机制（CDM）项目实施，加快发展碳排放权交易市场，在推进低碳试点市（区）的同时，应设立地方财政专项资金，加大对绿色矿山、绿色交通、绿色建筑、碳汇林项目和二氧化碳捕集与封存技术（CCUS）推广应用和"近零排放"示范工程等的支持力度；探索碳排放柔性监管机制和探索并完善陕西的碳排放权配额储备和盈余配额出售制度。此外，依据省级温室气体排放清单，对申报国家气候融资试点获批的地区给予奖补；探索设立陕西低碳转型发展基金，并支持鼓励能源、环保等领域的各类企业通过区域性股权交易平台办理碳基金、碳配额质押、碳配额托管、碳期货等融资业务。

3. 创新融资渠道和金融工具

充分发挥绿色金融对陕西煤炭工业转型升级的支撑作用，促进产融结合，建立自然资源绿色矿山项目库、结构化绿色矿山担保基金，并联动企业征信系统，为煤炭资源绿色开采、深加工和循环综合利用等项目的增信、贷款、融资和企业上市等提供金融扶持；通过 PPP 模式撬动民间资本投向节能减排和绿色矿山等绿色项目；发挥金融产品的引导和放大作用，助力关键技术产品研发试制、"四主体一联合"研发中心建设、中小微科技企业孵化培育、"陕西科技云"平台搭建等；通过"四台一会"（管理、借款、担保、公示等平台和信用协会）机制助力相关企业进行绿色影响力评估和绿色评级，对符合绿色金融政策的项目及时提供绿色担保、绿色贷款、IPO 绿色信道等服务。

4. 促进丝路金融与贸易合作

通过行业限额管理、关键指标考核、绿色信贷审批等措施，按照国家有关工作要求，促进陕西煤炭行业落实压减过剩产能、优化资产配置，并利用"一带一路"沿线项目承接产业转移，推进全省重点行业企业产能绿化；协助相关企业争取包括"丝路基金"等国际多双边合作基金，鼓励能源项目以绿色资产支持票据（ABN）形式融资，为"一带一路"沿线项目争取更多的资金支持；金融机构应协助陕西跨境业务能化企业落实《对外投资合作环境保护指南》，认真履行相应的环境与社会责任，并通过可持续弹性基础设施标准（SuRe）提高投融资效率和客户的竞争力。

5. 强化产融研相关政策配套

明确陕西发展智慧能源产业的技术路线图，进一步完善对能源互联网企业的监管，促进产业跨界融合发展；尽快建立陕西能源技术创新示范项目跟踪监测和协调指导平台，避免运用 PPP 模式发展智能能源产业过程中企业可能面临的"玻璃门""弹簧门"和"旋转门"现象；建立完善专家库和项目咨询服务机制，对智慧能源产业示范项目开展全过程、全周期的跟踪服务，并对示范效果进行动态评估；鼓励陕西产学研协同创新单位积极研究建立能源互联网标准体系；健全陕西能源互联网技术基础前沿类科研项目持续稳定的财政支持机制；优化陕西科技专项基金申报管理机制，对市场需求明确的技术创新活动，通过风险补偿、后补助、创投引导等方式发挥财政资金的杠杆作用，确保陕西促进科技成果转化若干规定落到实处；完善各类能源上网电价机制，有序开放上网电价和非公益性电价；加大财政资金支持城镇配电网、农网改造和电动汽车充电设施建设；充分利用"投贷联动"试点，支持相关科创企业融资和加快瞪羚企业健康培育；鼓励第三方资本、小微型企业等参与能源行业市场体系建设和通过交易平台集中竞价等方式开展各类能源商品及其衍生品的交易与服务，推动陕西智慧能源产业发展。

6. 不断改善地区投融资环境

采取真实循环交易、物流全程监控、数据技术支撑等措施，优化融资结构、降低融资成本、管控融资风险，创建以信息服务为基础、交易服务为核心、物流服务为保障、金融服务为延伸的"互联网＋煤炭"的新型交易模式。同时，继续推动陕煤化集团等大型企业积极与交通运输、物流、电力等企业实现开采、生产、贸易、物流、金融等适时进行行业重组或交叉持股，发挥协同效应，形成全产业链竞争优势，突出能化产业的专业物流园区功能，以物流物联网运营中心为载体，发展多式联运，通过库存前移和发展第四方物流等方式实现供应链精细化管理；充分利用资金和行业大数据等交易沉淀要素，深度融合供应链金融服务与互联网金融服务，把在线流量引入线下开展供应链金融业务，并对电商交易货物的流通数据进行信用效用评估，为客户提供包括货权质押等综合性金融服务，推动行业商业模式从贸易差价向综合服务能力转变，促进兰炭产业供应链金融升级；整合包括兰炭等相关生产、物流、分销等企业和金融机构、终端用户等各方参与，以在线供应链金融服务为基础，逐步向集约物流、集中采购、信用管理、大数据共享、金融结算等方面延伸，实现能源产业生态圈的共建共享、集约高效、互利共赢、良性运作。

8.3.5 确立品牌竞争优势

推动国际产能合作，扩大终端市场份额。整合现有品牌资源，积极推动榆林兰炭申报"中国驰名商标"和"国家地理标志保护产品"。依托互联网等平台深入开展"走出去"推介活动，除继续在农村和中小城镇进行产品推广外，充分发挥陕西国家自贸区政策优势，向"一带一路"沿线国家积极宣传兰炭相关产品；同时，积极搭建"请进来"高端平台，吸引知名企业来陕投资和急需人才驻陕创业，并考虑举办专题研讨会，由国家工信部、能源局、商务部以及陕西省人民政府主办，榆林市人民政府与陕煤化集团、陕西能源集团等相关单位承办和协办，邀请包括国家有关部委和其他省区市、"一带一路"沿线国家以及煤炭、能化、运输、物流、冶金、电力、互联网、金融、装备制造、环保等相关领域的国内外企业、高校和科研院所共同参会，并通过O2O等营销模式推广兰炭相关最新科技成果与产品，助推陕北国家能化基地的技术储备、信息共享、人才吸引与战略合作，进而扩大榆林兰炭的品牌影响力。

8.3.6 不断强化"走出去"战略

加强陕西与相关国家和地区的能源技术经贸合作。继续加强陕西与丝路沿线国家和地区（特别是中亚等地）在传统能源经贸往来和产能合作的同时，还应扩大陕西在"中国－中东欧能源合作论坛"以及中欧之间为应对气候变化在"碳市场对话与合作项目"等领域交流平台的影响，并抓住中欧双边投资协定（BIT）签署的契机，积极创造科技、经贸、环保等领域的投资合作相关商机和交流培训机会，带动陕西节能减排和清洁发展方面的技术研发、产业升级、金融创新、市场拓展；除此以外，应协助如隆基股份等光伏行业龙头企业与 RECP 有关成员国家在新能源等领域积极开展技术交流与贸易合作，从而助力陕西"碳达峰"和"碳中和"目标任务的顺利实现。

8.3.7 加大社会宣教力度

结合由陕西承办的第十四届全国运动会和亚洲杯等赛事等工作，在陕西实施绿色低碳行动，并借鉴浙江等地的实践经验，制定全省公共机构绿色低碳行动实施方案，将绿色低碳发展理念贯穿于建设和完善城市相关基础设施和公共服务的过程之中。在绿色节能建筑、绿色低碳出行、绿色机关办公、绿色企业创建、绿色商贸物流等领域，引导和推动全省机关、企事业单位等积极开展各具特色的公共机构"近零碳"实践活动；同时，在全省学校（幼儿园）、重点公共场所、主流媒体平台推出相关公益广告，大力宣传绿色低碳发展理念和可行之举；此外，对经过评选的优秀人物（团体）、典型事迹和有益做法予以褒扬，带动全社会参与绿色低碳发展，从而提升全省绿色低碳发展的整体水平。

第9章
新时期中国煤炭经济发展概述与案例分析

　　"十二五"以来，国家陆续出台了包括《关于深化电煤市场化改革的指导意见》《国务院办公厅关于促进煤炭行业平稳运行的意见》《国务院关于煤炭行业化解过剩产能实现脱困发展的意见》以及《关于进一步推进煤炭企业兼并重组转型升级的意见》《关于推进供给侧结构性改革　防范化解煤电产能过剩风险的意见》《关于发展煤电联营的指导意见》《国家发展改革委　国家能源局关于促进中国煤电有序发展的通知》等文件，强化引导和规范了中国煤炭工业健康发展，为进一步提升行业的整体水平与竞争力奠定了政策基础。全国煤炭市场正逐步形成以政策调控为导向、产业布局为依托、行业优化为核心、企业改制为突破、技术创新为手段、价格调控为重点、多元融资为平台的适应中国煤炭经济发展的新格局，产业发展迈向更高质量，市场主体渐趋集中成熟。

　　近年来，受中国"两化"融合（工业化和城镇化）和煤炭出口配额管理等因素影响，中国煤炭行业整体上经历了历史发展的"黄金期"之后，在波动中逐渐趋稳。本章基于中金财富合一版 V7.41 平台，从中国煤炭行业板块上市企业（沪深股指共 34 家企业）基本走势来看，2007 年 1～9 月煤炭市场和煤炭企业急速上扬，2012 年至今，基本维持在 400～800 点之间，"十二五"末以来，煤炭行业的大盘维持在 600 点上下，成交量也较此前明显增加（见图 9–1）。

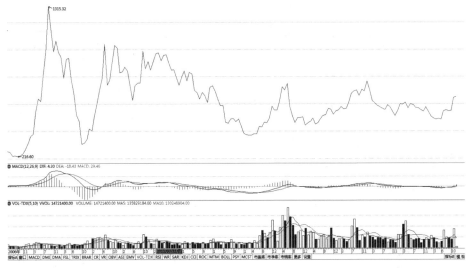

图 9 - 1　2005 ~ 2020 年中国证券市场煤炭行业板块的股价基本走势

自"十三五"供给侧结构性改革实施以来，中国煤炭行业和煤炭领域积极落实"去产能"政策措施。全国煤炭市场由严重的供大于求向供求逐渐趋于基本平衡转变，煤矿数量总体减少，累计退出煤炭产能约 9 亿吨；煤矿企业不断集中，优质产能占比逐渐提升，中西部产煤区战略地位更加凸显，晋陕蒙地区煤炭产量占全国比重已超过 70%；机械化与信息化、数字化、清洁化等技术不断整合应用，安全和环保门槛逐渐提高，安全生产形势不断好转、矿区生态环境质量不断改善，煤矿平均死亡率为 0.083/百万吨，较"十二五"末下降了 47.8%。随着能源结构的进一步优化调整，煤炭在一次能源消费结构中的比重继续下降，煤炭生产和消费方式的变革仍在进行。在此基础之上，中国煤炭行业的产业上下游一体化新模式、煤炭企业的多元化发展经营新业态、煤炭领域产学研结合和智能化、清洁化开采 - 加工 - 利用等新技术等层出不穷，为煤炭行业"三大革命"注入了新的动力，同时，煤炭领域的产融研协同态势逐渐形成。

9.1　煤炭储量与产量

从全球煤炭资源的分布看，70% 的煤炭资源分布在北纬 30° 至 70° 之间。从世界已探明的煤炭储量来看，亚太地区居第一位（4449 亿吨），约占世界的

42%；北美洲居第二位（2580 亿吨），约占 24%；独联体地区居第三位（1889 亿吨），约占 18%；欧洲地区 1346 亿吨，约占 13%，中东和非洲地区 144 亿吨，约占 1.6%，中南美地区 140 亿吨，约占 1.4%。根据《BP 世界能源统计年鉴 2020》，2019 年世界煤炭消费量下降了 0.6%，为近六年来的第四次下降，煤炭正逐渐被天然气和可再生能源取代，尤其是在电力部门，这种趋势更加明显。煤炭在能源结构中的比重降至 27%，为十六年内的最低水平。全球煤炭产量增长 1.5%，一些新兴经济体的煤炭消费持续增长，中国、印度尼西亚和越南，其中，中国和印度尼西亚成为煤炭产量显著增加的两个国家。

中国煤炭品种较为齐全，其中，无烟煤主要分布在华北、西南等地区；焦煤主要分布在华北、华东地区；褐煤大部分分布在内蒙古东部和云南等地区。煤炭资源地理空间分布不均，70% 的资源集中于晋陕蒙及西北地区，人均煤炭储量仅为美国的 1/4、澳大利亚的 1/33，全国稀缺炼焦用煤约有 1505 亿吨，占全国煤炭资源总量的 7.7%。与世界主要产煤国相比，可供露天开采的资源少，大部分煤炭资源埋藏深，资源开采条件不甚理想。加之技术开采水平相对较低和管理较为粗放，煤炭资源回采率偏低，资源浪费现象比较严重。

BP 世界能源统计年鉴 2020 报告显示，[①] 至 2019 年底，中国已探明煤炭储量占世界的 13.2%，仅次于美国、俄罗斯，略小于澳大利亚，位居第四，储产比为 37 年，远低于世界 132 年的平均水平。2019 年，中国的煤炭产量和消费量分别占世界的 47.6% 和 51.7%，均远高于其他国家和地区，增速分别为 4.2% 和 2.3%。同期，中国煤炭行业规模以上工业企业原煤产量约 38 亿吨、同比增长 4.2%。2019 年全国煤炭产量稳步增长主要源于深入推进煤炭供给侧结构性改革。全国煤炭行业产能逐步从"总量上削减"到"结构性调整"再到"系统性优化"三个阶段。2018 年底，全国已提前完成了"十三五"煤炭去产能目标。2019 年底，全国煤炭年产 120 万吨及以上产能约占总产能的 75%，基本实现了集约化生产。

9.2 煤炭市场与价格

在煤炭消费市场方面，2019 年世界煤炭价格下跌，最大的降幅来自美国和

---

① BP p. l. c. Statistical Review of World Energy 2020 ［R/OL］. https：//www. bp. com/content/dam/bp/business – sites/en/global/corporate/pdfs/energy – economics/statistical – review/bp – stats – review – 2020 – full – report. pdf.

德国，此外，西北欧和中国的煤炭价格也分别下降了 34% 和 14%。近年来，中国的煤炭消费量远超世界其他国家，2019 年其占世界的比重达到 51.2%，消费量同比增长 2.3%。横向比较发现，同期，中国秦皇岛港现货价格（85.89 美元/吨）高于西北欧标杆价格（60.86 美元/吨）、美国中部阿巴拉契煤炭现货价（57.16 美元/吨）、日本动力煤进口现货到岸价（77.63 美元/吨）。从世界煤炭贸易看，2019 年，中国和印度是世界上两个最大的煤炭进口国家，中国的进口量约占世界的 18.1%；印度尼西亚作为世界上最大的煤炭出口国家，同期煤炭出口量约占世界的 26%。2019 年，中国的煤炭进口主要来自印度尼西亚、澳大利亚和蒙古国，分别占当年进口总量的 34.2%、32.2% 和 15.9%。[①]

中国全国性和区域性的煤炭交易中心和平台的相继建立，在煤炭市场中起到了价格发现和中介服务的作用。包括煤炭交易中心、中转中心、行业协会、咨询公司等定期发布各自的煤炭价格指数，从煤种属性看，有动力煤、炼焦煤、化工用煤等；从区域属性看，有主产地、中转地、消费地以及全国的价格指数；从价格阶段看，有坑口、车板、港口等的价格指数等，市场覆盖能力逐渐增强。此外，煤炭的交易模式也在不断发生变化。特别是，自供给侧结构性改革实施以来，煤炭采取"基础价 + 浮动价"的定价模式，不仅体现了马克思主义商品价值理论的本质，同时，对调控煤炭价格出现较大波动也起到了积极作用。随着近年来国家对煤炭中长期合同签订履约政策的陆续出台，煤炭中长期合同签订比重大幅上升，对煤炭市场价格起到了稳定作用。此外，随着现代信息技术在煤炭行业和领域的不断应用，电子交易平台对于减少煤炭交易中间环节、降低交易成本、为煤炭交易的便捷化和实时化需求提供了条件。需要看到，中国煤炭区域性交易市场还存在着发展不平衡、市场化程度不高、具有一定的行政式撮合色彩等不完善之处，此外，国内煤炭基础价核定依据也尚需进一步明确。

当前，中国正处于能源转型的关键时期，传统能源的清洁化利用和发展清洁能源是大趋势。作为煤炭消费大国，中国煤炭在能源消费中的占比虽逐渐减少，但比重仍较大，2019 年达到 57.6%，远超 27% 的世界同期平均水平。且煤炭市场整体保持高位震荡态势，其中，上半年高位小涨，下半年开始价格加速下行。作为劳动密集型且周期性较为明显的行业之一，2020 年，煤炭产业

---

① BP p. l. c. Statistical Review of World Energy 2020 ［R/OL］. https：//www. bp. com/content/dam/bp/business – sites/en/global/corporate/pdfs/energy – economics/statistical – review/bp – stats – review – 2020 – full – report. pdf.

链下游的火电、钢铁、建材和化工等受疫情影响冲击较大，虽经全力复工复产，但行业全年增速亦将受到一定负面影响。随着煤炭市场进入后供给侧结构改革时期，政策红利逐渐减小，市场供大于求的矛盾将会开始凸显，价格下降通道将逐步放大。

9.3 煤炭产业升级

煤炭产业作为中国能源经济领域基础性、安全性、战略性的一个重要产业部门，其产业链涉及勘探、采掘、洗选、储运、初加工、煤化工、销售等诸多环节，关联钢铁、冶金、电力、建材、化工、环保等诸多行业领域。中国目前的能源消费结构仍以煤炭为主，每年中国的煤炭进口量较大，而作为动力煤直供电厂约占煤炭消费的半数。

供给侧结构性改革实施以来，中国煤炭行业按照"上大压小""增优减劣"的思路，持续削减无效供给，通过不断释放先进产能，促进煤炭产能结构优化升级，煤炭企业和煤矿数量得到大幅压缩，产能过剩局面得到了积极改善。截至2019年底，累计退出煤炭产能9亿吨/年以上，平均产能提高到98万吨/年左右，煤矿数量减少到5300处左右，千万吨级煤矿44处，年产能6.96亿吨。

为确保煤炭产业持续、稳定、健康发展，中国围绕主要的煤炭资源富集区不断优化产业布局、降低企业生产成本、减缓生态环境影响，从煤炭产业链上游开采洗选、炼焦和副产品回收加工、煤气（液）化、仓储物流运输、火力发电等，通过出台相关政策措施、鼓励技术创新、强化安全环保质量监管、加大企业联合重组等措施，合理配置资源、优化煤炭产能、加强技术升级、提高管理水平、改善生产条件。

2019年，全国铁路煤炭发送量24.6亿吨，同比增长3.2%。主要运煤通道大秦线铁路完成货物发送量6.84亿吨，占全国铁路货物发送总量的15.6%。其中，完成煤炭发送量5.67亿吨，占全国铁路煤炭发送总量的23%。由于煤炭产销地距离一般较远，存在一定程度的铁路、公路和水运之间的多次装卸或转运，影响了运输效率，也增加了运输成本和损耗；与产业发展相关的安全事故时有发生、矿区生态仍较脆弱、急需的专业技术与管理人才缺乏等问题和短板依然存在，影响中国煤炭产业的高质量发展。

2019年，中国煤炭企业继续保持了较好的盈利态势，企业整体经营状况有所改善。全国规模以上煤炭企业主营业务收入约 2.5 万亿元，同比增长 3.2%，中国煤炭工业协会统计的 90 家大型煤炭企业利润总额（含非煤）1653.9 亿元，同比增长 4.5%。此外，为实现高质量发展，强化煤矿安全生产，出台了《关于加强煤矿冲击地压源头治理的通知》《防治煤与瓦斯突出细则》等政策措施，加强了对煤矿冲击地压、瓦斯、二氧化碳等安全环保隐患防治。

9.4 煤炭科技创新

2019 年，中国煤炭生产装备工艺与智能化开发水平显著提升，大型煤矿采煤机械化程度达到 96% 以上。煤炭行业在智能化生产、智能化建设方面实现了跨越式发展，综合采掘智能化无人开采技术已广泛应用于大采高、中厚煤层、薄煤层及放顶煤工作面，全国已建成约 200 个智能化采煤工作面，实现了地面一键启动、井下有人巡视、无人值守。此外，2019 年国家煤矿安监局出台了《煤矿机器人重点研发目录》等文件，鼓励涉及掘进、采煤、运输、安控和救援等关键危险岗位的 5 类、38 种煤矿机器人的技术研发和应用。

在煤炭深加工与清洁生产领域，中国已普及了原煤洗选、型煤加工，进一步提高了煤炭利用效率。原神华集团、兖矿集团、潞安集团、陕煤化集团等企业拥有了全球单套煤制油装置最大的工艺装备。直接和间接液化、甲醇制汽油（MTG）、煤焦油加氢制燃料等技术不断成熟，初步实现了由示范应用向商业化推广的过渡。煤制气、煤制醇、烯烃、芳烃等技术也达到了较高水平。加快推广超临界发电机组（SC）和超超临界发电机组（USC）、循环流化床燃烧技术（CFBC）、整体式煤气化联合循环发电（IGCC）等，促进了中国煤炭产业上中游的产业升级。烟气脱硫脱硝装置和低 NO_x 燃烧系统已得到普及，某些关键技术已达到国际先进水平，每年 10 万吨二氧化碳捕集、5 万吨驱油与 10 万吨封存技术示范也取得了较好的效果，35 兆瓦富氧燃烧中试试验、化学链燃烧、微藻固碳等也取得了突破。此外，新能源、新材料、新金融、科技环保等领域实现新的突破，新增风电装机 300 万千瓦左右，国内首座彩色铜铟镓硒光伏一体化示范建筑建成发电，持续培育煤制石墨烯、硅烷气等项目。

尽管如此，中国煤炭行业的先进科技生产水平与现代化管理手段存在行业内的不均衡，大型国企的科技研发和产业化水平相对较高、地方一般企业的水平则参差不齐。同时，在煤矿瓦斯突出机理、煤层气赋存规律、煤系伴生资源协同开发、矿井带压开采及冲击地压预测防治等基础理论研究方面还比较薄弱，在资源高效利用、智能化开采、安全作业和节能环保等技术改进提升方面还存在不足。包括大型综合分析软件控制平台、煤机设备中的耐磨钢板、密封条等基础制造和核心技术对外依赖度较高。"产学研用"一体化创新体制机制建设亟待完善，企业知识产权保护意识有待整体提升。

9.5 煤炭金融服务

随着中国的煤炭产业逐渐发展壮大，资本规模也呈逐年增长态势，资本多元化程度较高。目前，中国众多煤炭企业已实现多元化发展，主要在新能源、新材料、装备制造、绿色物流、现代金融、医养健康等领域加快产业布局（见表9-1）。

表9-1 2020年中国煤炭企业10强

位序	企业名称	主要产品及服务领域	地区
1	国家能源投资集团有限责任公司	煤炭、电力、交通运输、煤化工、科技环保、金融	北京
2	山东能源集团有限公司	煤炭、电力、新能源、化工、新材料、医养健康	山东
3	陕西煤业化工集团有限责任公司	煤炭、煤化工、电力、装备制造、水泥、现代物流、金融	陕西
4	兖矿集团有限公司	煤炭、煤化工、现代物流、工程技术服务	山东
5	冀中能源集团有限责任公司	煤炭、电力、化工、装备制造、医疗、物流	河北
6	大同煤矿集团有限责任公司	煤炭、电力、煤化工、金融、文化旅游、物流	山西
7	山西焦煤集团有限责任公司	炼焦煤、焦化、电力	山西
8	河南能源化工集团有限公司	煤炭、乙二醇、氧化铝	河南
9	山西潞安矿业（集团）有限责任公司	煤炭、煤化工、电力、装备制造、金融、生物健康	山西
10	中国中煤能源集团有限责任公司	煤炭、煤化工、电力、贸易、煤矿设计及建设、装备制造	北京

由于过去大规模投资造成的投资惯性，企业自身的积累难以满足扩大再生产的需要，只能大量举债，导致企业资产负债率攀升。融资结构中，银行信贷间接融资占比 68.1%，债券融资占比 26.5%，股权融资占比仅为 0.4%，其他融资占比 5.1%，直接融资尤其是股权融资占比过低。固定资产投资目前占比 37.5%，高出《国务院关于调整和完善固定资产投资项目资金制度的通知》规定的最低比例 7.5 个百分点。煤炭企业融资结构长期以银行信贷融资为主，在供给侧结构性改革背景下，被银行等金融机构列为融资限制性行业，各国有大型银行不断压缩贷款规模；企业部分贷款到期还款后无法及时续贷，个别项目存有被抽贷的可能；资管新规出台，打破刚性兑付制度，扩大信用债利差，禁止了银信合作等传统非标融资渠道，实体经济融资渠道变窄、融资难度加大、融资成本被推高。加之财务费用支出较大，影响了企业持续增长和发展的内生动力。煤炭企业混合所有制改革和资产证券化等直接融资步伐缓慢，资本流动性较差，资本周转时间延长，所形成的利润十分有限。

9.6 行业典型案例

9.6.1 外部环境与行业现状

1. 宏观环境

改革开放以来，随着中国经济的快速发展，在市场供给与需求之间矛盾的推动下，传统的煤炭开采生产虽然在当时为地区经济和人口就业带来了较为可观和明显的经济效益，但这种技术水平和产品附加值均相对较低的粗放式发展方式已逐渐不能适应中国经济社会发展的需要。进入 21 世纪后，"两高一资"（高耗能、高污染和资源性）行业、项目和产品逐渐受到国家产业、环保等政策收紧的影响，传统经济增长方式与环境保护、安全生产、社会稳定之间的矛盾愈发凸显，对高技术高素质劳动力需求不断扩大，企业经营和扩大再生产对金融资本的需求也愈发迫切，煤炭行业逐渐从传统劳动密集型行业向科技密集型和资本密集型行业转变。

2. 行业自身

与同时期其他行业类似，煤炭行业在发展初期也面临着发展条件有限、市场竞争激烈、技术设备落后、专业人才短缺、安全压力较大等共性问题。同时，煤炭行业也有自身特殊性，例如，煤炭企业的生产基地主要位于晋陕蒙等中西部的北方地区，与国内的煤炭需求较大的南方东部沿海发达地区市场相距甚远，从产业布局来看，由于产业链上下游地理空间相距较远，中间环节的成本较高；由于采用传统单一依靠企业自身融资的方式，致使负债率偏高、流动资产占比较低，特别是一些大型煤化工项目，由于初期投入金额巨大、建设周期较长，这种融资方式已不能适应产业发展，转型升级和可持续发展的客观需求倒逼煤炭行业不断加大改革与创新。

9.6.2 国家能源集团践行新型工业化[①]

1. 基本概况

国家能源投资集团有限责任公司（由中国国电集团公司与神华集团有限责任公司于 2017 年 8 月合并重组，简称国家能源集团）以煤炭为基础，包括电力、煤化工、新能源、交通运输、物流、科技环保、现代金融等产业板块，资产规模超过 1.8 万亿、职工数超过 35 万人的特大型综合性能源企业，2020 年《财富》世界 500 强排名第 108 位（国内同行业排名第 1 位），当年实现营收 5289 亿元。

国家能源集团在做好煤炭主业的同时，不断推进企业转型升级。通过探索改革传统建矿理论、技术引进和优化产能配置，加快推进机械化、信息化、数字化改造步伐，提升矿区管理的现代化水平。集团积极推动传统能源清洁化和新能源开发利用，加大研发投入和自主创新力度，重视煤的液化和煤炭深加工等，建立起了良性的循环经济链条，不断提高煤炭产品的附加值，并积极推动跨区域、跨产业整合，在煤炭生产基地、电力企业、销售港口之间逐步建立起了煤、电、运相结合，产供销一条龙的发展模式。同时，稳步推进体制改革，通过企业合并和改组改造、机构扁平化、团队式人员管理等提升管理效能。此外，企业积极在煤矸石综合利用、矿井水处理回用、污染物达标排放，以及矿区环境治理与生态修复方面不断加大环保投入，努力迈向经济与环境协调可持续发展的道路。

---

① 本案例主要参考资料：胡道玖. 能源经济管理经典案例解析［M］. 上海：上海交通大学出版社，2015。其中，神华集团 2017 年已与中国国电集团公司合并成立国家能源集团。

2. 实践成效

国家能源集团拥有煤矿 97 处，产能 68485 万吨/年，采掘机械化率达到 100%，1.78 亿千瓦火电装机容量，燃煤脱硫脱硝实现 100%，已建成运营煤制油产能 526 万吨，煤制烯烃产能 393 万吨，坚持能源高效、清洁利用的产业发展方向，培育并建成了高新科技环保企业集群，掌握了节能减排、综合污染治理、智能化系统等 20 多项核心技术，包括超低排放、火电 DCS 低风速风机、矿井水保护利用、燃煤细颗粒物及前体物治理、烟气湿法脱硫、锅炉燃烧降氮、烟气脱硝等一批重大关键技术处于国际领先地位。此外，国家能源集团还积极构建全面、多元的金融平台，拥有资本控股、商业银行、财务公司、财产保险、人寿保险、保险经纪、融资租赁、产业基金等领域的金融机构，为集团发展提供着有效的金融服务。

3. 经验启示

国家能源集团围绕煤炭、电力、煤化工三大产业板块，优化产业布局，积极拓展交通、物流、金融、科技、环保等相关业务，加快实现企业多元化发展，可有以下经验启示。

（1）企业加大对科技创新的投入旨在推动煤炭产业转型升级、企业之间兼并重组和债券债务融资旨在提升产业发展的规模和减低企业成本，这三者之间的不断相互结合，是产融研协同的典型实例。

（2）充分并有效地发挥产融研协同的关键在于始终围绕主导产业加大科技研发投入，推动和提高科技成果转化效率是产业转型升级的技术支撑。

（3）通过企业兼并重组和改组改造以及积极上市融资，能够有效地降低企业负债和增加流动资金占比、为扩大再生产和加大科技投入提供持续的资金支持。

（4）实体经济发展不仅为科技研发、试制和成果转化提供了载体，也为有效规避化解金融资本"脱实向虚"的风险提供了实体承载，三者相辅相成。

9.6.3 中煤科工集团发展"产研联姻"[①]

1. 基本概况

中国煤炭科工集团（简称中国煤科）是由原煤炭科学研究总院和原中煤

---

① 本案例主要参考资料：范宝营，张志芳，宋家兴等. 现代大型煤炭企业经典管理案例（资本运营篇）[M]. 北京：中国经济出版社，2013.

国际工程设计研究总院重组成立的企业，是集煤炭领域的科学基础研究、技术创新、煤矿综合设计、地质助探、采煤技术、矿山压力与支护、安全生产技术、洁净煤技术、矿井自动化与信自动化、矿井环境综合治理为一体的综合性专业化高新技术企业，既拥有煤炭领域高新科技和研发能力，又拥有煤炭机械装备制造、矿井工程建设、煤矿技术服务和检测检验能力，在行业中具有独特优势，某些应用技术在国际同行业也处于领先位置。

晋城市王坡煤矿隶属于山西省晋城市泽州县，是县属国有企业。地质可采储量 2.2 亿吨，井田面积 25.37 平方千米，含煤地层总厚 139.5 米，为优质无烟煤。由于历史原因，该地区存在着煤矿多、单井产量小、技术水平落后、安全事故频发等突出的问题，当地政府一直在积极寻求对策，拟对煤炭企业进行升级改造。

由中国煤科所属煤科总院、天地科技股份有限公司（简称天地科技）联合山西晋城市地方政府，投资控股成立了投资主体多元的山西天地王坡煤业有限公司。煤科总院、天地科技通过资金、人才与技术优势，将王坡煤矿建设成为一个带动当地经济转型发展的现代化示范矿井，后者为前者提供了科研开发和技术应用与转化的平台，进一步促进了核心竞争力的提升，实现了多方共赢。

2. 模式成效

"王坡模式"是由科研院所、煤炭企业与地方政府联合打造的以技术和资本为纽带的产业模式，充分体现了投资主体多元化和资金、技术、管理与资源的整合和统一，既对原有煤矿小企业进行了彻底兼并，注入了新的活力和能量，提高了资源、资本的配置效率和技术研发的转化效率，也提高了市场竞争力，体现了煤炭行业典型的 "1 + 1 > 2" 效果。

从实践效果来看，并购王坡煤矿，是国有资本的跨区整合。煤科总院、天地科技与泽州县人民政府三方持股，职责分明、风险共担、利益共享，对国有煤炭企业改组改造提供了参考案例，并购后的企业实现了净资产、销售收入、上缴税费、净利润等的明显增长，提前完成投资回报目标，同时，安全生产水平也得到了明显提升。此外，科研与市场的紧密对接，显著提升了煤科总院的科技转化能力和效率，"问题即课题""成果即产品"的市场导向，促进了科研、测试、生产、检验、改进的良性循环机制的建立。积极引入现代化的企业管理制度和模块化的生产管理模式，提高了生产效率，促进了煤矿企业的整体技术水平提升。

3. 经验启示

从王坡煤矿的这种"产研联姻"模式可以看出：

（1）新成立的煤矿企业是煤炭科研领域的高新技术装备的试验、示范基地，提高了自主研发装备的市场占有率；

（2）生产中发现的问题及时转化为科研课题，丰富了科研成果，促进了相关科技的发展，先进的科研成果也提高了生产工艺、质量、安全与环保水平；

（3）新成立的煤矿企业作为先进科技成果、管理模式和人才培养的创新试验基地，对地区和行业起到了一定的示范和引领作用；

（4）这种模式是央企与地方企业、科研院所与生产企业的联合并购，是煤炭领域科技生产力转化和人才培养的示范基地。

9.6.4 开滦集团煤炭实施供应链管理

1. 基本概况

开滦作为河北省典型的资源型城市，随着持续多年的煤炭开采，城市资源枯竭和产业转型升级的压力不断加重。开滦集团国际物流公司是开滦集团下属主要从事物流业经营的企业，以推进资源整合为契机，大力实施煤炭供应链管理。公司基于对煤炭市场供需行情进行了较深入的研究后采取煤炭供应链管理手段促进煤炭产业转型升级。其管理核心在于建设现代煤炭交易市场和推进数字化配煤场为单元的国家战略煤炭储备体系建设和建立煤炭供应链管理体系，提供系统的煤炭供应链服务，实现标准化的产品交割，优化资源配置，确保常态供煤总体均衡，特殊时期满足应急需要，并在煤炭生产企业与终端用户需求之间通过供应链管理，实现从坑口到炉口之间价值逐级增加，为用户提供标准化产品和个性化的解决方案，提升产品附加值和客户满意度。

2. 模式成效

开滦集团按照全球资源整合煤炭供应链管理服务商的企业定位，围绕煤炭供应链建立社会、物链、信息三级网络架构，构筑了煤炭供应链管理的战略联盟，并且对煤炭供应链管理创价系统细化成八大子系统，包括网络系统、客户开发与管理系统、配煤加工系统、采购与物流系统、资金流管理系统、信息系统、风险管控系统、绩效评估系统。该煤炭供应链管理体系具有明显的创价系统特性，即，每一个增值点的同类企业间共同构成了一个系统，不同系统之间协调互动，实现客户需求导向下的价值增值。八大系统镶嵌于三大网络之中，涵盖从煤矿坑口到用户炉口之间所有活动。

该供应链管理模式实施以来，企业物流板块的收入同比增长了167%，利润增长了84%；同时，提高了企业运作效率、降低了运作综合成本，推进销售市场统一管理和物资的集中；充分利用国际国内两种资源和两个市场，有力地支撑了企业煤化工和煤电热板块的绿色转型；数字化储配煤技术的运用，强化了煤路港航一体化网络优势；改变了传统物流单一产品供应，加快了向专业化、社会化的全球综合供应链管理服务商方向的发展。

3. 经验启示

从开滦煤炭供应链管理模式的实践经验可以看出：

（1）以煤炭资源和金融资本为纽带，形成的煤炭供应链联盟，促进了成员之间信息沟通、资源共享、业务合作的集约高效的供应链网络，扩大了物流市场的辐射范围；

（2）通过建立煤炭交易体系和改进完善数字化的配煤加工单元，既提高了煤炭储备能力，也实现了流通加工环节的增值；

（3）借助物流信息管理系统和信用证管理、资金池管理等手段，满足客户对支付结算和融资需求，同时，积极搭建社会物流公共服务平台；

（4）进一步强化内部管理和规范物流产业发展，建立独立的物流统计核算体系，并实施审计监督，不断完善企业金融风险防控机制。

9.6.5　淮北矿业资产重组与绿色发展

1. 基本概况

淮北矿业集团有限责任公司（简称"淮北矿业"）是安徽省属特大型煤炭企业集团，为全国规划建设的十三大煤炭生产骨干企业之一，主要业务为煤炭采掘、洗选加工、销售，煤化工产品的生产、销售等，业务范围横跨安徽、江苏、陕西、内蒙古四省份。长期以来，企业在经营发展的同时，自身积累了较多矛盾，其中，对主业资产重组并购和提高企业内部管理效率，以及加快绿色循环发展是两个比较突出的问题。特别是在中国煤炭行业发展的"黄金十年"期间，煤炭市场好转和贷款融资相对便利，电力、冶金、焦化等下游企业合资合作积极性很高，为企业整合扩大发展提供了战略机遇。

经过前期努力，淮北矿业辅业改制剥离已完成，历史遗留的采矿权和土地使用等问题得到了基本解决，为主业重组并购和上市融资等奠定了基础。同时，企业实施了以矿井建设为依托、以延长产业链为特色、以转变经济增长方式为目标、以"煤化-盐化一体化工程"为主要载体，经过多年建设运营和发展，集约化、产业化、规模化、循环化的绿色发展模式已经形成并日趋成熟。截至2020年底，公司总资产670.11亿元，全年实现营业收入522.76亿元；利润总额42.90亿元。[①]

2. 模式成效

通过科学组织、上下协力、强强联合、有序扩张、分散风险等举措，在"十一五"末和"十二五"初顺利完成了主业资产重组并购运行的基本目标。淮北矿业以二级子公司煤业公司为平台，将煤炭产业链的采、选、加、送主业进行归并整合，并剥离与主业相距较远的资源枯竭矿井和非生产经营性的福利资产，确保主业精干高效、集中运营（见图9-2）。

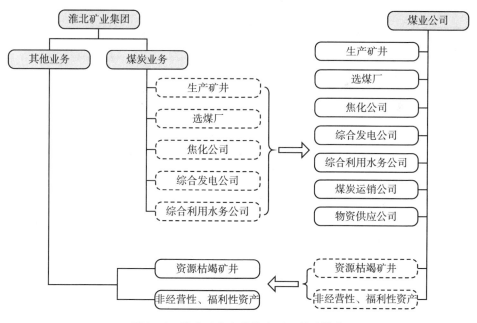

图9-2 淮北矿业主业资产重组并购模式

① 淮北矿业控股股份有限公司2020年年度报告［R/OL］. https：//pdf. dfcfw. com/pdf/H2_AN202103261476933148_1. pdf？1616782580000. pdf.

通过企业资产重组并购运作，淮北矿业实现了集团主业资源的优化配置，进一步提高了市场竞争力，以产权为纽带组建了战略协作型的现代企业集团，并通过引入 12 家战略投资者，有效拓宽了融资渠道，通过实施控股并购和提升谈判议价能力，加快实现对外低成本快速扩张，进而拓展了集团整体战略发展空间。

同时，淮北矿业按照循环经济"3R"理念，综合开发利用煤炭、岩盐及石灰石资源，使其上下游产业联营，以建设生态矿区为立足点，充分发挥矿区煤种优、资源足、区位佳等优势，大力发展煤炭洗选加工和煤化工，建设煤泥矸石综合利用电厂，发展炉渣、粉煤灰利用项目，形成"煤－焦－化－电"产业链，在企业内部形成了比较完整的循环经济产业链，建设生态矿区，实现绿色开采，从产品升级到产业升级，基本形成了"资源循环式利用、产业循环式组合、企业循环式生产、矿区循环式发展"的特色模式，成为符合国家发展要求的以煤化工和盐化工为特色的全国循环经济示范企业（见图 9 - 3）。

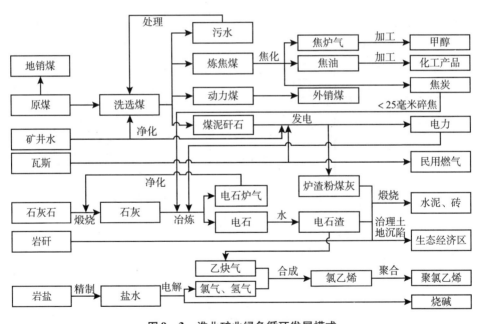

图 9 - 3 淮北矿业绿色循环发展模式

淮北矿业通过大力发展循环经济产业，积极推进煤炭清洁生产，开展资源综合利用，实施煤化－盐化一体化工程，延长煤炭产业链条，发展精深加工，煤焦化电基地基本建成，循环经济框架已经形成，产业结构更加合理。其中，煤化－盐化一体化工程最大限度地利用了煤炭、岩盐、石灰石和水等资源，注重产品链条的延伸和产品附加值的提高，充分利用产品与副产物之间的有机衔接，尽可能实现资源的优化配置和副产品、废弃物的综合利用，构筑上下游一体化的循环经济特色产业链。淮北矿业现已形成以煤焦化电为主的临涣工业园和以盐化工为主的炉桥工业园。目前，在临涣工业园的临涣洗煤厂扩建、焦化、发电、煤矸石制砖、粗苯精制、矿井水处理、管道输水等工程项目全部投产，实现年产焦炭 440 万吨、联产甲醇 40 万吨、煤焦油 30 万吨、8 万吨粗苯加氢精制和 40 万吨甲醇深加工以及煤泥矸石综合利用发电，形成了完整的煤－焦－化－电产业链；盐化项目 2011 年 8 月投料试生产后，年入洗 1600 万吨的临涣中央选煤厂成为亚洲最大的炼焦煤选煤厂，4×30 万千瓦的循环流化床综合利用电厂在规模和技术方面处于全国第一和世界领先水平。

3. 经验启示

从淮北矿业通过资产重组并购和大力实施绿色循环发展的经验可以看出：

（1）按照集约化、规模化、循环化的产业组织原则，不断延长产业链条，加快技术创新，提高产品附加值，构建循环绿色型的产业链条，提高企业综合效益；

（2）不断突破企业、行业、区域之间的限制，围绕重点产品和主导产业，实现企业内小循环、行业间中循环和社会区域大循环，进行资源型城市转型示范；

（3）在继续发挥传统银行贷款和用好企业债券等融资手段的同时，积极引入战略投资者，在各产业板块中率先实现煤炭主业资产整体上市融资；

（4）突出煤炭主业，以产权制度改革为纽带，合理利用和发挥资本市场的资金放大和导流作用，将产业运作与资本运作有机结合，推动企业发展壮大。

第 10 章
新时期中国新能源与能源互联网
发展概述与案例分析

10.1 新能源产业发展

10.1.1 新能源开发利用概述

人类因对传统能源的过度依赖而不得不面临的资源耗竭、经济转型、技术升级、环境污染和生态破坏等问题，倒逼对新能源的开发利用日趋加速。新能源的科学技术基础是热力学、动力学和生物学等学科；其经济学基础源于西方经济学、循环经济理论、新制度经济学、可持续发展理论等。新能源的定义较多，但基本可以归纳为：有别于传统能源，但受限于现有的技术开发利用水平和消费使用经济成本等因素，尚未被大规模推广且前景可期的人类可用能源。新能源代表着未来人类用能的发展方向，对于产业升级、技术替代和环境保护等意义重大，同时，也在很大程度上体现着国家（地区）的经济发展水平和现代化程度。目前，新能源主要包括核能①、氢能、太阳能、风能、地热能和生物燃料等。

根据英国石油公司（BP）的统计数据，从全球主要的新能源产量和消费量（见表 10 –1）来看，2008 ~2018 年中国的新能源较其他一些发达国家（地区）

---

① 尽管国外对于核能的开发利用时间较长，但对于中国而言，自 20 世纪 80 年代，核能才逐渐被商业开发利用，且已形成了自身的技术和产业优势，故这里将核能划为新能源。

表 10-1　2018~2019 年世界部分国家（地区）的新能源开发利用情况

能源类别	生产和消费量	中国 2019年数量	中国 2008~2018年均增速	中国 全球占比	美国 2019年数量	美国 2008~2018年均增速	美国 全球占比	俄罗斯（生物燃料按独联体计）2019年数量	俄罗斯 2008~2018年均增速	俄罗斯 全球占比	日本 2019年数量	日本 2008~2018年均增速	日本 全球占比
核能	生产量（亿千瓦时）	348.7	15.74%	12.47%	852.01	0.01%	30.47%	209	2.30%	7.50%	65.64	-15.08%	2.35%
核能	消费量（亿千瓦时）	3.11	15.04%	12.47%	7.6	-0.59%	30.47%	1.86	1.70%	7.50%	0.59	-15.59%	2.35%
氢能	生产量（亿千瓦时）	1269.67	6.53%	30.07%	271.16	1.44%	6.42%	194.4	1.50%	4.60%	73.93	0.75%	1.75%
氢能	消费量（亿千瓦时）	11.32	5.89%	30.07%	2.42	0.83%	6.42%	1.73	0.90%	4.60%	0.66	0.14%	1.75%
太阳能	生产量（亿千瓦时）	223.8	102.58%	30.91%	108.36	50.02%	14.96%	1	0.00%	0.10%	75.27	38.23%	10.40%
太阳能	消费量（亿千瓦时）	2	101.36%	30.91%	0.97	49.12%	14.96%	0.01	0.00%	0.10%	0.67	37.40%	10.40%
风能	生产量（亿千瓦时）	405.7	39.51%	28.38%	303.1	17.28%	21.20%	0.3	46.50%	0.02%	8.62	9.58%	0.60%
风能	消费量（亿千瓦时）	3.62	38.67%	28.38%	2.7	16.58%	21.20%	0.0028	45.60%	0.02%	0.08	8.93%	0.60%
地热能	生产量（艾焦）	102.83	20.22%	15.78%	78.34	1.08%	12.02%	0.5	0.70%	0.10%	37.27	0.93%	5.72%
地热能	消费量（艾焦）	0.92	19.49%	15.78%	0.7	0.48%	12.02%	0.0046	0.10%	0.10%	0.33	0.33%	5.72%
生物燃料	生产量（帕焦）	49.84	5.28%	2.71%	697.12	6.24%	37.86%	0.9	12.10%	0.02%	—	—	—
生物燃料	消费量（帕焦）	99.3	6.51%	2.50%	1462.29	5.44%	36.86%	1	12.60%	0.02%	—	—	—

续表

能源类别	生产和消费量	英国			法国			德国						
		2019年数量	2008~2018年均增速	全球占比	2019年数量	2008~2018年均增速	全球占比	2019年数量	2008~2018年均增速	全球占比	—	—	—	—
核能	生产量（亿千瓦时）	56.18	2.17%	2.01%	399.44	-0.60%	14.29%	75.07	-6.50%	2.68%	—	—	—	—
	消费量（亿千瓦时）	0.5	1.56%	2.01%	3.56	-1.20%	14.29%	0.67	-7.06%	2.68%	—	—	—	—
氢能	生产量（亿千瓦时）	5.96	0.61%	0.14%	58.52	0.04%	1.39%	20.19	-1.28%	0.48%	—	—	—	—
	消费量（亿千瓦时）	0.05	0.01%	0.14%	0.52	-0.56%	1.39%	0.18	-1.87%	0.48%	—	—	—	—
太阳能	生产量（亿千瓦时）	12.68	94.03%	1.75%	11.73	73.39%	1.62%	47.52	26.34%	6.56%	—	—	—	—
	消费量（亿千瓦时）	0.11	92.86%	1.75%	0.1	72.35%	1.62%	0.42	25.58%	6.56%	—	—	—	—
风能	生产量（亿千瓦时）	64.13	23.14%	4.49%	34.48	17.30%	2.41%	125.98	10.48%	8.81%	—	—	—	—
	消费量（亿千瓦时）	0.57	22.40%	4.49%	0.31	16.60%	2.41%	1.12	9.82%	8.81%	—	—	—	—
地热能	生产量（艾焦）	36.55	13.68%	5.61%	8.7	6.75%	1.33%	50.61	6.26%	7.76%	—	—	—	—
	消费量（艾焦）	0.33	12.99%	5.61%	0.08	6.10%	1.33%	0.45	5.62%	7.76%	—	—	—	—
生物燃料	生产量（帕焦）	10.93	9.17%	0.59%	50.6	4.13%	2.75%	64.21	3.06%	3.49%	—	—	—	—
	消费量（帕焦）	69.55	5.00%	1.75%	124.57	2.31%	3.14%	119.73	0.38%	3.02%	—	—	—	—

注：亿千瓦时（TWh）、艾焦（EJ）和帕焦（PJ）均为能量单位；其中，1EJ = 1×10^{18} J，1PJ = 10^{15} J。

而言增速明显；在核能方面，中国的开发利用总量较美国和法国还有一定差距，但增速最快，而美、日、法、德则出现不同程度的减缓，俄罗斯和英国增速较小；氢能和太阳能方面，中国的生产总量、消费总量和相应的增速均远高于其他几个发达国家（地区），占世界份额超过 30%；风能方面，中美两国的开发利用总量相对优势更为明显，但 2008～2018 年俄罗斯的增速最高；地热和生物质能源方面，中国的开发利用总量和增速依然领先其他几个国家（地区），占世界的份额超过 15%；生物燃料方面，美国的生产和消费量明显领先其他国家，其后是德国、法国和中国，俄罗斯和英国的生物燃料生产和消费增速较高，日本由于缺乏数据未做统计。可看出，近年来，中国在新能源开发利用方面进展迅速，为积极应对全球气候变化和温室气体减排等做出明显贡献，同时，考虑到人口数量等因素，中国在新能源开发利用方面的潜力仍巨大。

从全球能源发电成本来看，化石能源的发电成本相对较稳定，处于 0.1 美元/千瓦时左右。在不断突破新能源技术瓶颈、规模化效应不断显现和供应链日趋成熟和竞争更加激烈等因素共同推动下，新能源的发电成本快速下降、发电容量不断扩大。近年来，地热和水电的发电成本虽略有上涨，但整体仍低于化石能源发电成本；生物质能发电成本有所下降，2019 年其发电成本约在 0.066 美元/千瓦时；太阳能光伏、聚光太阳能、陆地和海上风电的发电成本大幅下降，2019 年分别降至 0.068、0.182、0.053、0.115 美元/千瓦时（见图 10 - 1）。

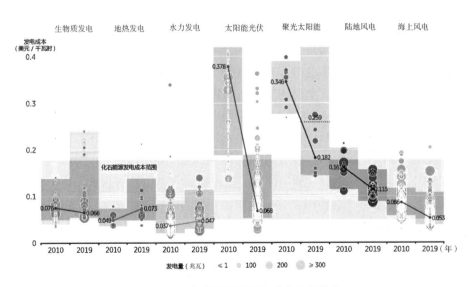

图 10 - 1　全球新能源发电成本变化趋势

资料来源：IRENA 数据库。

从 2019 年新能源在全国能源结构中的占比可看出，非化石能源占比 16%，其中，作为新能源的主体，核电、风电和光伏三者占比之和仅为 7%，低于水电（9%）、更远低于化石能源（见图 10 - 2）。为实现"30·60目标"，需要加快中国新能源替代传统能源尤其是煤的步伐。

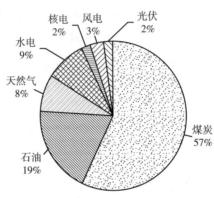

图 10 - 2　2019 年中国主要能源结构

资料来源：Wind 和西部证券研发中心。

10.1.2　典型新能源产业发展概况

1. 核能

核能（原子能）主要是通过核裂变、核聚变、核衰变三种方式产生的能量。目前，世界核能的商业开发利用主要通过核心部件（核反应堆）的核裂变方式实现。作为一种安全、清洁、高效和技术较为成熟的能源，核能已成为多数发达国家（地区）经济社会发展的主要用能来源，目前的核能开发利用的技术水平总体可归纳为：首选压水堆、完善现役机组和延长高龄机组、积极推广第三代核电、研发小型模块化反应堆（SMR）和第四代核电等。

美国、法国的核电开发利用较早、经验较丰富、也是商业运行较为成功的典型国家。美国的核电经历了三里岛事故后"急刹车"，进入 21 世纪后美国逐步开始推出"核能复苏"相关政策。法国的核电技术和商业运营最为成功，其战略导向明确、监管机制完善、技术先进标准化程度高、核电设施区域布局较为合理。日本作为能源匮乏的国家之一，对核能的开发利用比较积极，2011年福岛核泄漏事故前，日本核能发电量占全国总发电量的 29%，福岛核泄漏事故后，日本对核能利用开始收缩，对煤和天然气的使用开始增长，重启核电实施缓慢。俄罗斯继承了苏联的部分核电设施基础，经过一系列国家行政机构和政策的调整，正稳步发展核电产业并积极拓展海外市场。中国核能开发利用始终沿着自主创新与引进、消化、吸收、再创新的道路进行。

长期以来，中国核电建设成本偏高，约占核电发电成本的 40%，是造成核电电价居高不下的主要原因之一。近年来，中国稳步推进核能利用和核电发展，截至 2019 年底，中国现有岭澳核电厂、秦山核电厂、田湾核电厂、大亚湾核电厂、红沿河核电厂等，运行核电机组达到 47 台，总装机容量为 4874 万千瓦，仅次于美、法，位列全球第三，但核电发电量占全国总发电量的 4.76%，占比仍偏低。

《新时代的中国能源发展白皮书（2020 年)》提出"安全有序发展核电"。目前，中国核电上市企业主要有中广核电力、中国核电、皖能电力等，中国核电发电量占全国核电发电量的 39.06%；中广核电占全国核电总发电量的 54.54%。中国核电和中广核电力两家上市企业核电发电量总和占全国核电总发电量的 93.61%。2020 年 11 月中国"华龙一号"全球首堆福清核电 5 号机组并网发电获得成功，对中国优化能源结构、实现绿色低碳发展和提升核电海外市场竞争力意义重大。

2. 太阳能光伏

国外光伏发电技术的研究与应用已有百年历史。随着可持续发展理念不断深入人心，全球太阳能开发利用规模迅速扩大，技术不断进步，成本显著降低，呈现出良好的发展前景，许多国家将太阳能作为重要的新兴产业，太阳能得到广泛应用。2000～2016 年，光伏产业发展速度惊人，全球累计装机容量的年复合增长率高达 41%。2020 年国际光伏需求减弱，产业链价格呈持续走低，部分境外厂商已签订单有所延后，同时，市场疲软向产业链上游传递，电池片价格也出现了下跌，光伏玻璃价格下跌超过 10%，降幅明显。随着一些国际硅片龙头企业不断下调硅片价格，下游需求不振对光伏产品价格造成的压力传导已至硅片生产环节，进而促成 2020 年整个产业链各环节需求整体乏力，库存上升，对上游硅料的采购意愿不高，价格压力传导至硅料环节。

"十二五"以来，在新能源政策的支持下，中国太阳能光伏内需被激发，太阳能光伏产业发展进入了快车道。在经历了《2018 中国市场光伏发电有关事项的通知》等政策对过度和不当政策补贴的及时纠正，"十三五"期间中国光伏产业进入了短暂的调整期，2019 年国家出台《关于完善光伏发电上网电价机制有关问题的通知》更加理性地通过竞价制度等政策引导和适当地财政补贴来支持太阳能光伏产业发展，促使行业落后产能逐渐出清，倒逼企业技术进步，提高生产力，降成本增效，光伏市场平价上网的条件逐渐成熟。截至2019年，中国的水电、风电、光伏发电装机规模和核电在建规模均居世界首位，其中，光伏发电装机规模累计达到2亿千瓦，发电量达到2243亿千瓦时，集中式光伏占比近60%，分布式光伏占比近40%，户用光伏超过200万千瓦，占新增分布式光伏的1/3左右。太阳能光伏发电电池及组件技术转换效率得到提升，单晶电池平均转换效率已达22.3%，光伏发电综合成本较2010年下降82%，单晶多晶组件价格降至1.5元/瓦以内。①

近年来，一批光伏行业龙头企业发展势头迅猛，特别是在单晶硅、多晶硅和硅片研发生产方面，产生隆基、中环、晶澳等龙头公司；在玻璃研发生产方面，有亚玛顿、福莱特等龙头公司；在太阳能电池及组件研发生产方面，有通威、福斯特、爱康等龙头公司；在光伏逆变器研发生产方面，有中航电子、阳光电源等龙头公司；在异质结电池（HIT）生产方面，有迈为、捷佳伟创、金辰等龙头公司；电站运营方面，有晶科、爱康、拓日新能等龙头公司。这些行业龙头都具有较为明显的自身优势，可以说，中国在光伏领域已经形成了包括晶圆、硅片、电池片、组件、逆变器及电站建设运营等在内的较为完整的光伏产业链体系。在经历了近年来的政策调整与行业整理之后，太阳能光伏产业集中度得到进一步提升，市场发展更趋规范。进一步提升技术效率，努力实现"光""储"耦合和光伏平价将成为实现整个行业健康发展的关键。随着光伏项目的初始投资成本将进一步下降，传统能源发电较光伏的成本优势将逐渐消失，需要抓住"大硅片＋异质结电池＋无人化工厂"等技术群迭代化发展趋势，整合优化光伏产业链。

3. 风能

风能属于一次能源、清洁能源，其被人类利用的历史悠久。现代社会人类更多的是利用不小于3米/秒的风速来进行发电，据预测，全球风能约为2.7×10^9兆瓦，其中，约1%可被人类利用，远大于目前全世界水能可开发利用的规模。风力发电机组包括风力机、发电机、变速装置及控制器等，风力发电可分为离网、并网和联合发电，前者解决小范围电能使用，后者主要为公共电力服务提供能源。全球风电技术发展趋势可以概括为：单机容量持续增大，桨叶变速运行替代恒速运行，直驱式和无刷式发电被逐渐推广应用。风电主要

---

① 数据来源于国家能源局2020年发布的《新时代的中国能源发展》白皮书。

成本包括建设投资和运营维护，且总体呈现逐年下降的趋势。

2019 年，全球风能理事会预计 2020 年全球新增风电装机将达到创纪录的 71.3 吉瓦（EC），欧美发达地区已将风电作为主要的电能之一。虽然 2020 年受新冠疫情影响，全球风电装机规模有所减少，但随着疫情逐步控制，据预测，未来的全球风电市场将会保持增长态势，全球新增风电装机的 50% 以上将来自中、美两国市场，而全球风电累计装机也将突破 1 太瓦。在 2020 年全球风电新增装机容量的厂商名单中，排名第一的 Vestas 2020 年新增装机规模为 16186 兆瓦，其业务遍布欧美 32 个国家和地区，排名之后的依次为 GE、Goldwind、Envison 和 Siemens Gamesa 等企业。

近年来，中国风电产业稳步发展，风电装机量稳步提升，2019 年中国风电累计装机达到 209 吉瓦，大型化发展带来度电成本降低。风电发电量 4057 千瓦时，同比增长 10.9%，风电行业已成为中国第二大可再生能源发电来源。据统计，① 截至 2019 年，中国已成为全球风电装机容量第一大国，累计风电装机容量为 236.40 吉瓦，占全球累计风电装机容量的 36.34%。其中，陆上累计装机容量 229.56 吉瓦，排名全球第一；海上累计装机容量 6.84 吉瓦，排名世界第三。受益于风机技术的成熟与供应链的日趋完善，发展风电已成为未来新能源发展的主要趋势之一，这将带动海上风电专用设备需求的增加，从而进一步拉动风电装备锻件的需求。2019 年风电占非化石能源的比重达到 16.5%，据预测，2030 ~ 2060 年，中国风电年均新增装机 138 吉瓦。

4. 氢能

氢能作为一种二次能源，其燃烧热值较高，约为汽油的 3 倍，可循环使用，相对于传统化石燃料，其燃烧后产物对环境几乎零污染。氢能是太阳能光伏、风电等能源的转换中枢；同时，由于具备零碳排放的优势，被广泛用于交通、热电联供、电源等领域。目前，对氢能的利用途径包括氢气燃料、氢燃料电池、氢的核聚变等，原料主要通过化石燃料制氢、水解制氢、微生物制氢、化学制氢等途径获取，目前最常用的制氢方法是蒸汽甲烷重整（SMR）、煤气化和水电解技术。由于氢自身密度小、难以存储等物理特性，氢能产业链中的储运和分配环节是其产业化投入成本最大的部分。氢能产业链主要包括氢能的制备、存储、运输、转化、利用等环节，涉及化工、生物、新材料、电子信

---

① 中商产业研究院 . 2021 年全球风电市场规模及市场现状预测分析［EB/OL］. https：//www.askci. com/news/chanye/20201203/1441561300993. shtml.

息、装备制造等行业（见图 10 - 3）。

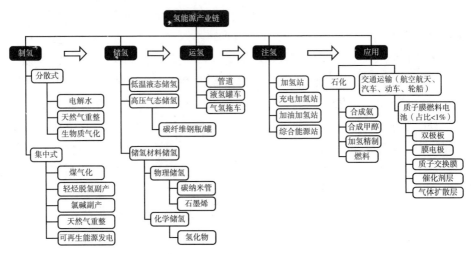

图 10 - 3　中国氢能产业链及相关支撑技术

资料来源：中投产业研究院。

　　从世界氢能利用总体来看，[①] 2020 年全球氢消费市场规模为 7000 万吨，其中，亚洲消费量最大，占比 47%。人工制氢的主要来源是化石能源，工业用氢的主要来源是天然气（占比 48%）、主要用途为化工产品（占比 51%），至 2070 年全球对氢能的需求量将达到 5.2 亿吨，可再生能源和水电解制氢将成为氢能的主要来源。国际能源署《全球氢能进展报告要点 2020》（以下简称《要点》）中提到，近年来，全世界在氢能技术开发利用方面保持了强劲发展势头，每年对纯氢的需求约为 7000 万吨，主要用于炼油和化学生产。这种氢气原料主要来自化石燃料，不利于温室气体减排，属于高碳氢。按照可持续发展情景（SDS）的要求，需要采用 CCUS 制氢（蓝氢）和可再生能源电解制氢（绿氢）的低碳氢融入和逐步替代常规化石燃料制备高碳氢（灰氢），推动绿色低碳转型。国际能源署积极协调各方推动氢能在交通、工业等领域应用，推广氢燃料电池车使用；扩大低碳氢在能源和制造业中的使用占比。截至 2019 年底，全球在运营的加氢站共有 470 个，同比增长超过 20%，日、德、美位居前三；东亚地区的中、日韩的燃料电池电动汽车市场也几乎翻了一番；荷

---

　　① Laurent S M et al. 氢能源行业前景分析与洞察：借鉴欧洲经验，打造低碳氢经济 [R/OL]. https：//www. vzkoo. com/doc/37276. html？ a = 1&keyword.

兰、法国都相继发布国家级氢能政策。此外,《要点》还建议加快氢能产业发展需要确立氢能在国家长期政策和战略中的地位、促进国际和跨领域合作、解决氢能开发瓶颈问题和障碍并促进良性发展,扩大低碳氢市场需求和加强氢能研发实力。

在国家政策的大力支持下,中国的氢产业正进入快速发展期,中国也已成为世界第一产氢大国,2019 年全国氢气产量约 2000 万吨。但氢主要是作为工业原料而非能源使用。燃料电池在交通领域推广以商用车为主,2019 年,国内接入平台的氢燃料电池物流车占比 60.5%,公交客车占比 39.4%,预计到 2025 年,成本将下降至约 50%。"十三五"以来,国家加大对氢能技术和产业开发应用的政策支持力度,包括《能源技术革命创新行动计划(2016 – 2030)》《能源生产和消费革命战略(2016 – 2030)》等提到关于加强将氢能和燃料电池技术的创新,推进纯电动汽车、燃料电池等动力替代技术发展,发展氢燃料等实现大规模、低成本的氢气制储运用一体化、标准化推广应用。全国一些地方把推动氢产业发展作为践行绿色发展理念和促进地区产业结构调整的工作重点。截至 2020 年上半年,全国范围内省及直辖市级的氢能产业规划超过 10 个,地级市及区县级的氢能专项规划超过 30 个,广东等十几个省市推出了相应的氢产业发展补贴政策,并从增加产值、动力材料研发、产品推广应用等方面提出了明确的财政支持细则。

5. 地热能

地热能是指蕴藏在地球内部的热能,它具有储量大、分布广、污染小、可循环利用、稳定可靠等特点,是一种具有竞争力的新能源和清洁能源。地热资源根据埋藏空间和赋存状态可分为浅层地热资源、水热型地热资源、干热岩地热资源等。据统计,[①] 世界地热能的基础资源储量为 1.25×10^{27} 焦耳(折合约 4.27×10^8 亿吨标煤),其分布虽广但不均匀,集中分布于大西洋中脊地热带,东非裂谷地热带,环太平洋地热带和地中海 – 喜马拉雅地热带。目前,对地热的开发利用主要包括直接利用(包括供热、制冷、烘干、温泉洗浴等)和利用地热发电。

截至 2020 年,世界上已有 88 个国家和地区对地热资源进行了相关的开发和利用。目前,地热能直接利用折合装机容量累计超过 1 亿千瓦,其中,中国

---

① IEA. World Energy Outlook 2020 [R/OL]. (2020 – 10 – 13) https://www.iea.org/reports/world – energy – outlook – 2020.

位居第一，约占 40%。从地热直接利用方式上看，地源热泵占据第一位，占比达到 58.8%。2019 年全球地热发电量达到 91.8 吉瓦，2020 年受疫情等因素影响，新增装机容量有所下滑。截至 2020 年，全球地热发电装机达到 15608 兆瓦，美国位居第一，占比 23.8%。在地热利用较高的国家和地区多重视通过制定政策、强化规制、明确目标、规范指导自身地热开发利用，通过财政补贴、税收优惠、贷款担保等措施推动地热能开发利用。未来，干热岩地热资源开发和地热发电技术将是技术发展的主要方向之一，拥有自身技术、资金和市场优势的大型能源企业将是地热资源开发的主力。

中国对地热资源的开发利用连续多年居世界前列，20 世纪 70 年代，中国南方和西藏等地区陆续建设了一批地热发电站。20 世纪 90 年代后，中国北方一些城市也陆续开展了对中低温地热资源的直接利用。进入 21 世纪后，热泵供暖（制冷）等对浅层地热能的开发利用逐渐受到重视。至"十三五"末，全国在运地热发电总装机量为 44.56 兆瓦，约占规划装机容量的 8%。21 世纪以来，中国通过加强相关立法和积极制定政策，加快了对地热能的开发利用，如《可再生能源法》强调优先推动地热能的发展，《地热能开发利用"十三五"规划》对新增地热能供暖（制冷）面积、新增地热发电装机容量等有明确的目标。目前，国家能源局正在制定《关于促进地热能开发利用的若干意见》，为"十四五"中国地热能开发利用工作奠定制度规范基础。同时，国内一些地区对促进地源热泵利用以及地热能产业发展也出台有地方性的政策法规。需要看到，目前对地热能的开发利用程度和规模还不能与太阳能、风电等相提并论。此外，地热能开发利用离不开政策资金的大力支持，相关的技术难题急需攻关，地热能在开发利用过程中可能存在的环境地质风险也必须被重视。

10.1.3　中国新能源产业竞争力与主要短板

1. 新能源产业的竞争力

从"十一五"末至"十三五"末，中国已逐步成为全球风电和陆上风电装机容量最大的国家，美国、德国分列第二位和第三位；在海上风电方面，德国是全球装机容量最大的国家。2019 年，全球风电装机容量为 62.3×10^4 兆瓦，亚洲风电装机容量为 25.8×10^4 兆瓦，其中，中国为 21.0×10^4 兆瓦（约占全球 33.9%），欧洲为 19.6×10^4 兆瓦，北美为 12.4×10^4 兆瓦；全球太阳

能光伏装机容量为 58.0×10^4 兆瓦，亚洲风电装机容量为 33.0×10^4 兆瓦，其中，中国为 20.5×10^4 兆瓦（约占全球 35.3%），欧洲为 13.8×10^4 兆瓦，北美为 6.8×10^4 兆瓦。此外，中国的光伏产业规模远超欧美发达国家并为全球提供了 70% 的光伏组件。可以看出，"十三五"期间中国的风电和太阳能光伏等新能源产业发展非常迅猛（见图 10 - 4）。

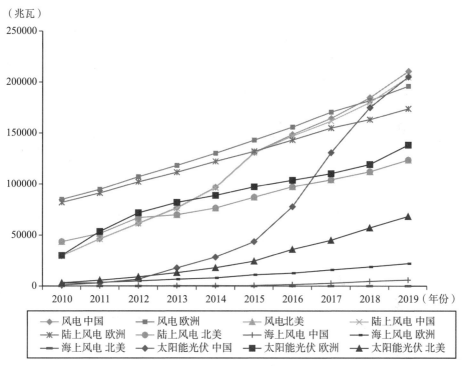

图 10 - 4　2010 ~ 2019 年中国、欧洲、北美的风电和太阳能光伏装机容量

资料来源：IRENA RE Capacity Statistics（2020）。

相对于传统能源，新能源具有高效便捷、环境友好的特点，诸如太阳能、风能、核能等都具有取之不尽用之不竭（至少在人类发展的历程中）的优势。经过"十三五"期间的快速发展，尽管目前中国在风电、太阳能等新能源的装机规模都排在世界前列，基本特征可概括为：风电产业规模不断扩大且以陆上风电为主，太阳能装机容量逐年增长，以光伏为主，核电后发优势明显且运行机组的安全水平和运行工况居国际前列，氢能产业加快布局且政策、技术和配套设施不断完善。

"十三五"时期，中国着力推动能源革命，加快能源生产利用方式变革，建设清洁低碳、安全高效的现代能源体系。针对传统能源过剩的突出问题，加快了"去产能"与能源结构优化的步伐，通过积极推进清洁能源替代和发展可再生能源等加快产业布局。风电方面，加快开发中东部和南方地区风电，有序建设"三北"大型风电基地，积极稳妥推进海上风电开发，进一步提高了风电消纳能力；太阳能光伏方面，全面推进分布式光伏和"光伏＋"综合利用工程，有序推进大型光伏电站和太阳能热发电示范工程建设，大力推广太阳能热利用的多元化发展并积极推进光伏扶贫工程；生物质能方面，不断推广生物天然气产业化和生物质热电联产，积极推进垃圾焚烧发电和生物燃油等。此外，在江苏、重庆、上海、武汉等地区积极开发地热利用，在西藏、四川等西部地区新疆高温地热发电项目，在山东、浙江、广东、海南等区域建设海洋能示范基地，在浙江、福建等地区建设潮汐能电站。

目前中国的上网电量中，火电仍是主体（超过60%），其次是水电，新能源电量占比15%左右。作为影响新能源产业发展的重要因素之一，新能源的上网价格主要是由新能源转化为二次能源后，其发电的上网条件和上网电价决定。国际上，电力价格体系主要分为固定电价、浮动电价、招标电价等。固定电价是由政府明确规定电网运营企业支付给能源发电企业的固定费用，如德国；浮动电价是参照常规能源发电的上网价格，按照一定的比率随电力市场价格浮动的竞价机制，如西班牙；招标电价是政府对特定的新能源发电项目进行市场公开招标，进而确定项目的开发者，一个项目对应一个电价，典型的如英国。在中国，由于新能源发电成本较高，为了支持和鼓励新能源产业发展，2019年之前，国家对新能源发电上网价格进行了较大幅度的补贴。随着电力市场改革的不断深入，中国的电力市场已逐步形成由电网提供结算平台，不断提高电力市场供需双方的直接竞价比重，旨在以电价改革助力市场化、清洁化转型，推动经济社会高质量发展。为落实"30·60目标"，2021年《国家发展改革委 国家能源局关于推进电力源网荷储一体化和多能互补发展的指导意见》出台，对未来中国合理确定新能源上网电价提供了政策指引。

2. 新能源产业发展短板

尽管包括中国在内的世界许多国家一直都在不断加大对新能源的研究、开发和利用力度以及出台了相关的支持新能源产业的政策，但新能源产业发展整体上还存在关键技术有待突破、过剩产能仍需消化、能源管理体制机制有待进一步理顺等突出问题。目前影响中国新能源开发利用和新能源产业发展的因素主要在于技术、产业、价格和投融资等方面。

（1）新能源产业的关键技术有待进一步提升。在氢能和风能的开发利用方面，美国等发达国家在国际市场占有和运营效率上优势明显；在太阳能薄膜电池研发方面，中国企业技术水平有待进一步提高；在液体生物质能、页岩气（油）及地热能方面，美国等发达国家的开采技术具有更强的市场竞争力。此外，受中美贸易摩擦等因素影响，中国新能源技术设备市场开拓受阻。

（2）过剩产能累积与新能源资源闲置并存。"三北"地区作为中国风光等新能源资源的富集区，不仅存在装机过剩产能难消纳的问题，而且由于前期持续性的政策性补贴促使新能源产业规模快速扩大，导致部分新能源产能出现过剩，出现弃光、弃风等现象。2019 年，中国西部地区的弃光电量约占全国的87%；弃风率超过 5% 的地区如新疆、甘肃、内蒙古，其弃风率分别为 14%、7.6%、7.1%。[①]

（3）能源管理体制不能适应产业发展需要。与传统化石能源相比，新能源在技术经济性等方面的竞争优势仍不够明显，需要充分发挥和运用市场调控机制，加快构建适应中国高质量发展的现代能源管理体制，而不是盲目发展大而全的新能源装备制造产业以及扩大新能源发电的装机规模，对新能源在中国整体能源结构中的科学占比和有序替代部分传统化石能源等方面也应有科学的体制设计。

（4）中国新能源发展的专门性法律尚缺乏。目前，中国的新能源产业发展管理由国家发展改革委下属的国家能源局负责，在现有新能源产业发展政策上，没有形成覆盖全产业链和全生命周期的政策体系，现已出台的相关鼓励性产业政策能够在一定程度上促使新能源产业形成规模和价格方面的优势，但从新能源产业长远发展考虑，需要针对性的法律来保障行业市场机制正常运行，监管相关的新能源开发、电网运营、研发和投融资机构等各方沿着健康有序的发展轨道参与实施运营。

此外，新能源的投融资情况和市场价格变化对新能源产业的发展具有较大的影响。当前，中国的新能源产业投融资渠道和手段还比较缺乏，尤其在产业引导基金、风险投资（VC）、私募基金（PE）、资本市场直接融资、碳交易、绿色信贷、资产并购等组合灵活运用方面，国内较西方发达国家的市场经验还比较欠缺。从产业链、技术链和资金链的视角分析，产业化前期的基础理论研

[①] 数据来源于国家能源局 2020 年 2 月发布的《2019 年光伏发电并网运行情况》，原文见 http：// www. nea. gov. cn/2020 – 02/28/c_138827923. htm。

究和技术研发阶段主要依靠政府财政支持，如政府引导基金、产业发展基金等；在技术逐步成熟和产业化初始阶段，VC 和 PE 开始逐步导入；技术定型和产业化规模化阶段，公募和并购等逐渐增加；大规模商业化运营阶段，直接融资、碳交易、绿色信贷等多种金融工具被资本市场开始广泛应用。政策实践上看，新能源产业是中国如期实现"30·60 目标"的重要载体和领域，细化出台和进一步优化相关的投融资领域政策，加大引入社会资本助力产业发展将是未来的趋势。

10.1.4　中国新能源产业发展政策建议

针对中国新能源产业发展存在的问题，结合新能源产业发展趋势，需要重视对相关核心技术的研发攻关，进一步优化产业布局，深化能源管理体制改革，强化新能源产业市场监管，处理好新能源与传统能源之间的接续关系，形成多元互补的能源结构。

1. 提升新能源科技水平

加强对新能源利用技术和相关基础材料、组建和先进储能技术等关键领域上的研发投入，特别是在晶体硅电池、碲化镉及硅薄膜电池产业化关键技术，智能化大型光伏电站、分布式光伏及微电网应用、大型光热电站关键技术，大型高空风电机组和远海风电场设计及建设关键技术，新能源制氢关键技术，生物质能源与化工关键技术，大容量储能、物理储能等关键核心技术方面进行产学研联合攻关，弥补中国新能源产业发展的短板。

2. 优化新能源产业布局

有序推进"三北"地区风光电等新能源基础设施建设，建立并加强对弃光（风）率额预警考核机制，鼓励新能源电力优先入网和就地消纳，并积极实现跨区外送。对现有的技术水平低下、设备老旧和运营效率较低的新能源电站分类进行整合、改造和提升。鼓励新能源示范市县和特色小镇等的创建，探索新能源开发收益共享机制，进而发挥新能源扶贫项目在脱贫攻坚与乡村振兴衔接过程中的积极作用。

3. 深化新能源体制改革

改革优化政府现有能源管理方式，突出在战略规划、产业政策、技术标准、运营规范等方面的科学制定和有效监管，减少对微观主体市场经营不必要的干预。加大对新能源产业政策激励措施的组合运用，明确新能源国有企业进入和退出行业的具体细则，为新能源产业的市场机制的充分发展提供更加具有竞争性的环境。

4. 强化新能源市场监管

对目前中国新能源产业政策性补贴进行优化，集中对符合 "30 · 60 目标"、产业集约高效、市场前景广阔的项目和企业予以重点支持。同时，继续深化能源国企的改革，加快解决制约电力并网的关键问题，对输配电价成本进行有效监管，强化对自然垄断环节价格调控和维持竞争性环节市场秩序。

10.2　智慧能源与能源互联网发展

10.2.1　相关概念介绍

1. 智慧能源

从系统论的观点出发，在能源系统内，由于能源生产供给单元与能源消费单元之间的信息不对称，导致能源利用率不高，需要借助现代信息技术实现系统内的信息有效互联。而基于现代信息技术和物联网等，能够准确获取能源数据，实现互联互通和通过大数据分析和云计算，确保能源系统运行更加高效、智能和低碳。从能源消费端看，用能者能够依托信息化的技术手段，实现更加精细的用能管理；从能源传输环节看，信息化和智能化的管理系统将大大提高能源传输的效能和安全性、稳定性；从能源供给端看，能源生产的信息化有助于能源的供需平衡。因此，可以认为，智慧能源是运用应用互联网、物联网等新一代信息技术对能源的生产、存储、输送和使用状况进行实时监控、分析，并在大数据、云计算的基础上，进行实时检测、报告和优化处理，以形成最佳状态的、开放的、透明的、去中心化和广泛自愿参与的综合管理系统，并利用该综合管理系统获得一种新的能源生产及利用形式。智慧能源具有系统性、安全性、清洁性、经济性等特点。可以认为，智慧能源是能源系统与信息系统的有机耦合，是特定意义的新能源与传统能源的综合体，是一个互动高效的智能能源系统。

智慧能源将煤电、油气等传统能源与风电、太阳能光伏等新能源节点通过分布式能量采集、存储与互联集成，以大电网为"主干网"，以微网、分布式能源等能量自治单元为"局域网"，实现了能源的双向流动、交换与共享，其将"互联网＋"等新一代信息技术融入能源系统的生产、存储、输送与消费的全过程，被喻为第三次工业革命新的基础，是实现能源保障、产业转型与环境改善有机统一的重要载体，旨在最终实现多种能源（电、热、冷、气、油等）与信息的互联融合、调度优化与高效利用，实现可再生能源与非可再生能源的物联耦合与集成互补，实现能源市场供需双方的开放对等与互利共享。

智慧能源满足技术创新、资源节约与环境友好等特征，符合新发展理念，是对原有能源供需、产业组织、网络运营等业态模式的变革创新，其发展将不仅加快高端装备制造（尤其能源装备制造）、新一代信息技术、新能源与新能源汽车、新材料、节能环保等战略性新兴产业的发展，也是煤电、石油、天然气等传统能源工业的转型实践，是传统能源工业与战略性新兴产业上下游产品互补耦合的新型产业体系。发展智慧能源产业对于资源转型和以能源工业为支柱的地区经济结构调整更加凸显产业驱动与示范引领。近年来，基于电力电子、新一代信息与智能网络管理等技术的智慧能源产业备受欧美等国及中国政府与企业的高度关注，该领域相关科研成果与工程实践也呈指数型增长态势。随着"互联网＋"智慧能源等技术的运用，未来智慧能源产业将催生出数十万亿规模的庞大市场。

2. 能源互联网

根据《关于推进"互联网＋"智慧能源发展的指导意见》，能源互联网，即"互联网＋"智慧能源，是一种互联网与能源生产、传输、存储、消费以及能源市场深度融合的能源产业发展新形态，具有设备智能、多能协同、信息对称、供需分散、系统扁平、交易开放等主要特征。由此可认为，能源互联网技术主要是依托于"互联网＋"、智慧能源、智能电网三大类技术群，重点包括电源技术、电网技术、储能技术、信息通信技术等，主要包括实体层、数据信息、运营平台三个层次（见图10-5），进一步细分后，具体又包括多能互补、综合能源系统、柔性输电、虚拟电厂、分布式能源、"能源＋大数据"、"能源＋区块链"、能量路由器、"能源＋分布式交易"、储能、电动汽车等（见图10-6）。

图 10 – 5　能源互联网系统结构示意图

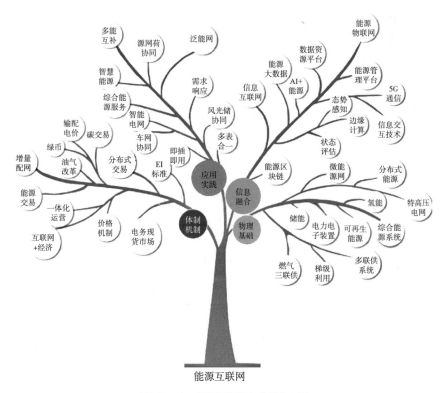

图 10 – 6　能源互联网 "概念树"

　　能源互联网系统是由材料技术研发、智能设备制造、智慧系统集成、专业物流销售、系统规划和建设运维、能源输配与能效管理、中介服务等要素集成。能源互联网产业是以价值为核心，智能为关键，包括基础性的内生产业、新兴及共生的外延产业和衍生性的服务性产业三大门类。

（1）内生产业类：能源互联网建设发展产生的基础性产业，包括相关的设备制造、储能、电子信息、新材料、传统能源化工、输变电与大电网、清洁能源等产业。

（2）外延产业类：能源互联网建设发展产生的相关联产业，包括新能源汽车、分布式制造、智能家居、电气元件、节能环保等产业。

（3）服务产业类：能源互联网建设发展产生的衍生产业，如现代金融服务、大数据管理、能源互联网运营维护、中介咨询服务、软件设计制造等产业。

总体来看，智慧能源与能源互联网的关系可以理解为：智慧能源产业侧重于产业链供给端的技术创新，以能源技术、互联网技术等为融合创新；而能源互联网更侧重于产业链需求端的融合组网，以用户解决方案为目的包含配套技术服务。二者都是以能源产业、现代信息技术等的发展为基础，有所交集，但侧重点各有不同（见图 10 - 7）。

10.2.2　政策标准制定

中国智慧能源和能源互联网产业整体仍处于起步和培育阶段，相关的政策主要涉及互联网与信息技术、能源、节能环保等领域，代表性的政策如《关于推进"互联网 +"智慧能源发展的指导意见》等，相关的技术标准尚不完善，代表性的标准为《IEEE 1888 智慧能源标准》及其 4 个子标准，是由中国提出，并成为全球能源互联网产业首个 ISO/IEC 国际标准。智慧能源的关键技术群涉及互联网、物联网、云计算和大数据等领域。

（1）互联网领域内的关键技术，如 IPv4 - IPv6 过渡技术、身份与位置分离技术、移动性管理技术、自主网络技术以及绿色 ICT 技术（信息通信技术）等。

（2）物联网领域内的关键技术，如射频识别（RFID）技术、传感器技术、传感器网络技术以及网络通信技术等。

（3）云计算领域内的关键技术，如虚拟化技术、分布式海量存储技术、海量数据管理技术、编程方式、云计算管理平台等。

（4）大数据领域内的关键技术，如大数据的采集、预处理、存储及管理、分析与挖掘，以及大数据展现、检索、可视化与安全管理等。

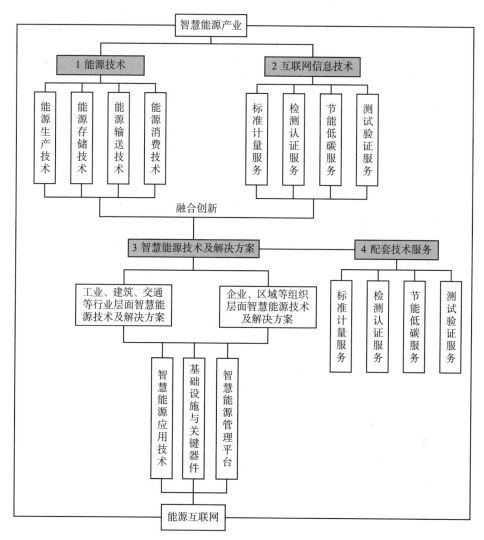

图 10 - 7　智慧能源与能源互联网的关系

　　中国的智慧能源产业是以能源产业为基础，并基于 ICT 技术（信息通信技术），在产业链构成上呈现为上游产业链与物联网等信息技术产业高度融合，下游产业链与能源技术产业高度融合，同时大数据存储服务及互联网信息技术是上下游产业链结合的新兴产业。目前，中国智慧能源产业服务包括智慧能源测试与验证服务（用能设备效能测试与验证服务、信息技术产品互通性测试与验证服务）、智慧能源节能服务（合同能源管理、节能减排效果评价）等。同时，中国智慧能源产业发展也面临着一些问题。

（1）智慧能源相关的概念、标准、规范等缺乏统一，理解差异与商业炒作并存。

（2）行业准入门槛较低，缺乏市场监管，企业多以混业经营为主。

（3）行业内较为成熟的项目案例缺乏，多数项目仍"摸着石头过河"。

（4）行业内垂直整合容易导致市场垄断，不利于竞争。

"十三五"期间，国家发展改革委和国家能源局陆续出台了包括《组织实施"互联网＋"智慧能源（能源互联网）示范项目的通知》《关于推进多能互补集成优化示范工程建设的实施意见》《关于申报多能互补集成优化示范工程有关事项的通知》《推进并网型微电网建设试行办法》《有序放开配电网业务管理办法》等相关政策，为推动中国能源互联网健康发展提供了政策依据。

10.2.3　建设发展概况

中国建设发展能源互联网的主要目的是适应未来能源需求和可持续发展的目标。目前，主要在新能源微电网、增量配电网、多能互补优化集成、能源互联网等四类进行试点示范。这四类试点项目各有侧重：新能源微电网突出可再生能源的高比例消纳，增量配电网侧重体制创新，多能互补集成优化侧重多能流的融合，能源互联网则侧重能源互联网前沿技术的创新。目前，中国能源互联网行业注册企业超过 4 万家，市场规模约 1 万亿元，复合增长率约为 8%，已成为资本市场的投资热点之一。能源互联网产业的市场主体大致有四类。

（1）传统能源生产企业。这类企业实力雄厚、技术、资金、人才聚集，商业运营经验和网络渠道成熟，是该产业发展规划的中坚力量，如中石油、中石化、国家电网等。

（2）新能源开发企业。这类企业技术较先进、创新度较高、运营灵活效率较高、更能够适应政策导向需要，代表着能源产业转型升级的方向，如远景能源、新奥能源等。

（3）互联网技术企业。这类企业拥有能源互联网的关键技术优势、平台运营管理经验和客户资源丰富，是该产业发展的重要组成，如腾讯、阿里等。

（4）关联产业跨界企业。这类企业跨界经验丰富、对相关技术的推广应用和社会资本融资具有一定优势，有利于产业多元化发展，如比亚迪、蔚来汽车等。

结合"30·60目标"与智慧能源和能源互联网产业发展规划可以看出，2030 年之前，智慧能源和能源互联网处于起步期，主要以基础性理论研究和部分关键技术的初步应用为主；2030～2045 年将是智慧能源和能源互联网产业的快速发展阶段，随着产业相关的技术群得到突破，该产业将得到规模化发展；2045 年之后，智慧能源与能源互联网产业将更趋成熟（见图 10 - 8）。

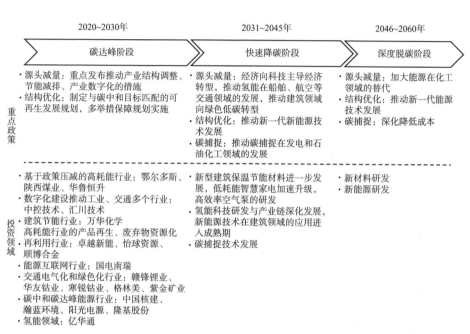

图 10 - 8　"30·60 目标"下中国能源政策导向和主要投资领域预判

来源：国金证券研究所根据公开信息整理。

10.2.4　典型实践案例[①]

1. 海尔能源信息化总控项目

（1）项目背景。随着企业能源管理信息化的快速发展，海尔集团原有的能源管理模式在能源调度和管控自动化水平方面已不能满足集团生产和经营的需要，主要的问题表现在：能源从输入到使用的各个环节使用效率不高，能源综合利用水平有待提升；能源平衡调度信息缺乏，能源的产生和使用过程综合利用效率低；能源系统运行稳定性有待提高，异常情况下的调度手段单一，反

---

① 案例素材来源于上市公司公告、已公开发布的新闻稿等。

应速度慢；能源设备装备水平低，与公司所需的生产格局不相匹配；关注局部工艺技术节能，工序间联系较少，没有"系统节能"的科学技术评价和节能效益评价平台体系，不能达到最终的节能效果。

为了进一步提升企业综合管理能力，降低生产成本，减少能源消耗，提高生产效率，适应现代化企业对能源管控体系的要求，能源公司通过审慎决策投资建设集团能源信自动化总控项目，建立了一套集过程监控、能源管理、能源监控为一体的信息化能源管理系统，对全国 13 个海尔工业园区的水、电、天然气、蒸汽、压缩空气等进行统一监控和集中管理。

（2）典型功能单元。在功能层次上，集团能源管理中心系统基本架构包括下列三个部分。

集团总部能源管理：主要实现能源数据管理、统计、分析、预测等功能，包含数据关系数据库服务器、应用/Web 服务器、操作员站、工程师站、打印机、时钟同步系统等。

园区能源监控与调度层：主要是收集各事业部底层数据采集层传送的信息，并对采集的数据进行实时显示、统计分析、趋势记录和报警，实现对该园区各种能源介质的生产、输送、消耗流程的实时监控和调度。它由数据采集/实时数据库服务器、Web 服务器、操作站、工程师站、打印机等组成。

各园区现场数据采集系统：主要实现该公司现场能源数据的采集，并上传给园区能源监控与调度系统。数据采集系统主要由能源数据传输网络和现场的数据采集站组成。

（3）关键核心技术。该系统关键在于对海尔集团在全国 13 个工业园区各个子系统进行扁平化能源监控与管理，完善能源计量仪表、合理分布能源计量点、自动精准采集能源数据，并完成能耗数据的预测、分析，优化能源调度，降低能耗成本，把控能源症结点，及时发现能耗弊病、发掘节能潜力，同时为管理层提供投资回报率计算、节能改造、节能制度制定等决策参考。

（4）创新与效益。系统在中心配置基于集群技术且可实现互为冗余的实时数据库服务器，实现对整个能源系统的数据采集和控制。项目通过信息化能源管理系统手段，提高了集团生产计划及能源利用的合理性，降低了企业能源消耗，每年可取得 2%～5% 的直接经济效益，且进一步提高了企业的生产调度、能源计量、财务管理、绩效考核等自动化、信息化管理水平。

2. 苏州工业园区能源互联网示范项目[①]

（1）项目背景。为落实《关于推进"互联网＋"智慧能源发展的指导意见》和《国家能源局关于组织实施"互联网＋"智慧能源（能源互联网）示范项目的通知》等有关要求，作为中国首批 55 家"互联网＋"智慧能源（能源互联网）示范项目之一，苏州工业园区于 2017 年 6 月正式启动了能源互联网示范项目，旨在推进苏州工业园区开展开放创新综合试验，对于促进新时期工业化与信息化的深度融合，以及创新智慧城市发展模式和提升城市综合治理水平等具有重要意义。

该项目从夯实能源互联网基础设施建设、推动多能协同综合能源网络建设、营造能源互联网生态体系三个维度，鼓励园区企业主动推进能源网络与物联网之间信息设施的连接与深度融合，支持对电网、气网、热网等能源网络及其信息架构、存储单元等基础设施进行协同建设。针对电力需求侧管理，鼓励工业企业、大型公共建筑开展能源管理中心建设，建设基于互联网的信息化服务平台，普及智能化用能监测和诊断技术；针对参与售电交易的园区电力用户应主动参与电力需求侧管理系统建设，并对接园区低碳能源公共服务平台。

（2）典型功能单元。该项目的核心功能单元之一是月亮湾能源中心，由中新集团下属的中新远大能源服务有限公司于 2010 年初投资建设，并于当年 8 月建成投运。该中心作为江苏省首例大型非电空调、区域集中供冷项目，月亮湾能源中心总投资 1.63 亿元，供冷总装机容量 3 万冷吨，规模全国最大。项目一期装机容量为 1 万冷吨，供热能力为 35 吨/小时，配套管网长约 12.1 千米，供热管网覆盖科教创新区 11 平方千米，供冷管网覆盖月亮湾及周边区域。2018 年，实施二期扩容，新增供冷装机容量 5000 冷吨，于 2019 年投运。2020 年，供热二期启动扩建，扩建后管网供热能力将由 35 吨/小时提升至 90 吨/小时。中心通过智能化的运营系统，标准化的能源管理体系、安全生产体系、质量管理体系为区内用户提供更加高效、节能、安全、绿色和个性化的能源服务。目前，区内签约供能用户超过 27 家（次），覆盖学校、酒店、公寓、写字楼、商业中心、数据中心、生物医药研发企业等生产和生活配套设施。

---

① 中新集团. 绿色创新　冷暖城市　苏州工业园区月亮湾能源中心投运十周年［EB/OL］. http：//www. cssd. com. cn/index. php/Home/Mb/xwcontent？id = 2931. 苏州工业园区管理委员会. 关于全面推进苏州工业园区建设国家能源互联网示范园区的通知［EB/OL］. http：//public. sipac. gov. cn/gkml/gbm/jfj/201711/t20171108_638047. htm.

（3）关键核心技术。月亮湾能源中心是以热电厂的余热蒸汽为动力，在实现区内热、电、冷三联供的同时，发电厂的余热蒸汽通过管网经能源中心输送至用户，实现供热，以蒸汽为动力驱动溴化锂制冷机组实现制冷。作为能源中心"心脏"的溴化锂机组内的溴化锂溶液通过蒸汽热能加热，产生水蒸气，冷凝后的水进入低温筒高真空环境骤然降温，最终形成水温为6℃的低温冷水，低温冷水通过地下管道被输送到各建筑的用户端，通过能量交换，吸收建筑内热量实现制冷；吸收热量的低温冷水变成12℃的"回水"从用户端返流至能源中心，再次循环利用产生低温冷水被输送出去。该能源中心取代分散的独立空调设备，用户无须单独安装空调，像用自来水一样，通过控制管网开关即可接收冷/热源。该中心通过智能化控制系统，实现了一次能源梯级综合利用，能源综合利用率达到70%以上，是传统方式的2倍以上。

（4）创新与效益。该项目创新多领域能源大数据的集成融合，支撑电、冷、热、气、氢等多种能源高效存储、智能协同的基础设施建设，通过开展区内能源微网建设，提升可再生能源、分布式能源及多元化负荷接纳比例，促进灵活多样的用能行为，进而推动能源网络分层分区互联和能源资源的全局管理，支持终端用户实现基于互联网平台的平等参与和能量共享。能源中心还使单栋建筑物对电力的依赖与需求大幅下降，实现与能源主网的互补，平衡电力夏季峰谷差，用对环境安全无害的溴化锂作为制冷剂，有效减少对大气臭氧层的破坏。此外，该项目积极探索能源、设备、服务、应用的资本化和证券化，为基于"互联网＋"的B2B、B2C、C2B、C2C、O2O等多种业态商业模式创新提供平台，探索面向绿色能源、分布式能源的众筹、PPP等投融资手段，以及基于互联网平台的绿色证书交易与结算模式，实现绿色证书在资本市场上交易，促进能源就地采集与高效利用。

该能源中心在建设时，实现了能源中心、大型公交首末站和社会停车场三项基础设施"三合一"，土地节约率达47.6%。投运后，使月亮湾核心区域空调设备装机容量下降20%～25%，节约用户机房面积约1万平方米和屋顶面积约1.5万平方米，有效提高了城市和建筑空间的利用率。仅此一项就节约社会总投资4500万元，每年为用户减少约400万元的运行维护费用。投运以来，该中心累计供冷10.8万兆瓦，供热45.5万吨（折合标煤约3.39万吨），减排二氧化碳约8万吨、二氧化硫约700吨、氮氧化物约700吨，有效缓解了城市热岛效应，实现了经济效益、环境效益和社会效益的有机统一。

第 11 章

新时期中国能源金融发展概述与案例分析

11.1 能源金融相关主题概述

11.1.1 能源金融

国内外对于能源金融的界定存在一定的差异。国外研究主要关注与能源领域的投融资机制、能源价格机制、能源金融衍生品等相关内容。国内相关研究起步较晚，主要始于 2004 年，尤其是 2007 年之后，钱瑞梅（2007）、付俊文（2007）、刘传哲（2008）、何凌云（2009）、李忠民（2009）等学者进行了专门研究，涉及能源金融衍生品市场、能源金融风险、能源金融分析框架等。国内能源金融相关研究多以综述类文献回顾与研究进展，专题类的文献多与产业、市场、风险等关联。目前对能源金融的研究范围主要涉及产业经济和金融市场两个维度，前者侧重于经济运行、发展模式、投融资体制、政策规划等，后者侧重于金融衍生品、金融风险、定价机制等。

综合既有文献来看，能源金融（energy finance）可理解为一种新的产业与金融耦合经济形态，由能源企业与相关金融机构和其他相关部门创造、流通、交换和使用相应产品与服务的经济活动，从全球范围来讲，也是在国际能源市场与国际资本市场相互渗透融合的新经济业态。同时，根据发达国家的经验，能源金融的发展依托于国家的能源战略和金融安全，近年来在应对全球气候变化方面的作用更加积极明显。

11.1.2 煤炭金融

煤炭金融是指围绕煤炭产业链产、运、供、销、用等相关环节经营活动而产生的一系列金融产品与服务，其核心是通过金融市场完善煤炭市场的价格发现与风险防范功能。目前，煤炭期货交易市场相对更加成熟，场内交易的代表是美国阿巴拉契亚中心山脉煤炭期货（CAPP），场外交易的代表欧洲期货。煤炭资源在中国能源资源的基础性支柱地位，以及资源的不可再生性和行业的投资规模大、回报周期长等特点，决定了煤炭金融的具有明显的价格变动周期性、金融产品多样性、产融联系的紧密性等特征。目前，煤炭金融产品与服务包括股权融资、债权融资、资产管理、风险管理等。国际上目前仍运作的煤炭交易场所有美国纽约商业交易所、英国伦敦洲际交易所，国内现已形成了包括太原煤炭交易中心、秦皇岛煤炭交易中心等区域性的煤炭交易场所。

11.1.3 油气金融

自 20 世纪以来，世界石油的产地主要集中分布于中东和俄罗斯等地，石油消费的重心逐渐从欧洲、北美和日本向亚洲的中国和印度等地转移。目前国际原油市场以现货、期货和远期等交易方式为主的市场体系，同时，对原油市场的操控组织经历了从早期的欧美跨国公司垄断经营、世界石油输出国组织（OPEC）定价体系、多元化的国际石油市场、新兴经济体壮大下的世界石油市场。

天然气是一种高效、清洁的化石能源。自 20 世纪 90 年代中期以来，全球的天然气产量和消费量逐渐上升，亚洲和中东地区的天然气产量和消费量增长了 2 倍以上。国际天然气市场与石油市场的明显区别在于，原料气的物理性质决定了低成本储存相对困难、原料气的输配管网系统相对固定且容易形成市场垄断。目前的天然气输配主要通过管网输送和液化天然气（LNG）运输两种方式。目前，全世界天然气管道运输占世界天然气贸易量的约 2/3。2019 年，得益于长期较完善的能源基础设施管网，欧洲和独联体的管道天然气贸易量居第一位，约占世界的 66%，中国的管道天然气消费量居世界第五位，约占世界的 6%（德国居世界第一位，占 13.6%）；受储运条件限制等因素影响，亚太地区对 LNG 的需求量较大，约占世界的 69%，中国的 LNG 消费量居世界第二位，约占 17.3%（日本居世界第一位，占 21.6%）。综合来看，2019 年中国的天然气消费量居世界第三，约占7.8%（美国和俄罗斯分列前二，分别约占21.5%和11.3%）。

从石油和天然气国际贸易的情况看，有必要依托国际金融市场实现油气的价格发现和风险防范。石油和天然气金融就是依托石油和天然气产业链的相关环节，并为其提供投融资、资金与资产管理和衍生产品与服务，是石油和天然气产业与金融业互动融合的新业态。与煤炭金融类似，除具有资本规模较大、投融资周期较长的特点之外，相对于煤炭金融而言，其金融衍生品更加多样化。除了传统的信贷和债券之外，供应链金融、信托基金、融资租赁等金融工具被越来越多地使用。此外，在传统的纽约商品交易所等进行场内交易外，诸如远期合约、互换、期权等一般性金融产品以及裂解差价期权、障碍期权、分享互换、基差互换、摆动互换期权等场外交易产品以及为实现价格发现和风险对冲而采取的相关手段较多。同时，对于油气金融衍生产品市场中存在的比较剧烈的价格波动进而导致风险在不同市场间的传导，更需要关注诸如现金流风险、信用风险和持仓错位风险等。

11.1.4　电力金融

电力行业是国民经济的重要基础性能源行业，电力金融与电力市场相伴随，具有电力设施建设周期长、投资规模大、难以大规模储存等特点。电力市场包括发电、变电、传输、配电、售电、终端用户等相关参与方。电力作为二次能源，其可由多种形式的一次能源转化而来，并且，电力系统网络较为复杂，在电力市场化改革条件尚不成熟的情况下，通常由国家垄断经营。电力市场化改革的重点在于运营模式和市场结构，关键是引入竞争机制和建立交易制度，通过市场竞价和价格杠杆来协调供需方平衡。

目前，电力金融市场主要服务于短期市场活动，帮助市场参与者进行电力储备及电力价格调控，其主要通过期货、远期、期权等金融衍生产品来实现电力金融市场交易。场内交易主要包括电力现货交易、电力期货和期权合约；场外交易包括电力互换、远期、差价等合约，以及电力障碍期权（barrier option）、回顾期权（lookback option）、亚式期权（Asian option）等。由于电力不可存储和实时平衡的技术特点，导致电力现货交易存在较大风险，此外，发电厂商的寡头垄断也极大地影响了远期合约。鉴于电力金融市场风险的存在，需要发电厂商、电网公司、配电商和用户等各参与方根据实际情况采取一定的避险策略。

11.1.5　相关金融

能源金融是能源及其相关实体产业与金融资本耦合的产物，主要源于世界能源结构逐渐变化，应对能源供需矛盾、能源战略安全和与生态环境问题等的需要。就中国而言，主要是为推进能源革命、能源结构调整和实现节能降耗和应对环境污染等，与国际能源市场接轨产生的新兴金融业态。当前，发展能源金融的主要内容之一就是实现能源清洁化和加快推进清洁能源的使用，与能源金融相关的其他主题金融包括环境金融、绿色金融、碳金融、气候金融、可持续金融等。

1. 环境金融

切斯尼（Chesney，2013）等认为，环境金融是在节能、污染物处理处置、生态建设等相关领域的公共和私人部门的投融资活动；索尼亚等（2014）认为，环境金融是人类为应对环境问题，将环境管理、环境规制与经济活动的表现逐渐融合，运用市场化手段的投融资活动体系。曹爱红（2012）认为，环境金融是金融业在环境活动中要体现环境意识，注重对生态环境的保护和污染的治理，并通过其对社会资源的引导作用，促进经济发展与生态协调，具有时代性、融合性和复杂性等特点。

2. 绿色金融

根据《中国人民银行　财政部　发展改革委　环境保护部　银监会　证监会　保监会关于构建绿色金融体系的指导意见》对于绿色金融的定义：为支持环境改善、应对气候变化和资源节约高效利用的经济活动，即对环保、节能、清洁能源、绿色交通、绿色建筑等领域的项目投融资、项目运营、风险管理等所提供的金融产品与服务。

3. 碳金融

碳金融来源于《京都议定书》等应对气候变化相关国际政策，是与温室气体减排相关的项目投融资和碳排放权交易等金融活动。联合国环境规划署（United Nations Environment Programme，UNEP）将其定义为：任何专门与减少温室气体排放相关的投融资，且其支持下的项目能够直接表明可测量的碳减排或碳当量。

4. 气候金融

联合国环境规划署（UNEP）将气候金融定义为：气候金融与联合国应对气候变化框架公约相关联，该投融资活动可减少排放，同时允许各国适应气候变化以及减缓气候变化带来的影响。哈里森（Harrison，2020）等认为，气候金融就是旨在缓解和应对气候变化的全球和区域公共和私人部门的投融资活动。

5. 可持续金融

根据国际资本市场协会（International Capital Market Association，ICMA）的《可持续金融概要释义》，可持续金融是包括气候、绿色金融和社会责任金融，并考虑被融资机构长期经济发展的可持续性，以及整个金融体系的作用及运行稳定性等更广泛的内容。马骏（2017）认为，可持续金融来自可持续发展概念，主要是指帮助经济社会实现可持续发展的金融手段和体系。

综上可知，环境金融侧重于从生态环境的保护角度出发的投融资活动；绿色金融不仅涉及生态保护和污染治理，也包括传统能源的清洁化和清洁能源利用等方面；碳金融则侧重于从减碳和脱碳角度出发，是一种可计量的减碳和脱碳的投融资活动；气候金融则从应对气候变化角度出发，对符合《巴黎协定》规定有助于温室气体减排目标实现的投融资活动；可持续金融的外延更宽泛，涵盖了上述主题，并且包括社会责任投资和环境、社会公司治理投资（ESG），以及经济与金融稳定性的金融体系框架。能源金融是实体产业与金融资本两个方向的互动耦合业态，兼具有产业的实体性特征和金融的虚拟性特点。与能源金融相区别，上述其他相关主题金融并不限定所涉及的具体行业，共同之处都涉及环境保护与可持续发展领域，是以金融业为核心的新兴金融业态，如发挥绿色金融助力光伏产业发展，发挥碳金融助力传统重化企业之间的碳配额交易，发挥环境金融为污水处理厂建设融资服务功能等，只有当金融工具与具体的实体产业有机结合，才能充分发挥金融服务实体经济的功能。

11.2 中国能源金融发展现状

能源产业具有技术和资金双重密集的特性，且在投融资方面也具有高风险和高回报的特征，同时，其市场国际化非常明显，是典型的"四高一化"产业。20 世纪 70 年代之后，以石油和美元紧密挂钩为主要特征的国际能源金融市场逐步形成，它是跨国能源企业和金融机构竞相角逐的主要平台。长期以来，中国是以煤炭为主的能源结构，加之受国家发展战略和宏观经济政策导向等因素影响，在能源产业与金融资本结合方面，参与国际能源市场竞争的时间较晚、经验较为缺乏。作为一种新兴的产融结合形态，能源金融实现了能源产业与金融资本的有机融合与双向渗透，产业需要金融资本注入而不断扩大规模，金融资本需要依托实体产业规避金融风险和保持资本健康，二者的有机结合是实体经济与虚拟经济融合的客观需要和必然结果，对建设现代化经济体系和实现高质量发展具有积极作用。

改革开放之后，特别是近年来，中国的能源企业不断发展壮大。2020 年《财富》杂志评选出的世界 500 强企业，前 20 位企业中炼油、采矿和原油生产、公用设施以及能源等均属于广义上的能源行业，其上榜企业数量在各行业中排名第一。世界 500 强企业前 10 位中，能源企业占据 6 席；前 5 位中，有 4 家是能源企业。该榜单中，中国的上榜能源企业共 23 家，约占世界上榜能源企业的30%，包括排名第 2 位的中国石油化工集团、第 3 位的中国国家电网公司、第 4 位的中国石油天然气集团等。在世界前 100 强企业名单中，中国占据 25 席，这其中，能源类企业占 4 席，金融类企业占 6 席，二者之和占中国上榜企业的40%。

11.2.1　中国煤炭交易市场发展现状

1. 煤炭现货交易

经过多年来的发展，目前中国的煤炭交易市场主要由现货交易和期货交易、期权交易等市场组成。中国（太原）煤炭交易中心是 2007 年 10 月由国务院批准在原太原煤炭交易市场的基础之上成立的国家级煤炭交易中心，是目前国内交易量最大、交易额最高、注册交易商最多的煤炭现货交易市场。目前已拥有注册交易商超过 1.6 万户，遍布国内 31 个省市区。2020 年，其与中国太原煤炭交易中心有限公司一起注入晋能控股集团，成为晋能控股集团六个子公司之一。当年，共组织市场化交易 1376 笔，成交量 2480.87 万吨，成交金额74.62 亿元，为委托方增加收益 5.36 亿元，吨煤平均溢价 21.61 元，单场吨煤溢价最高 207 元。①

---

① 晋能控股集团. 做强"中"字头交易品牌，建设全国一流现代能源综合服务平台 [EB/OL]. http://k.sina.com.cn/article_3166408067_bcbb8d83001020rka.html.

煤炭交易价格指数是反映煤炭交易市场行情和预测未来走势的"晴雨表"。作为中国首个煤炭主产地交易价格指数——中国太原煤炭交易价格指数（CTPI）自 2013 年 5 月正式对外发布，2016 年 7 月，进行了升级优化，形成了目前的中国太原煤炭交易价格指数体系（CTPI - 2.0），较之前丰富了指数结构体系、强化了价格采集体系构建、进一步增强了指数的定价参考功能、优化设置了模型、基期、类别权重等、发布渠道更加多元化。2015 年 1 月至 2021 年 4 月的太原煤炭交易中心的数据显示，2015 ~ 2016 年上半年，煤炭交易价格综合指数较低且呈明显下降趋势，2016 年下半年开始明显上升至 2016 年底至 2021 年 4 月基本保持在 120 ~ 140 的范围，其中，受 2020 年上半年新冠肺炎疫情等因素影响出现一定程度的下降，2020 年下半年随着宏观经济逐步有序恢复，煤炭交易价格综合指数明显回升至 140 左右。此外，结合动力煤、炼焦用精煤、喷吹用精煤、化工用原料煤等交易价格指数来看，煤炭交易价格综合指数受动力煤交易价格指数影响较大（见图 11 - 1）。

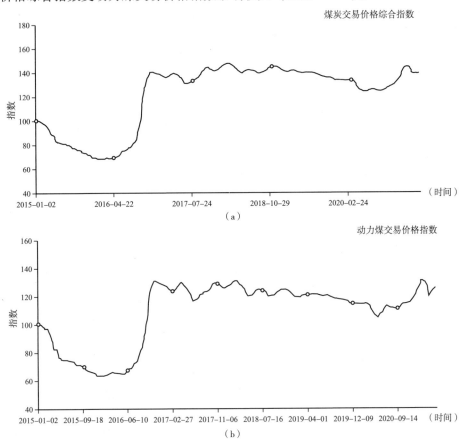

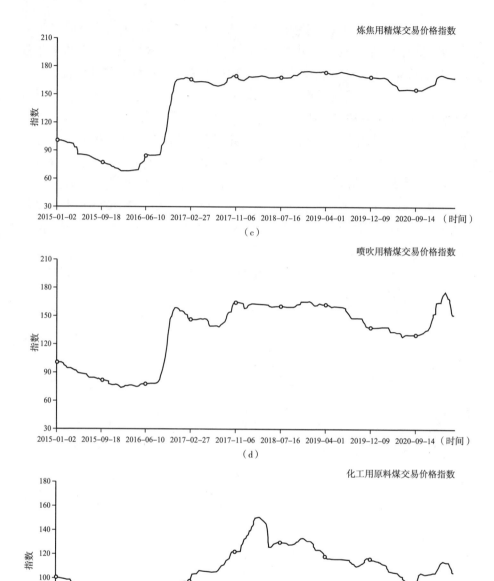

图 11 - 1　2015 年 1 月至 2021 年 4 月中国太原煤炭交易价格指数（CTPI - 2.0）

资料来源：中国太原煤炭交易中心。

2. 煤炭期货期权交易

从广义上讲，以发电、机车推进、锅炉燃烧等为目的产生动力而使用的煤炭都属于动力用煤。动力煤主要包括褐煤、长焰煤、不黏结煤、贫煤、气煤以及少量的无烟煤。中国的动力煤产量占煤炭总产量的 80% 以上，中国动力煤消费的 60% 以上用于火力发电；其次是建材用煤（其中，水泥用煤量最大），约占动力煤消耗量的 20%；其余用于冶金、化工及民生等领域。

郑州商品交易所（简称"郑商所"）成立于 1990 年 10 月，是国务院批准成立的首家期货市场试点单位。目前上市交易商品包括粮、棉、油等各类农产品和动力煤等非农产品共计 23 个期货品种和 6 个期权品种。至 2020 年，郑商所累计成交量为 17.01 亿手，成交金额为 60 万亿元。[①] 郑商所动力煤期货合约交易遵循贴近现货市场实际、依循期货市场规律，方便现货企业套期保值，兼顾期货市场的流动性等原则。动力煤期货交易的交易单位为 200 吨/手，采取交易所指定交割地和实物交割，具体主要采用车（船）板交割为主、厂库标准仓单交割为辅的方式进行，动力煤期货日涨跌停板幅度为上一交易日结算价的 ±4%，一般月份最低交易保证金为合约价值的 5%，并实行强行平仓制度。通常交易者可采用投机、套利和套期保值三种模式，面临政策、资金、市场、交易、基差等风险。

动力煤期货是中国最大的非农期货品种，被喻为"期货航母"，是能源产业与金融资本结合的典型产物之一。郑商所动力煤期货交易数据显示，2019 年 4 月至 2020 年 11 月期间，其动力煤期货合约的日成交量基本保持在 50 万手以内，主要受疫情影响，2020 年一季度日成交量出现萎缩，随着国内复工复产，当年二季度开始其明显恢复至上年同期水平。2020 年 12 月以来动力煤期货合约的日成交量增长迅速，2020 年 12 月 11 日达到 199 万手的历史最高值，2021 年一季度基本保持在 50 万 ~ 100 万手，2021 年 1 月较上年同比增幅达到 859%，反映出，近期中国动力煤期货合约交易异常活跃（见图 11 - 2）。

[①] 郑州商品交易所. 郑州商品交易所简介 ［EB/OL］. http：//zisp. czce. com. cn/zisp/gywm/zssjs/H780501index_1. htm.

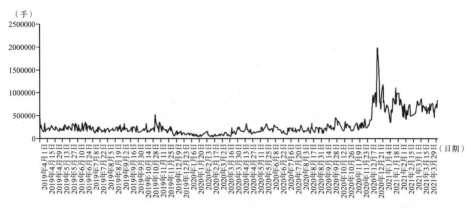

图 11 - 2   2019 年 4 月至 2021 年 3 月郑州商品交易所动力煤期货合约成交量

资料来源：郑州商品交易所。

　　动力煤期权交易的标的物为动力煤期货合约，属于商品期权。根据期权行权的基本原理，动力煤看涨期权买方行权可以获得动力煤期货多头部位（买持仓），动力煤看涨期权卖方履约可以获得动力煤期货空头部位（卖持仓）；动力煤看跌期权买方行权，可以获得动力煤期货空头部位（卖持仓），动力煤看跌期权卖方行权，可以获得动力煤期货多头部位（买持仓）。[①] 2020 年 6 月 30日，中国动力煤期权合约在郑州商品交易所正式挂牌交易，至此，中国衍生品市场上市的商品期权品种增至 13 个。郑州商品交易所采取每日申请行权和到期日自动行权的方式，并实行保证金、涨跌停板和限仓等风险控制制度。动力煤期权交易实行做市商制度，客户通过向做市商询价进行交易。动力煤期权品种能够进一步满足涉煤企业个性化和精细化的风险管理需求，降低企业套保成本。

11.2.2   中国油气交易市场发展现状

　　根据《国务院关于清理整顿各类交易场所切实防范金融风险的决定》，除依法经国务院或国务院期货监管机构批准设立的从事期货交易的原油交易场所外，任何单位一律不得以集中竞价、电子撮合、匿名交易、做市商等集中交易方式进行标准化合约交易。因此，目前国内不允许私自开设原油天然气现货交易场所。

---

　　① 郑州商品交易所．动力煤期权交易实务 ［R/OL］. http：//www. czce. com. cn/cn/rootfiles/2020/06/24/1593525038138595 - 1593525147585148. pdf.

2017 年 5 月中共中央、国务院印发的《关于深化石油天然气体制改革的若干意见》中提到"积极支持上海石油天然气交易中心、上海期货交易所等交易市场发展，加快国际能源交易中心建设，形成公平规范的现货期货交易平台，逐步扩大交易品种，在交易规则等制度安排上逐步与国际成熟市场接轨。"可以说，上海石油天然气交易中心（简称"交易中心"）和上海国际能源交易中心股份有限公司（简称"上期能源"）是中国石油天然气交易市场的重要组成，前者侧重天然气现货交易，后者侧重原油期货交易，进而实现期现联动、优势互补。

交易中心成立于 2015 年，是由新华社、中石油、中石化、中海油、中国燃气等十家股东共同出资成立的有限责任公司，主要开展石油、天然气等能源产品的现货和中远期交易、交割、结算等相关业务，实行会员制。交易中心于 2016 年 11 月正式运行，目前，上市品种主要包括管道天然气和液化天然气（LNG）的挂牌和竞价，发布的指数主要包括中国 LNG 出厂价格全国指数和区域指数、中国汽柴油批发价格、中国 LNG 综合进口到岸价格指数、中国原油进口到岸价格指数、中国液化丙烷（LPG）综合进口到岸价格指数等。

作为国家级能源交易平台，交易中心按照"先气后油、先现货后中远期、先国内后国际"，在期现联动和国际化发展上做出了积极尝试和有益探索。2019 年，其双边天然气交易量突破 800 亿立方米，同比增长 33%，居亚太地区天然气现货交易首位，交易模式不断创新，交易品种不断丰富。同时，中心交易现有会员约 2600 家，国内主要的燃气企业均已成为交易中心会员，境外会员包括壳牌、埃克森美孚、喜威等国际知名企业。[①]

上期能源成立于 2013 年，是经过中国证监会批准，由上海期货交易所发起设立的面向期货市场参与者的国际能源交易场所，具备"合格中央对手方"（Qualifying Central Counterparty，QCCP）[②] 资格，其业务范围包括组织安排期货、期权等衍生品上市交易、结算、交割等业务，以及制定业务管理规则，提供相关市场信息、技术和设施等服务。目前，上期能源经营的能源产品相关业务主要包括原油和低硫燃料油期货交易、原油指数等，其会员分为期货公司会员和非期货公司会员，指定的期货保证金存入相应的存管银行（目前共有 13

---

① 上海石油天然气交易中心，许泽宇，田雪. 正式运行 4 周年，图说上海石油天然气交易中心 [EB/OL]. https：//www. shpgx. com/html/zxdt/20201201/3592. html.

② 中央对手方，即在期货交易达成后介入期货交易双方，成为所有买方的卖方和所有卖方的买方，以净额方式结算，为期货交易提供集中履约保障。

家）。上期能源化工期货价格指数和上期能源化工超额收益价格指数；就原油单商品指数而言，上海期货原油价格指数包含上期原油价格指数（SHFE Sour Crude Oil Commodity Index，SCCI）和上期原油超额收益指数（SHFE Sour Crude Oil Excessive Return Index，SCEI）。

自 2018 年 3 月上市以来，上海原油期货市场价格表现出了较强的独立性、坚韧性和自我修复能力，并逐步与国际原油期货接轨，其平均成交量和持仓量分别在 10 万手和 5 万手，特别是 2020 年以来，其成交量和持仓量明显上涨，境外参与度不断增加、市场功能显著增强、投资者的结构不断优化、发展势头良好。截至 2021 年 3 月，其境外客户遍布世界五大洲 23 个国家和地区，已有 68 家境外经纪机构在上期能源备案。①

上市三年，上期原油期货累计单边成交量达到 11319.66 万手、单边成交金额 44.10 万亿元。在美国期货业协会（FIA）公布的全球能源商品期货期权交易量排名中，上海原油期货居第 16 位，在原油期货中市场规模仅次于西德州中质原油（WTI）和布伦特原油期货（见图 11 – 3）。2020 年以来，受新冠肺炎疫情等多重因素的影响，国内外原油市场价格出现大幅波动，能源领域相关的实体企业为寻求避险，通过运用原油期货套期保值等工具，有效降低和规避了原油市场价格波动对自身经营可能带来的一些风险。

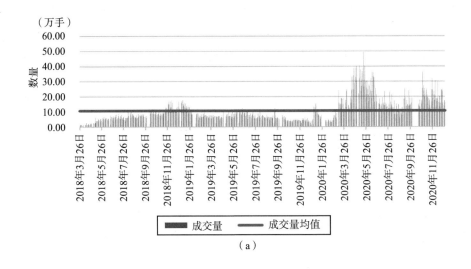

（a）

---

① 韩雨芙 . 原油期货上市三周年　市场功能发挥良好　价格独立性初现［N/OL］. http：//www. qhrb. com. cn/articles/287234. 上海期货交易所　上海国际能源交易中心 . 2021 上海原油期货市场发展报告［R/OL］. （2021 – 04 – 02）http：//www. ine. cn/upload/20210326/1616728056283. pdf.

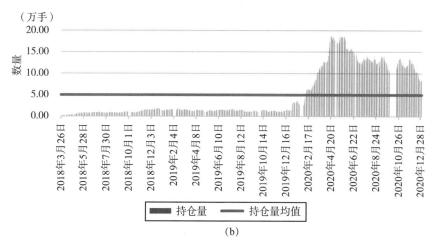

图 11 – 3 2018～2020 年上海原油期货成交量与持仓量

资料来源：上海国际能源交易中心。

从整体上看，石油产业链相关的生产企业与金融机构对上海原油期货交易的参与不断加深。此外，上期能源充分利用市场交易规则，通过适时动态调整涨跌停板、保证金、仓储费，及时扩大交割库容等措施，有效释放了市场风险，为全球原油价格重回理性平衡点发挥了积极作用，努力维护了期货市场的稳定，并为实体经济有效管理风险提供了屏障。

11.2.3 中国碳交易市场发展现状

碳交易市场是碳金融市场的前提和基础，前者是旨在发现价格、促进碳减排并力求减碳效果最大化而采取的一种市场化手段，由政府发放、管理碳配额和实行总量控制，企业通过市场进行碳配额供需交易；后者是前者发展到一定阶段的产物，以前者的标的物为基础资产进而产生的金融衍生品与综合业务，尤其在发挥金融市场的融资功能为低碳技术开发应用和低碳产业的发展等方面具有重要意义，其能够更好地促进前者发挥流动性功能。从国际碳市场发展的经验看，目前仍以碳期货交易为主。

为了积极有效地应对气候变化和推进能源革命，以 2011 年 10 月国家发展改革委《关于开展碳排放权交易试点工作的通知》确定在广东、湖北两省和北京、天津、上海、重庆、深圳等地（共计 7 家）开展碳排放权交易试点，中国碳交易实践正式开始。近年来，中国在碳市场体系、管理制度以及交易平

台建设等方面积极探索并取得了一些实践经验，例如，一些试点交易单位联合金融机构围绕区域碳排放配额及中国核证自愿减排额度（Chinese Certified Emission Reduction，CCER）现货，创新引入融资、衍生品、资产管理、基金、债券等金融产品和服务，基本包括三类：一是融资工具，包括碳质押融资和碳回购融资；二是衍生产品，目前主要以配额现货远期试点为主；三是其他金融工具，如借碳交易、碳托管、碳基金、碳债券、碳信托、结构性存款等在内的金融工具，尤其是碳配额托管，属于碳资产托管的一种形式，即生产企业将碳配额的资产经营与处置业务委托给专业机构进行管理运作，并分享其收益，进而实现碳资产的保值增值。与国外比较成熟的碳市场相比，目前国内的碳交易市场较为分散、规模不大、流动性有限，并且在碳交易品种、创新金融产品和服务等方面仍不足，部分碳金融创新产品的可复制性和可推广性不强。

2019 年，全国九个碳市场（7 家试点以及四川联合环境交易所、海峡股权交易中心）总成交量 1.31 亿吨，其中，配额成交量 8819 万吨，广州碳配额交易和配额成交金额均最多，分别超过 4500 万吨（占比 51.46%）和 8.5 亿元，上海当年和累计 CCER 成交量均最多（占比 35%，累计占比 43%）。① 由此可见，广东（广州和深圳）和上海的碳交易市场更为活跃、成熟（见图 11-4）。

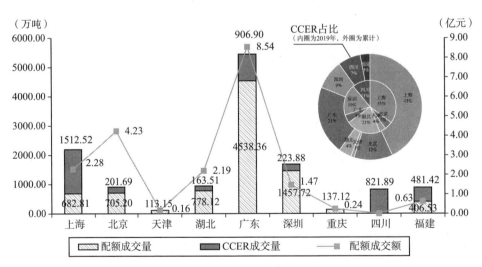

图 11-4 2019 年全国九个碳市场交易基本情况

资料来源：上海环境能源交易所。

---

① 上海环境能源交易所 . 2019 上海碳市场报告 ［R/OL］. https：//www. cneeex. com/upload/resources/file/2020/07/23/26361. pdf.

2021 年 1 月，中国证监会批准设立了广州期货交易所，成为国内第五家期货交易所和第一家混合所有制交易所，其中，香港交易所入股 7%，定位为新型期货产品交易，尤其是积极稳妥地开展碳期货交易业务，有别于郑州商品交易所（以粮、棉、油等农产品为主、还涉及能源、化工、纺织、冶金、建材等品种）、大连商品交易所（以玉米、大豆农产品为主，还包括油脂、塑料、煤炭、铁矿石等品种）、上海期货交易所（以金属期货为主，还包括原油、燃料油等能源化工领域品种）和中国金融期货交易所（以金融衍生品为主）。[①]随着中国 "30·60 目标" 及其相关各领域、各行业的路线图和实施方案的陆续出台，可以预见，"十四五" 国内开展碳市场和碳金融业务的速度将会加快并进一步与国际接轨。

11.2.4 中国能源金融发展的问题与对策

1. 中国能源金融发展存在的主要问题

（1）能源产业与金融机构互动互补不足。能源产业与金融资本的经营体系和运作机制缺乏协同，导致金融资本不能及时有效和准确地注入能源产业链发展的瓶颈环节。此外，受金融资本聚集度和企业运作经验所限，能源产业的生产主体集中在中西部地区，而有影响力的金融聚集区集中在东部地区和东南沿海，这种产融空间上的分离，容易导致产融结合方面的信息不对称和交易成本的增加。

（2）非公企业在能源金融领域发展滞后。能源产业作为资金和技术双密集型的产业之一，不仅需要技术创新，同样也需要金融支持。当前能源行业的国有企业主要依靠自身的财务平台和上市融资，而非公企业在清洁能源开发利用和节能减排领域发展势头良好，但融资能力相对较差，对于融资需求迫切，而受金融风险抗御能力等因素考量，金融机构对企业的信用风险抗御能力存在顾虑，导致这些企业仍被融资难融资贵等问题困扰，在很大程度上影响了中国的能源产业绿色低碳转型和实现高质量发展。

（3）参与国际竞争和金融创新不够充分。尽管中国能源企业在逐步 "走出去"，但参与国际能源市场竞争的程度有待进一步提高，尤其在应对气候变

---

① 广州日报，林晓丽、张露. 广州期货交易所揭牌成立 ［N/OL］. （2021 - 4 - 20）https：//gz-daily. dayoo. com/pc/html/2021 - 04/20/content_868_752634. htm.

化与碳中和等领域，对现代金融工具的理解和应用不够充分，在依托能源企业和能源项目，创新绿色金融、碳金融、气候金融、环境金融、可持续金融等工具，促进国内能源清洁化和清洁能源开发利用等方面的经验仍较缺乏，现代金融产品服务能源经济发展的动能不足。

（4）能源金融的风险防范能力有待增强。能源领域一些重资产项目对大额资金的需求容易产生较大的金融风险，企业对产业链供应链风险的防范意识不够强，措施比较单一，并且在应对未来可能的国际能源市场价格大幅波动、恶意投机乃至国际游击资本的蓄意操控等风险预警、应急和处置预案准备不够。

2. 中国能源金融健康发展的对策建议

（1）建立完善产融研协同共生机制。建立能源领域产业链、资金链、技术链协同共生机制，围绕能源产业链部署能源科技创新链，针对能源产业绿色低碳转型急需的技术瓶颈，加快产学研协同科技攻关；并针对产业链、技术链所需资金需求，加大资本市场直接融资比重；出台并完善配套政策，充分利用各级财政资金和境内外相关主题的产业引导基金、产业发展基金、VC、PE、债券等多元化的投融资渠道和平台。

（2）完善能源市场公平竞争的环境。不断优化营商环境和促进市场公平竞争，鼓励商业银行进一步降低非公企业（特别是中小微企业）和科创项目的信贷门槛、发挥融资担保、商业保理等地方类金融机构的服务功能，为非公企业参与新能源开发和能源清洁化利用等项目及时提供资金支持；并持续跟踪项目资金使用和做好后续资金需求服务与管理。同时，加大为能源领域的生产企业、金融机构、研发单位在主板、科创板等上市提供信息服务，根据拟上市企业的进展，给予不同程度的补贴和奖励。

（3）促进能源金融产品与服务创新。加强与国际能源企业和能源市场交流对接与合作，科学借鉴能源金融产品创新与服务管理经验，稳步推进煤油气的期现货交易市场建设，探索国际能源交易逐步使用人民币进行结算；以实现"30·60目标"及其实施方案为依据，围绕能源金融、绿色金融、环境金融、碳金融、气候金融、可持续金融等主题，在现有国家级交易中心有序发展能源现货、期货、期权等场内交易，审慎开展场外综合业务。

（4）加快能源金融风险防范体系建设。从应对能源市场价格剧烈波动、防范金融领域恶意投机和国际游击资本不利操控等方面，加强对能源金融风险的管理，制定并完善能源金融风险管理体系，完善能源期货市场风险控制制度和合理使用包括套期保值、期权合约等交易手段在内的风险规避措施，运用风险监测预警等技术手段，制定和完善金融突发事件应急预案和处置办法，进一步提高中国能源产业链供应链的现代化水平。

11.3　中国能源金融典型案例

11.3.1　极端事件下上海原油期货助力实体经济发展

受新冠肺炎疫情冲击，2020 年世界经济出现了不同程度的危机，加之"OPEC＋"会议就原油减产谈判失败等因素叠加影响，国际原油市场价格出现恐慌下跌，之后，随着国际原油减产协议达成、各国对新冠疫情逐步采取应对措施等，国际油价震荡上行。作为世界能源需求的大国，中国国内能源市场与国际能源市场相互关联互动愈发紧密，面对"黑天鹅"事件，应主动合理地运用相关金融工具和调控手段，保持国内能源交易市场的稳健运行，尽可能规避或减小外部风险的冲击，助力实体经济高质量发展。

1. 案例概述

中国原油期货市场经受住了疫情和国际油价下跌等因素的冲击与考验，上海期货交易所和上海国际能源交易中心通过采取包括适时调整涨跌停板、保证金、仓储费和及时扩大交割库容等措施，有效释放了市场风险，为保持国内原油期货市场稳定和推动国际油价回归合理区间发挥积极作用。全年累计成交量4158.6 万手，累计成交额 12 万亿元，日均成交量和持仓量分别占三大原油期货的 8.1％和 2.5％，分别较上年同比增长 1.4％和 1.8％。[①] 2020 年 6 月，上海国际能源中心被纳入欧洲证券及市场管理局（ESMA）的第三国交易场所交易后透明度评估正面清单中，[②] 这为上期能源进一步扩大在欧洲期货市场的影响力提供了重要支撑。

---

① 上海期货交易所，上海国际能源交易中心 . 2021 上海原油期货市场发展报告［R/OL］. http：//www. ine. cn/upload/20210326/1616728056283. pdf.

② 根据《欧盟金融工具市场条例》，欧盟成员国的投资公司参与该正面清单所列的第三国交易场所交易，无须通过"获批准的发布主体"（Approved Publication Arrangement，APA）另行开展交易后信息披露。目前，中国境内获此认可的还有中金期货交易所、郑州商品交易所和大连商品交易所，也反映出，我国能源期货交易市场建设运营逐渐融入世界。

2. 经验启示

从上期能源的经验可以看出，随着中国境内外石油企业和金融机构参与上期能源交易的意愿不断增强，通过机构和做市商的共同参与和作用，其原油期货的远月合约的流动性和抗御风险的能力不断提升；通过增加交割布点数量和扩充交割仓库库容的方式，使原油期货交割规模不断扩大；特别是新冠疫情暴发以来，随着中国国内率先复工复产，上期能源的国内原油期货价格较国际油价率先企稳，形成了明显的期限价差（见图 11 − 5），容易吸引做市商进行期货套利市场操作，尽管其可能会获得风险较小和较为稳定的回报，但同时，也存在由于价格偏差的持续扭曲，进而影响套利者的收益。

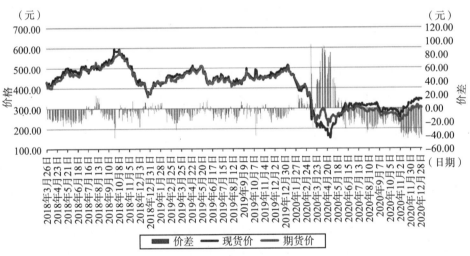

图 11 − 5 2018 ~ 2020 年上海原油期货交易的期限价差走势

资料来源：上海期货交易所、上海国际能源交易中心。

此外，上期能源还通过帮助原油实体企业建立等量的卖出头寸，有效管理价格波动风险；不断扩大原油期货交割库容，提升中国原油战略储备水平；积极推动原油期货仓单转让和转现，优化线或资源配置和推动保税现货贸易发展；在国内原油期货中率先实施结算价交易指令（Trading at Settlement，TAS），提高了套期保值的交易效率，有助于完善交易者结构和提高期货交易的流动性。

11.3.2　贵州贵安新区亚玛顿光电公司光伏贷项目[①]

中国现已成为全球规模最大的绿色债券市场之一，初步建立起了涵盖绿色信贷、绿色债券和绿色产业的绿色金融标准体系，并探索开发了包括绿色基金、绿色保险、绿色交易型开放式指数基金（exchange traded fund，ETF）、绿色资产支持证券（asset-backed security，ABS）和排污权交易等绿色金融产品，并建立了包括绿色宏观审慎评估体系（macro prudential assessment，MPA）、绿色再贷款、担保和贴息等的激励机制。

1. 案例概述

2018 年 7 月，由亚玛顿光电公司与贵州银行签约，在农户屋顶安装光伏组件，通过采取企业研发设计安装、农户自发自用（占发电量的20%）和余电上网（占发电量的80%）出售获益，助力农民脱贫。在该项目中，亚玛顿光电公司从贵州银行申请到 1 亿元光伏贷款，有效解决了光伏贷项目中农民与银行、企业间对接时因为信息不对称而可能导致的金融风险。项目运营后，农民不仅免费获得了自用电，还可每年从中获取售电收益 8341 元。

2. 经验启示

该项目中，贵安新区绿色金融港管理会采取了"企业 + 金融机构 + 中间管理层"的模式，通过增加中间沟通协调层，负责与农户联系，收集获取信息，解决了农村贫困地区在使用新能源过程中可能产生的费用负担问题，并有效解决了因信息不对称而导致的融资风险，使企业最终成功获得绿色贷款进而使项目顺利实施。

该项目是比较典型的新能源领域的产融研结合应用，光伏设备企业具备研发设计生产安装的能力，但在向分散农户出售和安装分布式光伏组件时，由于贫困地区农民经济承受能力有限，可能会存在一定的还贷逾期风险；通过设立中间协调层，降低了项目融资风险，加快了金融机构项目评估和提高了贷款审核通过率，进而为项目及时提供所需的信贷支持。此外，该项目将绿色金融与农村金融扶贫有机结合，同时，采用的光伏分布式发电系统是新能源与智慧能源

---

① 贵安新区报，王婉，王溶兰，兰国仙. 融资本　绿色发展添活力［EB/OL］. http：//www. gaxq. gov. cn/xwdt/gayw/201812/t20181221_2032601. html.

的有机结合。由该案例可以看出，有效规避或降低资金链风险，是保证产业链和技术链发展获得资金支持的关键，同时，符合产业导向和市场前景广阔的技术项目更能够获得金融资本支持，并且，也是促进实体经济健康发展的核心。

11.3.3　北京市碳排放权交易试点建设

自 2017 年国家发展改革委出台《全国碳排放权交易市场建设方案（发电行业）》以来，中国在碳交易市场建设方面不断探索。为推动"十四五"中国高质量发展和如期实现碳"30·60 目标"，2020 年 12 月，国家生态环境部发布了《碳排放权交易管理办法（试行）》以及后来出台的配额分配方案、重点排放单位名单等规范文件，这些政策规范的制定对于进一步规范碳排放交易市场活动和促进碳金融发展起到了重要的政策指引作用。

1. 案例概述

作为中国七个碳交易试点之一，北京市碳排放权交易试点自 2013 年 11 月开始运营，已初步建立起了区域性碳排放权交易市场，覆盖了火电、热力生产和供应、水泥、石化等工业和服务业领域。北京碳市场逐步建设成为了具有区域特色和多层次的碳排放权交易市场，并已形成了以碳排放配额和 CCER 为基础的多种产品共存的市场格局，在增强碳市场流动性、提高碳交易匹配率和激发市场活力等方面做出了示范。截至 2020 年底，各类产品累计成交近 6800 万吨，成交额突破 19.4 亿元。自 2013 年开市至 2020 年 12 月，北京碳排放配额（Beijing Emission Allocations，BEA）成交价格总体呈现走高态势，成交量从每年的春季开始逐步上涨，夏季达到高峰之后回落，2019 年春季至 2020 年底，成交价基本保持在 75 元/吨以上（见图 11 - 6）。

2. 经验启示

从北京市碳交易试点的经验[①]来看，其力争保持碳交易价格基本稳定合理，采取多元灵活的交易方式，推动交易主体多元化发展，并建设跨区域碳市场，制定了"1 + 1 + N"的政策法规体系，确立了碳排放核算报告与核查制度并严格落实监管措施，积极开展碳金融创新，不仅包括地方碳配额和 CCER，

---

① 国家应对气候变化战略研究和国际合作中心，刘海燕、郑爽. 北京市碳排放权交易试点总结 [R/OL]. http：//www. ncsc. org. cn/yjcg/dybg/201801/P020180920509252599376. pdf.

还将碳汇林和节能减排项目纳入其中，包括回购融资、置换等在内的多种交易结构日趋成熟，充分满足了各类交易主体的多元化需求。

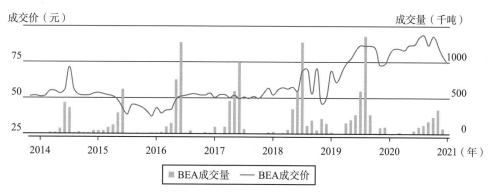

图 11 - 6　2013 年 11 月至 2020 年 12 月北京市碳交易基本情况

资料来源：中国碳交易网。

该项目体现了碳市场对城市能源结构优化和污染物减排的市场调控和金融撬动的效应，为顺利实现"碳达峰"和"碳中和"目标，强化区域的碳市场建设和碳交易管理，对于产业结构优化、环境质量改善和有效提高投融资效率和避免资源错配具有重要意义，同时，基于碳市场的碳金融业务创新也为地方现代服务业发展提供了多元化的金融工具。

第 12 章
结　语

12.1　主要结论

本书的主要研究结论归纳如下。

（1）为实现新时期中国能源经济高质量发展，需要从科技技术、经济学、系统科学的综合视角进行分析，能源科学技术的进步离不开基础理论科学和新材料、新能源、现代信息技术、能源装备制造等应用科学的发展；经济学为能源高质量发展提供了包括能源市场与价格理论、能源产业组织结构和布局理论、能源金融理论等理论指导，有助于中国建设现代能源经济体系；能源系统科学为能源经济发展提供系统组织管理与统筹全局发展的战略方法，并有助于能源领域相关的政策规制、经济调控、科技创新等更加精准有效和协调高效。

（2）能源经济转型升级的关键是能源结构调整和能源产业转型升级，二者的顺利实现离不开科技创新（科技）和金融资本支持（资金）。产业是主体，科技和资金是两翼。根据能源经济学的基本原理，在产业结构方面，传统能源与新能源的构成具有动态性和相关性，需要协调传统能源产业清洁化和新能源产业化的过程；在产业组织方面，传统能源的市场垄断性和新能源的市场竞争性在不断调整，但总体结构较稳定，并受产业政策引导和市场机制调控的共同作用；在产业关联方面，能源产业的主导产业链的上下游是围绕能源产品逐渐形成和发展，其与旁侧产业，如电子信息产业、装备制造业、现代服务业（商贸、物流、金融等）等相互作用，形成产业间的关联，同时，能源产业主导产业链上下游（开采开发、生产加工、储运、转化、利用等环节）形成内部关联；在产业布局方面，能源产业布局不仅涉及产业链布局也涉及产业地理空间布局，需要统筹考虑自然资源禀赋、交通运输、产品市场、劳动力资源、生态环境承载力、产业政策等诸多因素；在产业发展方面，能源产业发展需要基于可持续发展的理念，重视能源资源的接续性、集约和节约性以及环境友好性，国家能源战略还需要充分考虑能源安全与战略储备。

（3）能源效率是衡量和测度能源经济的重要指标之一，也是评价能源利用的重要指标之一。通过对中国改革开放40年来与能源效率相关的学术文献进行梳理和分析可以发现：一方面，相关研究经历了从传统化石能源领域效率测评向传统化石能源、清洁能源、新能源等多领域、多维度以及区域空间分布综合测评的转变；从传统的经济高增长和能源消费利用偏高背景下的能源技术–经济效率研究向为实现提升全要素生产率和高质量发展和绿色发展背景下的全要素能源效率研究转变；从生产性能源消费向生产与生活、城市与农村的多视角、多产业转变；从传统的以经济增长为主要指标的能源效率测评向着包含绿色发展、技术进步等影响因素的全要素能源效率综合测评指标体系转变。另一方面，与能源效率相关的宏观经济政策调整、中观产业布局优化、微观技术工程改进逐渐成为理论研究的三个大方向，同时，传统的单一维度的经济政策分析和区域模型实证正在被多维度、多领域、多部类的综合建模所替代，聚焦的问题也逐渐从传统的技术效率分析向全要素能源效率测度转变。此外，随着"十四五"能源革命和绿色低碳化发展的逐步深入，推动绿色低碳化发展、加快实现重点行业"碳达峰"和"碳中和"目标、进一步提高能源领域产业链供应链现代化水平等问题将成为学术研究的热点。同时，在能源效率相关的基础性、原创性的经济管理理论与计量模型研究方面尚显不足，应学习国外前沿理论与技术方法。

（4）对能源经济产业链、资金链、技术链融合研究发现，三者既相互独立又互有关联。在产业链内，上游产业偏"重"，资源消耗、环境污染、项目投资均相对较大，劳动力聚集度和行业集中程度均相对较高，中下游产业的细分领域较多，资源消耗和环境污染相对较小，智力密集度和消费需求度较高；在技术链内，从基础理论研究直至扩大再生产的各阶段，技术和产品的成熟度不断增加，是理论和科技从试验室走向市场和变现的主要路径，且市场需求对新的理论和应用研究不断提出新的技术挑战和问题；在资金链内，无论是天使投资、众筹融资、风险投资，还是政府科技项目基金等都重在服务于项目的概念设计、理论研讨和模型试验等初创阶段，随着技术的不断成熟和市场前景预期不断向好，产业引导基金、私募基金、资本市场（如科创板）融资、产业发展基金、各类融资渠道不断增加，将为项目中后期的顺利实施和成果转化市场化提供资金保障。产业链与资金链的结合，是传统产业部门与金融资本的一种互动融合，生产企业与金融机构之间的这种经济互动，有利于加快产业集聚和避免金融"脱实向虚"；产业链与技术链的结合，有力地检验了科研成果能否得到市场的认可，也是科技影响产业发展和推动产业升级的重要表现，企业技术中心与科研院所和高校各有侧重的职能定位，也是促进技术转移的重要接口；技术链与资金链的结合，一方面将加快科技成果转化和确保科研试制过程中间环节顺利进行，另一方面也将推动金融工具创新和金融产品多元化。

（5）从"产业－金融－技术"综合视角分析认为，当前中国建设绿色矿山和发展绿色矿业主要依托于矿山（井）领域新技术的应用，而矿产业链前端的绿色勘探和开采加工之后的产品储运等环节的也亟待进行技术绿色升级。发展绿色矿业，离不开金融资本的有效和持续地支持，而关于如何进一步提高金融资本与实体产业的关联效率，如何加大绿色金融资本对相关技术研发的资助力度，如何促进"产业－金融－研发"系统共生，尚缺乏相关的系统性研究。矿业经济的绿色转型升级，需要对与绿色矿业发展相关的资源环境、工程技术、政策条件、资金保障、意识素养等关键要素统筹考虑，同时，还涉及政府部门、相关企业、科研院所、金融机构、其他利益相关者（社会公众）等行为主体，这就需要将绿色矿业发展作为一个整体系统进行分析，对该系统内的行为主体之间的影响和行为主体对其他要素的关系进行剖析，探讨绿色矿业的系统动力机制。从矿业经济的全产业链考虑，确保金融对产业转型升级和关键技术研发的稳定支持，强化科技创新对成果转化应用的技术支撑，促进金融资本与实体产业和高科技的紧密结合，进而有效防范金融风险和抑制金融泡沫。强化产融研三者的良性互动是维系绿色矿业经济运行的主要动力。

（6）对能源金融的理论研究发现，能源金融的内涵主要由能源产业与金融资本两者耦合承载，根据其与实体产业的关联程度，可分为实体性能源金融和虚拟性能源金融。它是能源产业与金融资本为适应市场需要而关联共生的创新产物，是实体经济与虚拟经济结合的典型表现形式之一，某些情况下具有一定的跨时期和跨地域的特征，在运行过程中其价值形态可能发生改变并可能会产生价值增值的特殊产品与服务。由于能源金融具有实体性和虚拟性的双重特性，因此兼具传统金融市场风险和实体市场风险的特征。此外，为促进能源金融健康发展，还应遵循金融围绕实体经济服务、避免脱实向虚的基本原则，遵循市场规律科学运用金融杠杆工具、适时适度地进行货币政策调控，积极促进能源领域产业链、资金链、技术链的有机融合。

12.2　政　策　建　议

根据本书的模型实证研究和典型案例分析，可将相关政策建议归纳如下。

关于区域能源经济高质量发展方面，本书建议：（1）继续深化区域能源领域供给侧改革，推进能源分质分级梯级利用和传统能化产业升级，确保传统能源的产能基本稳定，加快推进新能源和清洁能源开发、储运及装备制造业发展；（2）依托国家能化产业基地，借助科技赋能与数字转型，集聚国内外能源金融领域知名企业、总部机构、科创团队和中介服务组织等入驻园区，加快打造区域能源金融贸易中心；（3）促进能源产业融合和一体化发展，协调传统化石能源清洁化和清洁能源产业化，全面建设能源全产业链供应链的现代产业体系；（4）探索"产业链、资金链、技术链"融合试点，为重点企业与金融机构在现货、期货、期权等投融资过程中实现有效对接提供必要的政策，在提升能源经济发展质量和效率的同时，借助现代科技和网络监管手段，强化能源金融系统性风险防范措施，完善能源领域的应急响应机制；（5）充分发挥财政引导和社会融资的双重效应，拓展能源有效投资需求，加快能源领域科技创新资金支持筹措力度，协助各类企业创造条件积极上市直接融资。

关于煤炭产业转型升级和促进产融研协同方面，本书建议：（1）科学制定和出台煤炭行业"碳达峰""碳中和"路线图和行动方案，细化各地区和各单位的年度"碳达峰"目标考核；（2）抓住煤炭产业链供应链的重点环节，系统谋划煤炭产业转型升级和完成重点煤炭企业改组改造；（3）通过强化技术改造升级和节能减排措施，做优现代煤化工产业集群，引领煤炭产业基地高端化发展；（4）对节能减排和清洁生产领域给予必要的财政支持，创新融资渠道和融资工具，推进碳交易市场建设；（5）改善投融资和营商环境，充分利用各类对外交流平台，加强域内外的煤炭经贸合作，促进国内煤炭产业升级和产能优化。

关于新能源和能源互联网产业发展方面，本书建议：（1）结合新能源和能源互联网产业发展趋势，需要重视对相关核心技术的研发攻关，进一步优化产业布局，深化能源管理体制改革，强化新能源产业市场监管，处理好新能源与传统能源之间的接续关系，形成多元互补的能源结构；（2）加强对新能源利用技术和相关基础材料、组件和先进储能技术等关键领域的研发投入，鼓励新能源电力优先入网和就地消纳，并积极实现跨区外送；（3）突出新能源领域的战略规划、产业政策、技术标准、运营规范等方面的科学制定和有效监管职能，减少对微观主体市场经营方面的不必要的干预；（4）对新能源产业的政策性补贴进行优化，重点对产业集约高效、市场前景广阔的项目和企业予以重点支持。

关于推进能源金融健康发展方面，本书建议：（1）围绕能源领域的产业链、技术链和资金链组织项目，出台并完善配套政策，充分利用各级财政资金和境内外多元化的投融资渠道和平台，加大资本市场直接融资比重；（2）不断优化营商环境，促进市场公平竞争，为能源领域生产企业、金融机构和研发单位在资本市场上市提供政策服务和给予必要的资金支持；（3）加强与国际能源企业和能源市场交流、对接与合作，科学借鉴能源金融衍生品创新与管理的经验，稳步推进和不断完善国内能源板块的资本市场建设；（4）采取包括建立风险评估、防范与管理机制、制定应急处置预案、建设监测预警技术平台，进行对冲基金交易、购买相应的保险产品等手段和措施，以期尽可能规避相应的风险，最大限度地降低风险发生所造成的损失。

12.3 存在的不足

本书的不足主要体现在以下三个方面。

（1）理论研究方面，本书尝试以能源科学、能源经济学、能源系统科学三者结合的研究思维对能源经济系统的内涵、逻辑等进行理论阐释，并基于经济物理学的思想对能源经济系统的运行机制进行了一定的推演，但受笔者研究经验和时间所限，对于经济物理学理论的理解和研究有待挖掘，特别是在运用经济物理学的思想方法对现实的经济现象和经济问题进行研究还需要加深。

（2）模型实证方面，本书基于产融研协同共生的理论对典型区域能源经济高质量发展、绿色矿业建设等进行了一定的实证研究，但考虑到中国未来包括能源领域在内的"30·60目标"陆续提出，需要对该目标下构建能源效率指标体系并进行相应的测评。此外，对典型能源产业链供应链现代化水平的提升路径和能源经济系统风险预警与防范机制方面也有待进一步研究。

（3）案例分析方面，本书从产融研协同共生的视角对中国的煤炭产业、新能源和能源互联网产业、能源金融等分别进行了相关概念诠释、发展现状概述和典型案例分析，但受中国的能源金融发展还处于起步阶段以及资料获取条件所限，对金融资本和科技创新如何推动能源产业转型升级和高质量发展方面的研究还不够深入，特别是针对提高金融资本与科技创新对实体经济的支持效率，以及如何防范化解能源领域供应链金融风险方面的研究还显不足。

12.4　后续展望

后续研究将依托有关课题，重点围绕提升中国能源产业链、技术链、资金链现代化水平等主要问题，聚焦以下几个方面进行深入研究。

（1）结合"十四五"时期中国推进能源革命和绿色低碳发展，以及加快能源产业结构调整优化和系统风险防范等，对能源产业链供应链现代化进行经济学的内涵阐释、历史逻辑梳理、系统模型建构和互动机制推演。

（2）融入产业链供应链协同、绿色低碳转型和系统风险管理等思想，基于 AHP - Delphi 方法构建能源产业链供应链现代化水平测度的指标体系并运用主成分分析等方法确定相应的权重，运用 DEA 方法测算中国典型能源行业产业链供应链的技术效率，并通过模糊综合评价对当前其发展现状进行评价。

（3）运用因子分析方法对影响中国能源产业链供应链现代化发展的主要因素进行辨识，运用 STIRPAT - LMDI 模型研究能源经济运行对增强产业链供应链的弹性和韧性（结构调整因素）、实现"碳达峰"目标（环境规制因素）、提升产业链供应链的系统风险防范能力（系统安全因素）响应的数量关系。

（4）运用系统动力学（system dynamics，SD）原理与方法，构建典型的能源行业产业链供应链的 SD 模型，结合既有政策梳理与实地调研情况，设定不同的政策调控的情景，并分别模拟预测中国典型能源行业产业链供应链优化升级的基本态势并分析关键因子变化后的影响，进而评价各比较方案。

（5）基于后疫情时代全球产业链供应链断裂与重构的背景，从产业转型、科技创新、金融支持等维度，研究并提出中国能源行业和领域在增强产业链供应链自主可控和基础再造、推进行业管理改革与加强"隐形冠军"企业培育、专项支持绿色低碳发展与碳减排、创新供应链金融服务模式等方面的政策措施，从而进一步提升能源产业链供应链的现代化水平和可持续发展能力。

附图1 中国现代煤化工产业技术链

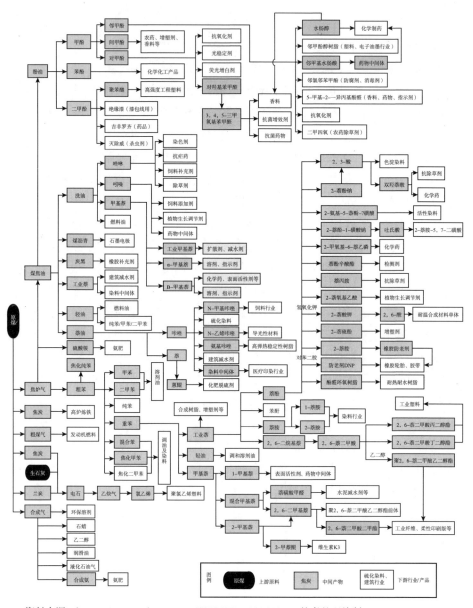

资料来源：https://www.sohu.com/a/402786950_120065640，笔者整理绘制。

附图2 中国石油化工产业技术链

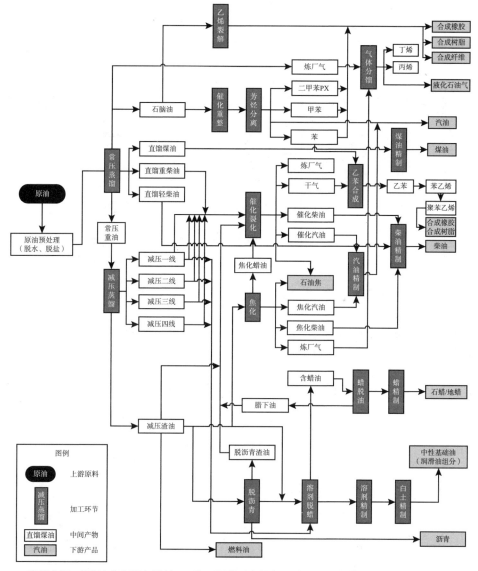

资料来源：根据上海期货交易所、上海国际能源交易中心《原油期货合约交易手册》，笔者整理绘制。

附图3 中国天然气化工产业技术链

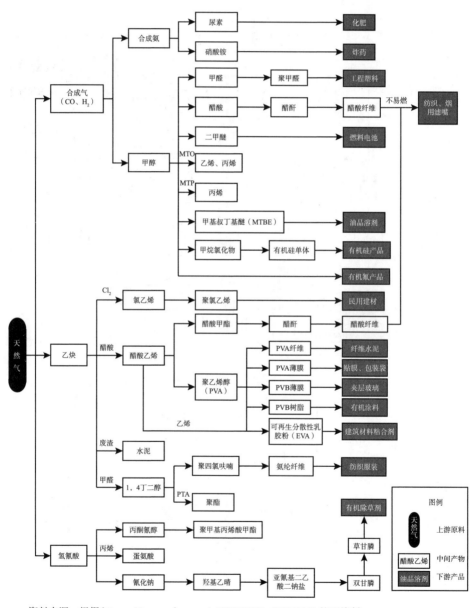

资料来源：根据 https：//www.sohu.com/a/402786950_120065640 整理绘制。

参考文献

［1］《BP 世界能源统计年鉴》编辑部 . BP 世界能源统计年鉴 2020 ［R/OL］. https：//www. bp. com/content/dam/bp/business – sites/en/global/corporate/pdfs/energy – economics/statistical – review/bp – stats – review – 2020 – full – report. pdf.

［2］巴里·穆雷 . 电力市场经济学——能源成本、交易和排放 ［M］. 彭文兵，杨俊宝，译 . 上海：上海财经大学出版社，2013.

［3］白钦先，常海中 . 关于金融衍生品的虚拟性及其正负功能的思考 ［J］. 财贸经济，2007（8）：27 – 32，128.

［4］北京理工大学能源与环境政策研究中心 . 2021 年能源经济预测与展望研究报告：中国省际能源效率指数（2010 – 2018）［R/OL］. https：//ceep. bit. edu. cn/docs//2021 – 01/0f87e532726e47a09bb941e2a003ac48. pdf.

［5］蔡宏波，秦培文，仲鑫 . 物理经济学理论与方法研究新进展 ［J］. 经济学动态，2018（1）：116 – 124.

［6］蔡文武 . 能源经济学概论 ［M］. 重庆：重庆出版社，2011.

［7］蔡振兴，李一龙，王玲维 . 新能源技术概论 ［M］. 北京：北京邮电大学出版社，2017.

［8］曹爱红 . 环境金融 ［M］. 北京：中国经济出版社，2012.

［9］查冬兰，周德群 . 基于 CGE 模型的中国能源效率回弹效应研究 ［J］. 数量经济技术经济研究，2010，27（12）：39 – 53，66.

［10］查冬兰，周德群 . 地区能源效率与二氧化碳排放的差异性——基于 Kaya 因素分解 ［J］. 系统工程，2007（11）：65 – 71.

［11］陈德胜，邓艳，廖春良，等 . 能源知识经济 ［M］. 北京：中国水利水电出版社，2010.

［12］陈德胜，邓艳，李洪侠，等 . 能源金融 ［M］. 北京：中国石化出版社，2015.

［13］陈关聚 . 中国制造业全要素能源效率及影响因素研究——基于面板

数据的随机前沿分析 [J]. 中国软科学, 2014 (1): 180 - 192.

[14] 陈军, 徐士元. 技术进步对中国能源效率的影响: 1979 - 2006 [J]. 科学管理研究, 2008 (1): 9 - 13.

[15] 陈青松, 张建红. 绿色金融与绿色 PPP [M]. 北京: 中国金融出版社, 2017.

[16] 陈夕红, 李长青, 张国荣, 等. 城市化进程中的收入差距对能源效率的影响分析 [J]. 经济问题探索, 2011 (7): 144 - 149.

[17] 陈希, 黄志杰, 胥俊章. 有效利用能源是发展国民经济的重要问题 [J]. 经济研究, 1979 (5): 20 - 24.

[18] 陈学俊, 袁旦庆. 能源工程 (增订本) [M]. 西安: 西安交通大学出版社, 2007.

[19] 陈悦, 陈超美, 刘则渊, 等. CiteSpace 知识图谱的方法论功能 [J]. 科学学研究, 2015, 33 (2): 242 - 253.

[20] 陈昭玖, 翁贞林. 新能源经济学 [M]. 北京: 清华大学出版社, 2015.

[21] 陈兆年, 李静. 经济高质量发展视角下的我国金融体系配置效率研究 [J]. 广东社会科学, 2020 (1): 30 - 39.

[22] 成刚, 钱振华. MaxDEA Pro 使用手册 [M]. 北京: 北京大学, 北京科技大学, 2011.

[23] 程丽华. 石油化工过程概论, [M]. 北京: 中国石化出版社, 2012.

[24] 程民治. 经济物理学的创立及其引发的思考 [J]. 合肥工业大学学报 (社会科学版), 2008 (4): 28 - 34.

[25] 程声通. 环境系统分析教程 (第二版) [J]. 北京: 化学工业出版社, 2012.

[26] 程郁, 陈雪. 创新驱动的经济增长——高新区全要素生产率增长的分解 [J]. 中国软科学, 2013 (11): 26 - 39.

[27] 代红才, 张运洲, 李苏秀, 等. 中国能源高质量发展内涵与路径研究 [J]. 中国电力, 2019, 52 (6): 27 - 36.

[28] 邓玉勇. 能源管理学 [M]. 太原: 山西经济出版社, 2016.

[29] 丁宣升, 曹勇, 刘潇潇, 等. 能源革命成效显著, 能源转型蹄疾步稳——中国能源十三五回顾与十四五展望 [J]. 当代石油石化, 2021, 29 (2): 11 - 19.

[30] 董利. 我国能源效率变化趋势的影响因素分析 [J]. 产业经济研究,

2008 (1): 8 – 18.

[31] 都国雄. 经济物理学的研究内容与发展趋势 [J]. 现代经济探讨, 2006 (4): 47 – 49.

[32] 杜祥琬, 叶奇蓁, 徐銤, 等. 核能技术方向研究及发展路线图 [J]. 中国工程科学, 2018, 20 (3): 17 – 24.

[33] 范宝营, 武予鲁, 张文山, 等. 现代大型煤炭企业经典管理案例 [M]. 北京: 中国经济出版社, 2013.

[34] 范宝营, 张志芳, 宋家兴, 等. 现代大型煤炭企业经典管理案例 (资本运营篇) [M]. 北京: 中国经济出版社, 2013.

[35] 范丹, 王维国. 基于低碳经济的中国工业能源绩效及驱动因素分析 [J]. 资源科学, 2013, 35 (9): 1790 – 1800.

[36] 范秋芳, 王丽洋. 中国全要素能源效率及区域差异研究——基于 BCC 和 Malmquist 模型 [J]. 工业技术经济, 2018, 37 (12): 61 – 69.

[37] 方行明, 何春丽, 张蓓. 世界能源演进路径与中国能源结构的转型 [J]. 政治经济学评论, 2019, 10 (2): 178 – 201.

[38] 冯博, 王雪青. 中国建筑业能源经济效率与能源环境效率研究——基于 SBM 模型和面板 Tobit 模型的两阶段分析 [J]. 北京理工大学学报 (社会科学版), 2015, 17 (1): 14 – 22.

[39] 付俊文, 赵红. 控制能源金融风险的对策研究——以青海为例 [J]. 青海社会科学, 2007 (2): 62 – 67.

[40] 高原. 北京碳市场实践经验及展望 [J/OL]. http: //www. tanjiaoyi. com/article – 33019 – 3. html.

[41] 关伟, 张华, 许淑婷. 基于 DEA – ESDA 模型的辽宁省能源效率测度及时空格局演化分析 [J]. 资源科学, 2015, 37 (4): 764 – 773.

[42] 郭克莎. 中国产业结构调整升级趋势与 "十四五" 时期政策思路 [J]. 中国工业经济, 2019 (7): 24 – 41.

[43] 呙小明, 张宗益. 我国交通运输业能源强度影响因素研究 [J]. 管理工程学报, 2012, 26 (4): 90 – 99.

[44] 国家煤炭工业网. 《2019 煤炭行业发展年度报告》发布 [EB/OL]. http: //www. coalchina. org. cn/index. php? m = content&c = index&a = show&catid = 9&id = 118819.

[45] 国家能源局石油天然气司, 国务院发展研究中心资源与环境政策研究所, 自然资源部油气资源战略研究中心. 中国天然气发展报告 (2020) [R]. 北

京：石油工业出版社，2020.

[46] 国家自然资源部海洋战略规划与经济司 . 2019 年中国海洋经济统计公报 [R/OL]. http：//gi. mnr. gov. cn/202005/t20200509_2511614. html.

[47] 国家自然资源部中国地质调查局，等 . 中国地热能发展报告（2018）[R]. 北京：中国石化出版社，2018.

[48] 国务院发展研究中心资源与环境政策研究所 . 中国能源革命进展报告（2020）[M]. 北京：石油工业出版社，2020.

[49] 韩文科，张有生，等 . 能源安全战略 [M]. 北京：学习出版社，海口：海南出版社，2014.

[50] 杭雷鸣 . 我国能源消费结构问题研究 [D]. 上海：上海交通大学，2007.

[51] 何凌云，刘传哲 . 能源金融：研究进展及分析框架 [J]. 广东金融学院学报，2009，24（5）：88 - 98.

[52] 何凌云 . 能源金融若干理论与实践问题研究 [M]. 北京：科学出版社，2014.

[53] 何晓萍 . 中国工业的节能潜力及影响因素 [J]. 金融研究，2011（10）：34 - 46.

[54] 何雅玲 . 工程热力学精要解析 [M]. 西安：西安交通大学出版社，2014.

[55] 何燕，王泽鹏，张斌 . 能源工程学 [M]. 太原：山西经济出版社，2016.

[56] 何祚庥 . 理论经济物理学——推荐一个正在发展中的新领域 [J]. 清华大学学报（哲学社会科学版），2015，30（4）：152 - 167.

[57] 贺永强，马超群，佘升翔 . 能源金融的发展趋势 [J]. 金融经济，2007（24）：15 - 16.

[58] 洪加其，赵鑫，王琦 . 上海原油期货套期保值流程详解 [N]. 期货日报，2020 - 06 - 01（003）.

[59] 洪银兴 . 围绕产业链部署创新链——论科技创新与产业创新的深度融合 [J]. 经济理论与经济管理，2019（8）：4 - 10.

[60] 胡道玖 . 能源经济管理经典案例解析 [M]. 上海：上海交通大学出版社，2015.

[61] 胡欣 . 中国经济地理——经济体成因及地缘架构（第七版）[M]. 上海：立信会计出版社，2010.

［62］华能能源研究院 . 我国能源电力"十三五"成就与"十四五"展望 ［J］. 中国电力企业管理，2020（28）：75 - 77.

［63］黄宝敏 . 能源效率、环境约束与我国经济增长质量研究 ［D］. 长春：吉林大学，2015.

［64］黄吉平 . 经济物理学——用物理学的方法或思想探讨一些经济或金融问题 ［M］. 北京：高等教育出版社，2013.

［65］黄吉平 . 漫谈经济物理学 ［J］. 现代物理知识，2010，22（6）：29 - 35.

［66］黄素逸，龙妍 . 能源经济学 ［M］. 北京：中国电力出版社，2010.

［67］黄素逸，高伟 . 能源概论（第二版）［M］. 北京：高等教育出版社，2013.

［68］黄素逸 . 能源科学导论 ［M］. 北京：中国电力出版社，2012.

［69］黄佐菊 . 浅谈我国能源结构现状及对策 ［J］. 石化技术，2018，25（3）：30，44.

［70］汲昌霖，韩洁平 . 能源金融的内涵、关联机制与风险传染研究——理论进展与评述 ［J］. 经济体制改革，2018（2）：107 - 111.

［71］简·霍斯特·开普勒，里吉斯·波旁奈依，雅克·吉罗德等 . 能源计量经济学 ［M］. 孙睿，译 . 北京：中国经济出版社，2014.

［72］江泽民 . 能源发展趋势及主要节能措施 ［J］. 上海交通大学学报，1989（3）：1 - 16.

［73］蒋郭吉玛 . 2017 年我国采矿业实现利润比上年增长 2.6 倍 ［N］. 中国矿业报，2018 - 02 - 02（001）.

［74］蒋金荷 . 提高能源效率与经济结构调整的策略分析 ［J］. 数量经济技术经济研究，2004（10）：16 - 23.

［75］蒋金荷 . 中国碳排放量测算及影响因素分析 ［J］. 资源科学，2011，33（4）：597 - 604.

［76］蒋茂荣，肖新建 . 2019 年煤炭供需形势分析及 2020 年展望 ［J］. 中国能源，2020，42（3）：9 - 13.

［77］金碚 . 新编工业经济学 ［M］. 北京：经济管理出版社，2005.

［78］金涌，朱兵，陈定江 . 低碳经济的工程科学原理 ［M］. 北京：化学工业出版社，2012.

［79］康重庆，王毅，张靖，等 . 国家能源互联网发展指标体系与态势分析 ［J］. 电信科学，2019，35（6）：2 - 14.

[80] 孔祥年. 基于创新链与产业链融合的产业技术研究院运行机制及建设路径 [J]. 中国高校科技, 2019 (10): 86-89.

[81] 雷仲敏, 宋焕才. 能源技术经济分析评价 [M]. 北京: 中国环境科学出版社, 2006.

[82] 李春华, 薛苏鹏, 许翃章. 智慧城市概论 [M]. 北京: 社科文献出版社, 2017.

[83] 李芳. 气膜式储煤棚工业化应用的研究 [J]. 华电技术, 2015, 37 (11): 67-69, 79.

[84] 李贺. 智能互联与全球能源互联网 [M] // 黄晓勇, 祝捷. 世界能源发展报告 (2019), 北京: 社科文献出版社, 2019.

[85] 李华钟. 理论物理和金融学 [J]. 科技中国, 2006 (12): 64-67.

[86] 李杰, 陈超美. CiteSpace: 科技文本挖掘及可视化 [M]. 北京: 首都经济贸易大学出版社, 2016.

[87] 李京文, 钟学义. 中国生产率分析前沿 [M]. 北京: 社会科学文献出版社, 1998.

[88] 李俊峰. 中国能源 "十三五" 回顾与 "十四五" 展望 [J]. 中国电力企业管理, 2020 (31): 71-75.

[89] 李丽红. 能源金融市场价格风险传导 [J]. 中国金融, 2017 (6): 83-84.

[90] 李丽旻. 全球地热能开发正当时 [N]. 中国能源报, 2020-10-19 (007).

[91] 李廉水, 周勇. 技术进步能提高能源效率吗？——基于中国工业部门的实证检验 [J]. 管理世界, 2006 (10): 82-89.

[92] 李瑞, 张悟移. 基于 RBF 神经网络的物流业能源需求预测 [J]. 资源科学, 2016, 38 (3): 450-460.

[93] 李世祥, 成金华. 中国能源效率评价及其影响因素分析 [J]. 统计研究, 2008 (10): 18-27.

[94] 李为民, 单玉华、邹国英. 石油化工概论 (第三版) [M]. 北京: 中国石化出版社, 2013.

[95] 李为民. 现代能源化工技术 [M]. 北京: 化学工业出版社, 2011.

[96] 李文超, 田立新, 贺丹. 经济—能源—环境可持续发展的系统动力学研究——以中国为例 [J]. 系统科学学报, 2014, 22 (3): 54-57.

[97] 李文翠, 胡浩权, 鲁金明. 能源化学工程概论 [M]. 北京: 化学工

业出版社，2016.

[98] 李业发，杨廷柱．能源工程导论（第 2 版）［M］．合肥：中国商务出版社，2013.

[99] 李悦．产业经济学（第四版）［M］．大连：东北财经大学出版社，2015.

[100] 李振泉，杨万钟，陆心贤．中国经济地理（修订四版）［M］．上海：华东师范大学出版社，1999.

[101] 李忠民，邹明东．能源金融问题研究评述［J］．经济学动态，2009 (10)：101 – 105.

[102] 栗鸿源．上半年我国采矿业实现利润总额同比增长 47.9%［N］．中国矿业报，2018 – 07 – 31（001）.

[103] 林伯强．能源经济理论与政策实践［M］．北京：中国财政经济出版社，2008.

[104] 林伯强．现代能源经济学［M］．北京：中国财政经济出版社，2007.

[105] 林伯强．中国能源政策思考［M］．北京：中国财政经济出版社，2009.

[106] 林伯强，何晓萍．初级能源经济学［M］．北京：清华大学出版社，2014.

[107] 林伯强，黄晓光．能源金融（第 2 版）［M］．北京：清华大学出版社，2014.

[108] 林伯强，牟敦国．高级能源经济学（第 2 版）［M］．北京：清华大学出版社，2014.

[109] 林伯强，牟敦国．能源价格对宏观经济的影响——基于可计算一般均衡（CGE）的分析［J］．经济研究，2008，43（11）：88 – 101.

[110] 林伯强，孙传旺．如何在保障中国经济增长前提下完成碳减排目标［J］．中国社会科学，2011（1）：64 – 76，221.

[111] 黄达，张杰．金融学（第四版）［M］．北京：中国人民大学出版社，2017.

[112] 刘传哲，何凌云，王艳丽，等．能源金融：内涵及需要研究的问题［J］．中国矿业大学学报（社会科学版），2008，10（3）：59 – 62.

[113] 刘强，白玉竹，范爱军．全球能源互联网的产业效应分析［J］．山东社会科学，2017（8）：162 – 168.

[114] 刘希宋，杨东奇. 生产函数与技术进步测定 [J]. 哈尔滨工程大学学报，2001，22 (2)：78 - 80.

[115] 刘迅. 新三论介绍——一、耗散结构理论及其应用 [J]. 经济理论与经济管理，1986 (3)：75 - 76.

[116] 刘迅. 新三论介绍——二、协同理论及其意义 [J]. 经济理论与经济管理，1986 (4)：75 - 76.

[117] 刘迅. 新三论介绍——三、突变理论及其应用 [J]. 经济理论与经济管理，1986 (5)：74 - 75.

[118] 龙厚印，陈倩. 我国一次能源结构演化路径分析 [J]. 宁德师范学院学报（哲学社会科学版），2019 (1)：35 - 38.

[119] 罗维芳. 农村能源发展存在的问题及对策 [J]. 农业科技与信息，2020 (3)：118 - 119.

[120] 罗萨里奥·N. 曼特尼亚，H. 尤金·斯坦利. 经济物理学导论 [M]. 北京：中国人民大学出版社，2006.

[121] 罗英杰. 国际能源安全与能源外交 [M]. 北京：时事出版社，2016.

[122] 马海良，黄德春，姚惠泽. 中国三大经济区域全要素能源效率研究——基于超效率 DEA 模型和 Malmquist 指数 [J]. 中国人口·资源与环境，2011，21 (11)：38 - 43.

[123] 马骏，周月秋，殷红. 国际绿色金融发展与案例研究 [M]. 北京：中国金融出版社，2017.

[124] 马凯. 领导干部能源知识读本 [M]. 北京：中国环境科学出版社，2008.

[125] 马晓君，陈瑞敏，苏衡. 中国工业行业能源消耗的驱动因素与脱钩分析 [J]. 统计与信息论坛，2021，36 (3)：70 - 81.

[126] 马晓微，魏一鸣. 我国能源投融资现状及面临的机遇与挑战 [J]. 中国能源，2009，31 (12)：28 - 32.

[127] 马新春. 农村能源开发利用存在的问题及对策 [J]. 现代农业科技，2020 (7)：176 - 177.

[128] 马颖卓，轩玮，车小磊，等. 治水兴水为人民盛世千秋谱华章——专访水利部部长鄂竟平 [J]. 中国水利，2019 (19)：6 - 19.

[129] 煤炭企业能源管理丛书编委会. 能源管理方法 [M]. 北京：煤炭工业出版社，2014.

[130] 苗琦，孟刚，陈敏，等．我国煤炭资源可供性分析及保障研究 [J]．能源与环境，2020（2）：6-8，23.

[131] 能源情报研究中心．能源发展回顾与展望（2020）[R/OL]．https：//news. bjx. com. cn/html/20201229/1125791. shtml.

[132] 农春仕．高质量发展背景下现代能源经济发展：理论本质与实现路径 [J]．现代经济探讨，2019（11）：50-55.

[133] 齐志新，陈文颖．结构调整还是技术进步？——改革开放后我国能源效率提高的因素分析 [J]．上海经济研究，2006（6）：8-16.

[134] 钱瑞梅，杨星．能源金融衍生品市场的现状及其价格风险特征分析 [J]．价格理论与实践，2007（2）：58-59.

[135] 邱大雄．能源规划与系统分析 [M]．北京：清华大学出版社，1995.

[136] 邱立新．能源政策学 [M]．太原：山西经济出版社，2016.

[137] 曲思建，陈贵锋．煤化工技术进展与应用 [M]．北京：中国石化出版社，2012.

[138] 渠慎宁．区块链助推实体经济高质量发展：模式、载体与路径 [J]．改革，2020（1）：39-47.

[139] 全国能源信息平台．中国能源大数据报告（2020）——煤炭篇 [EB/OL]．https：//baijiahao. baidu. co? id=1668544235049445086&wfr=spider&for=pc.

[140] 人民日报，丁怡婷．打赢低碳转型硬仗 [N]．人民日报，2021-04-02（002）.

[141] 任毅，丁黄艳，任雪．长江经济带工业能源效率空间差异化特征与发展趋势——基于三阶段 DEA 模型的实证研究 [J]．经济问题探索，2016（3）：93-100.

[142] 茹海燕．煤炭消费与经济增长的关系研究 [EB]．西安：西北大学，2010.

[143] 陕西省统计局．2020 年陕西省能源产业运行分析 [EB/OL]．http：//tjj. shaanxi. gov. cn/tjsj/tjxx/qs/202102/t20210208_2152760. html.

[144] 陕西省统计局．能源产消成果双丰收 [EB/OL]．http：//www. shaanxitj. gov. cn/site/1/html/126/131/138/15363. htm.

[145] 陕西省统计局．去产能初见成效，稳增长至关重要 [EB/OL]．http：//www. shaanxitj. gov. cn/site/1/html/126/131/138/15414. htm.

[146] 陕西省统计局．去产能与稳就业如何双赢 [EB/OL]．http：//

www. shaanxitj. gov. cn/site/1/html/126/131/138/15549. htm.

[147] 陕西省自然资源厅. 陕西省自然资源公报（2018 年度）[R/OL]. http：//zrzyt. shaanxi. gov. cn/info/1026/49460. htm.

[148] 沈可挺，徐嵩龄，贺菊煌. 中国实施 CDM 项目的 CO_2 减排资源：一种经济 - 技术 - 能源 - 环境条件下 CGE 模型的评估 [J]. 中国软科学，2002（7）：109 - 114.

[149] 沈维道，童钧耕. 工程热力学 [M]. 北京：高等教育出版社，2007.

[150] 史丹，朱彤. 能源经济学理论与政策研究述评 [M]. 北京：经济管理出版社，2013.

[151] 史丹，吴利学，傅晓霞，等. 中国能源效率地区差异及其成因研究——基于随机前沿生产函数的方差分解 [J]. 管理世界，2008（2）：35 - 43.

[152] 史丹. 中国能源安全的国际环境 [M]. 北京：社会科学文献出版社，2013.

[153] 史丹，等. 中国能源安全的新问题与新挑战 [M]. 北京：社会科学文献出版社，2013.

[154] 史丹. 中国能源效率的地区差异与节能潜力分析 [J]. 中国工业经济，2006（10）：49 - 58.

[155] 史丹，李鹏. 中国工业 70 年发展质量演进及其现状评价 [J]. 中国工业经济，2019（9）：5 - 23.

[156] 世界银行. 碳金融十年 [M]. 北京：石油工业出版社，2011.

[157] 孙广生，杨先明，黄祎. 中国工业行业的能源效率（1987 - 2005）——变化趋势、节能潜力与影响因素研究 [J]. 中国软科学，2011（11）：29 - 39.

[158] 索尼亚·拉巴特，罗德尼·R. 怀特. 环境金融：环境风险评估与金融产品指南 [M]. 孙东，译. 北京：北京大学出版社，2014.

[159] 锁箭，汤瑞丰. 中国绿色能源高质量发展水平测度研究 [J]. 技术经济，2020，39（5）：125 - 133.

[160] 唐玲，杨正林. 能源效率与工业经济转型——基于中国 1998 - 2007 年行业数据的实证分析 [J]. 数量经济技术经济研究，2009，26（10）：34 - 48.

[161] 唐晓华，孙元君. 环境规制对中国制造业高质量发展影响的传导

机制研究——基于创新效应和能源效应的双重视角 [J]. 经济问题探索, 2020 (7): 92-101.

[162] 唐欣, 许永斌. 四链互动视角下军民融合产业协调发展评价 [J]. 科技管理研究, 2020, 40 (2): 93-99.

[163] 陶锡泉. 新能源技术知识读本 [M]. 北京: 国家行政学院出版社, 2013.

[164] 汪克亮, 杨力, 杨宝臣, 等. 能源经济效率、能源环境绩效与区域经济增长 [J]. 管理科学, 2013, 26 (3): 86-99.

[165] 汪焰. 我国致密气的 A、B、C [J]. 石油知识, 2014 (3): 16-17.

[166] 王俊峰. 中国能源·经济·环境 (3E) 协调发展的研究与政策选择 [D]. 北京: 中国社会科学院研究生院, 2000.

[167] 王凯, 李娟, 唐宇凌, 等. 中国服务业能源消费碳排放量核算及影响因素分析 [J]. 中国人口·资源与环境, 2013, 23 (5): 21-28.

[168] 王岚, 董士学, 刘颖辉. 基于产业链的煤炭产业协同发展研究 [J]. 低碳世界, 2020, 10 (9): 171-172.

[169] 王林. 全球地热能开发悄然升温 [N]. 中国能源报, 2021-03-15 (007).

[170] 王强, 樊杰, 伍世代. 1990-2009 年中国区域能源效率时空分异特征与成因 [J]. 地理研究, 2014, 33 (1): 43-56.

[171] 王群伟, 周德群. 能源回弹效应测算的改进模型及其实证研究 [J]. 管理学报, 2008 (5): 688-691.

[172] 王群伟, 周德群. 中国全要素能源效率变动的实证研究 [J]. 系统工程, 2008 (7): 74-80.

[173] 王群伟, 周德群, 王思斯. 考虑非期望产出的区域能源效率评价研究 [J]. 中国矿业, 2009, 18 (9): 36-40.

[174] 王少平, 杨继生. 中国工业能源调整的长期战略与短期措施——基于 12 个主要工业行业能源需求的综列协整分析 [J]. 中国社会科学, 2006 (4): 88-96, 207.

[175] 王喜明. 现代能源经济理论与政策研究 [M]. 北京: 中国商务出版社, 2016.

[176] 王遥. 碳金融: 全球视野与中国布局 [M]. 北京: 中国经济出版社, 2010.

[177] 王遥. 气候金融 [M]. 北京: 中国经济出版社, 2013.

[178] 王荧, 郭碧銮. 全要素生产率测算方法解析 [J]. 上海商学院学报, 2010, 11 (5): 85 - 91.

[179] 王玉冬, 王萌, 邵弘. 战略性新兴产业创新链与资金链供需匹配研究述评 [J]. 财会月刊, 2020 (6): 125 - 129.

[180] 王志刚, 龚六堂, 陈玉宇. 地区间生产效率与全要素生产率增长率分解 (1978 - 2003) [J]. 中国社会科学, 2006 (2): 55 - 66, 206.

[181] 王忠敏, 吕秋生. 智慧能源与能源互联网产业链初探 [N]. 中国能源报, 2016 - 08 - 08 (006).

[182] 隗斌贤. 能源经济学 [M]. 北京: 中国经济出版社, 1993.

[183] 魏楚, 沈满洪. 能源效率研究发展及趋势: 一个综述 [J]. 浙江大学学报 (人文社会科学版), 2009, 39 (3): 55 - 63.

[184] 魏楚, 沈满洪. 能源效率及其影响因素: 基于 DEA 的实证分析 [J]. 管理世界, 2007 (8): 66 - 76.

[185] 魏楚, 沈满洪. 能源效率与能源生产率: 基于 DEA 方法的省际数据比较 [J]. 数量经济技术经济研究, 2007 (9): 110 - 121.

[186] 魏楚. 工业能源效率、节能潜力与影响因素——基于浙江省的实证分析 [J]. 学习与实践, 2010 (3): 16 - 25.

[187] 魏一鸣, 焦建玲. 高级能源经济学 [M]. 北京: 清华大学出版社, 2013.

[188] 魏一鸣, 焦建玲, 廖华. 能源经济学 (第 2 版) [M]. 北京: 清华大学出版社, 2013.

[189] 魏一鸣, 廖华. 能源效率的七类测度指标及其测度方法 [J]. 中国软科学, 2010 (1): 128 - 137.

[190] 魏宇, 黄登仕. 经济物理学研究评述 [J]. 经济学动态, 2002 (7): 74 - 78.

[191] 吴恩涛, 马靖. 关于气候金融问题的回顾与展望 [J]. 环境与可持续发展, 2015, 40 (6): 54 - 55.

[192] 吴金星. 能源工程概论 [M]. 北京: 机械工业出版社, 2013.

[193] 吴琦, 武春友. 基于 DEA 的能源效率评价模型研究 [J]. 管理科学, 2009, 22 (1): 103 - 112.

[194] 武春友, 吴琦. 基于超效率 DEA 的能源效率评价模型研究 [J]. 管理学报, 2009, 6 (11): 1460 - 1465.

[195] 夏文斌, 蓝庆新. 提升产业链供应链现代化水平 [N]. 人民日报,

2021 - 04 - 08 (009).

[196] 肖卫国, 黎凯辕, 王怡. 构建我国能源金融体系的理论逻辑与现实路径 [J]. 南京社会科学, 2021 (2): 27 - 35.

[197] 新华社.《新时代的中国能源发展》白皮书 [EB/OL]. http: // www. gov. cn/zhengce/2020 - 12/21/content_5571916. htm.

[198] 熊俊. 经济增长因素分析模型: 对索洛模型的一个扩展 [J]. 数量经济技术经济研究, 2005 (8): 26 - 35.

[199] 徐国泉, 刘则渊, 姜照华. 中国碳排放的因素分解模型及实证分析: 1995 - 2004 [J]. 中国人口·资源与环境, 2006 (6): 158 - 161.

[200] 薛丹. 我国居民生活用能能源效率回弹效应研究 [J]. 北京大学学报 (自然科学版), 2014, 50 (2): 348 - 354.

[201] 徐国泉. 中国能源效率问题研究 [D]. 大连: 大连理工大学, 2008.

[202] 徐寿波. 广义节能的技术经济理论和方法 [J]. 中国社会科学, 1982 (3): 43 - 68.

[203] 许丽萍, 等. 物理学原理简明教程 [M]. 北京: 高等教育出版社, 2013.

[204] 许木兰. 产业链、资金链、创新链三链融合助推企业发展 [D]. 广州: 广东财经大学, 2018.

[205] 阳国亮, 何元庆. 全要素生产率增长的度量方法 [J]. 学术论坛, 2005, 173 (6): 87 - 90.

[206] 杨复复. 各能源部门完全能源效率的相关分析和计算 [J]. 技术经济, 1982 (6): 40 - 48.

[207] 杨华磊, 郭仪. 经济物理学范式的解读 [J]. 科学学研究, 2012, 30 (5): 641 - 646.

[208] 杨英明, 孙建东, 李全生. 我国能源结构优化研究现状及展望 [J]. 煤炭工程, 2019, 51 (2): 149 - 153.

[209] 杨永明. 全球地热能开发现状及发展趋势 [R/OL]. https: //mp. weixin. qq. co/SJsiJRdXGK - yrw9dqJ8H6w.

[210] 杨震, 徐婷, 方朝合, 等. 国内外地热产业政策法规梳理与思考 [J]. 国际石油经济, 2017, 25 (8): 22 - 28.

[211] 杨振宁. 归根反思 [J]. 民主与科学, 2004 (3): 3 - 7.

[212] 姚静武. 环境制度约束下中国工业经济能源效率研究 [D]. 武汉:

武汉大学，2010.

[213] 叶茂，朱文良，徐庶亮，等. 关于煤化工与石油化工的协调发展 [J]. 中国科学院院刊，2019，34（4）：43–51.

[214] 易纲，樊纲，李岩. 关于中国经济增长与全要素生产率的理论思考 [J]. 经济研究，2003（8）：13–20，90.

[215] 尹炜. 中国能源结构调整的产业结构效应研究 [D]. 杭州：浙江财经大学，2019.

[216] 于斌斌. 产业结构调整如何提高地区能源效率？——基于幅度与质量双维度的实证考察 [J]. 财经研究，2017，43（1）：86–97.

[217] 于洋，张丽梅，陈才. 我国东部地区经济–能源–环境–科技四元系统协调发展格局演变 [J]. 经济地理，2019，39（7）：14–21.

[218] 余建华，等. 世界能源政治与中国国际能源合作 [M]. 长春：长春出版社，2011.

[219] 袁剑琴. 我国能源金融一体化现状及发展策略 [J/OL]. http://www.sic.gov.cn/news/455/4111.htm.

[220] 袁惊柱. 新能源产业竞争力 [R] //张其仔，张航燕，邓洲，等. 中国产业竞争力报告（2020），北京：社科文献出版社，2020.

[221] 袁惊柱. 中美新能源产业竞争力比较 [R] //张其仔，邓洲，郭朝先，等. 中国产业竞争力报告（2019），北京：社科文献出版社，2019.

[222] 曾刚，万志宏. 商业银行绿色金融实践 [M]. 北京：经济管理出版社，2016.

[223] 曾胜，黄登仕. 中国能源消费、经济增长与能源效率——基于1980~2007年的实证分析 [J]. 数量经济技术经济研究，2009，26（8）：17–28.

[224] 曾贤刚. 我国能源效率、CO_2 减排潜力及影响因素分析 [J]. 中国环境科学，2010，30（10）：1432–1440.

[225] 曾晓安. 中国能源政策研究 [M]. 北京：中国财政经济出版社，2006.

[226] 翟秀静，刘奎仁，韩庆. 新能源技术 [M].3 版. 北京：化学工业出版社，2017.

[227] 张淳民. 物理学概论 [M]. 北京：高等教育出版社，2012.

[228] 张二寅. 宏观经济物理学 [J]. 中国管理科学，2000（S1）：367–376.

[229] 张辉,刘德磊,曾莉莉,等.经典热力学发展概述[J].广州化工,2012,40(2):26-28.

[230] 张荐华,黄河.中国能源金融市场发展战略思考[J].思想战线,2011,37(3):74-78.

[231] 张抗.金融危机期间世界主要国家能源构成变化及启示[J].中外能源,2014,19(5):1-12.

[232] 张黎黎.透视我国碳市场发展[J].中国金融,2021(5):97-100.

[233] 张立国.中国物流业能源消耗与二氧化碳排放效率测度及分析[D].南京:南京航空航天大学,2015.

[234] 张立宽.浅谈开发利用煤层气的现实意义[N].中国矿业报,2019-12-23(006).

[235] 张同功.能源经济学[M].太原:山西经济出版社,2016.

[236] 张仙智.习近平新时代能源国家战略研究[J].上海经济研究,2019(1):15-19.

[237] 张永伟.中国氢能产业发展报告(2020)[EB/OL].http://www.china-gases.com/f/image/20201028/1603891645438344.pdf.

[238] 张志耀,赵慧娟.能源系统工程学[M].太原:山西经济出版社,2016.

[239] 赵腊平.矿业发展为何不再高歌猛进[N].中国矿业报,2017-07-01(001).

[240] 赵小平.能源管理工作手册[M].北京:中国市场出版社,2008.

[241] 赵新宇,李宁男.能源投资与经济增长:基于能源转型视角[J].广西社会科学,2021(2):112-120.

[242] 照日格图.热学基本定律的形成探究[J].赤峰学院学报(自然科学版),2015,31(2):9-10.

[243] 中关村国际节能低碳技术研究院,河北大学低碳研究院.中国智慧能源产业发展报告(2014)[R].北京:中国标准出版社,2014.

[244] 中国产业信息.2020年中国核电行业运行态势、市场竞争格局及未来发展趋势分析[R/OL].https://www.chyxx.com/industry/202101/925184.html.

[245] 中国电力企业联合会.中国电力行业年度发展报告2020[R/OL].https://news.bjx.com.cn/html/20200612/1080783.shtml.

［246］中国科学技术协会．新科技知识干部读本（上）［M］．北京：科学普及出版社，2016.

［247］中国煤炭工业协会．2020年煤炭行业发展年度报告［R/OL］．http：//att. dahecube. com/f/210304/61aebf6c2e2674534b066b140ce0f0d6.

［248］中国煤炭工业协会．中国煤炭工业协会发布2020中国煤炭企业50强（附名单）［EB/OL］．http：//www. coalchina. org. cn/index. php？ m = content&c = index&a = show&catid = 10&id = 121689.

［249］中国煤炭经济研究院课题组．2019年煤炭产业高质量发展研究报告［R］//岳福斌．中国煤炭工业发展报告（2019）．北京：社会科学文献出版社，2020.

［250］中国人民银行党校第38期学员绿色金融课题组，吴显亭．碳中和目标与绿色金融发展［J］．中国金融，2021（1）：72-74.

［251］中国石油化工股份有限公司．2020年度报告［EB/OL］．http：//www. sinopec. com/listco/Resource/Pdf/2021041501. pdf.

［252］中国石油天然气集团有限公司．2020年度报告［R/OL］．http：//www. cnpc. com. cn/cnpc/lncbw/202104/8d4d7b2d3c214150aabb3f57905efc46/files/450be6f4dd3d4eb8b3876d5604de557f. pdf.

［253］中矿（北京）煤炭产业景气指数课题组，岳福斌．2019-2020年中国煤炭产业经济形势研究报告［J］．中国煤炭，2020，46（3）：5-12.

［254］中商产业研究院．十三五期间新能源行业回顾总结及十四五期间规划前瞻［R/OL］．https：//www. askci. com/news/chanye/20210119/1745231332834. shtml.

［255］钟世川，毛艳华．中国全要素生产率的再测算与分解研究——基于多要素技术进步偏向的视角［J］．经济评论，2017（1）：3-14.

［256］周德群，查冬兰，周鹏．中国能源效率研究［M］．北京：科学出版社，2012.

［257］周曼毅，靖谋．气膜煤棚在燃煤电站的应用［J］．科技创新与应用，2014（27）：93.

［258］周明磊．我国能源消费与产业结构相关性研究［D］．上海：上海交通大学，2011.

［259］周卫民．全要素生产率理论的一种改进——基于中国管理投入视角下的研究［J］．中国经济问题，2009（6）：58-63.

［260］朱共山，徐拥军，曹军威，等．能源互联网技术与产业［M］．上

海：上海科学技术出版社，2017.

[261] 朱勤，彭希哲，陆志明，等. 中国能源消费碳排放变化的因素分解及实证分析 [J]. 资源科学，2009，31（12）：2072 - 2079.

[262] 朱卫东，周菲，魏泊宁. 新时代中国高质量发展指标体系构建与测度 [J]. 武汉金融，2019（12）：18 - 26.

[263] 邹才能，何东博，贾成业，等. 世界能源转型内涵、路径及其对碳中和的意义 [J]. 石油学报，2021，42（2）：233 - 247.

[264] Alexander Richter. Think geoenergy's top 10 geothermal countries 2020—installed power generation capacity [EB/OL]. https：//www. thinkgeoenergy. com/thinkgeoenergys - top - 10 - geothermal - countries - 2020 - installed - power - generation - capacity - e/.

[265] André Dorsman, John L Simpson, Wim Westerman. Energy economics and financial markets [M]. Germany Berlin：Springer - Verlag Berlin Heidelberg, 2013.

[266] Buttel F H. Social structure and energy efficiency：A preliminary cross - national analysis [J]. Human Ecology, 1978, 6（2）：145 - 164.

[267] Chen C, Ibekwe - Sanjuan F, Hou J. The structure and dynamics of co-citation clusters：A multiple-perspective co-citation analysis [J]. Journal of the American Society for Information Science and Technology, 2010, 61（7）：1386 - 1409.

[268] Chesney M, Gheyssens J, Pana A C et al. Environmental finance and investments [M]. Germany Berlin：Springer Press, 2013.

[269] Cleveland C J, Costanza R, Hall C A S et al. Energy and the U. S. economy：A biophysical perspective [J]. Science, 1984, 225：890 - 897.

[270] Fatemi A M, Fooladi I J. Sustainable finance：A new paradigm [J]. Journal of International Financial Markets Institutions & Money, 2013, 24（2）：101 - 113.

[271] Hong H, Karolyi G A, Scheinkman J A. Climate finance [J]. Review of Financial Studies, 2020, 33（3）：1011 - 1023.

[272] Hotelling H. Recent publications：Reviews：Mathematical introduction to economics. [J]. Amer. math. monthly, 1931（2）：101 - 103.

[273] Huang J P. Experimental econophysics：Complexity, self-organization, and emergent properties [J]. Physics Reports, 2014, 564（12）：1 - 55.

［274］ICMA. Sustainable finance: High-level definitions ［R/OL］. https://www. icmagroup. org/assets/documents/Regulatory/Green – Bonds/Sustainable – Finance – High – Level – Definitions – May – 2020 – 051020. pdf.

［275］Ilinski K. Physics of finance ［J/OL］. https://arxiv. org/abs/hep – th/9710148v1.

［276］International Energy Agency. World energy outlook 2020 ［R/OL］. https://www. iea. org/reports/world – energy – outlook – 2020.

［277］International Energy Agency. Tracking clean energy progress（2020）［R/OL］. https://www. iea. org/topics/tracking – clean – energy – progress.

［278］IRNEA. Renewable power generation costs in 2019 ［R］. AbuDhabi: International Renewable Energy Agency, 2020.

［279］Jan Horst Keppler, Régis Bourbonnais, Jacques Girod. The econometrics of energy systems ［M］. London: Palgrave Macmillan Houndmills, 2007.

［280］Jenne C A, Cattell R K. Structural change and energy efficiency in industry ［J］. Energy Economics, 1983, 5（2）: 114 – 123.

［281］Joanne Evans, Lester C Hunt. International handbook on the economics of energy ［M］. UK Cheltenham: Edward Elgar Publishing Limited, 2009.

［282］John W. Lund, Aniko N. Toth. Direct utilization of geothermal energy 2020 worldwide review ［J］. Geothermics 2020, 90（2）: 1915 – 1946.

［283］Kuhn T S. The structure of scientific revolutions（2nd ed. ）［M］. USA Chicago: University of Chicago Press, 1970.

［284］Mantegna R N, Stanley H E. Scaling behaviour in the dynamics of an economic index ［J］. Nature, 1995, 376（6）: 46 – 49.

［285］Patterson M G. What is energy efficiency? ［J］. Energy Policy, 1996, 24（5）: 377 – 390.

［286］Peter Richmond, Jürgen Mimkes, Stefan Hutzler. Econophysics and physical economics ［M］. England: Oxford University Press, 2013.

［287］Peter Zweifel, Aaron Praktiknjo, Georg Erdmann. Energy economics theory and applications ［M］. Germany Berlin: Springer International Publishing, 2017.

［288］R N Mantegna, H E Stanley. An introduction to econophysics: Correlations and complexity in Finance ［M］. UK: Cambridge University Press, 2000.

［289］Savoiu G. Econophysics: Background and applications in economics finance, and Sociophysics [J]. Energy Technology, 2006, 21 (3): 245 –258.

[290] Schnoor, Jerald L. Lessons from fukushima [J]. Environmental Science & Technology, 2011, 45 (9): 3820.

[291] Solow R M. Technical change and the aggregate production function [J]. The Review of Economics and Statistics, 1957, 39 (3): 312 –320.

[292] Subhes C Bhattacharyya. Energy economics concepts issues markets and governance [M]. Germany Berlin: Springer – Verlag London Limited, 2011.

[293] UNEP. Climate finance for cities and buildings: A handbook for local governments [R/OL]. https: //www. unep. org/resources/report/climate – finance – cities – and – buildings – handbook – local – governments.

[294] W. Paul Cockshott, Allin F. Cottrell, Gregory J. Michaelson et al. Classical econophysics [M]. UK: Taylor & Francis Group, 2009.

[295] Yi – Ming Wei, Hua Liao. Energy economics: Energy efficiency in China [M]. Germany Berlin: Springer International Publishing AG, 2016.

[296] Zheng Bo, Jiang Xiong Fei, Ni Peng Yun. A mini-review on econophysics: Comparative study of Chinese and western financial markets [J]. Chinese Physics B, 2014, 23 (7): 158 –167.

[297] Zhuang Chu, Biao Yang, Chang Yong Ha et al. Modeling GDP fluctuations with Agent – Based Model [J]. Physica A: Statistical Mechanics and its Applications, 2018, 503 (8): 572 –581.

后　记

　　本书是笔者第三部独立研究并完成的学术著作。自 2016 年以来，笔者的研究聚焦于能源领域循环经济与可持续金融。依托相关科研课题，运用了文献分析、理论阐释、模型建构、计量测度、案例研究等研究方法，结合理论研究与案例分析，发现产业链、资金链、技术链之间关联紧密，并且，"三链"的现代化水平对于经济的高质量发展影响重大，但在现实情况中，难免会出现产融研分离、效率低下和资源错配等现象。故，笔者通过运用经济科学的理论方法，提出产融研协同共生理论架构，并进行实证研究，以期成果能够对新时期中国能源经济高质量发展相关研究起到一些参考作用。

　　回顾近五年的研究历程，充满了犹豫与焦灼、艰辛与挑战。为了将能源领域产融研协同的一些思考和研究形成系统成果，2016 年上半年萌生撰写专著之意，但考虑到之前的研究较多涉及产业经济和科技创新驱动等领域，对金融领域的相关研究较为粗浅。为了在实践中加深对金融业发展的认知，助力书稿完成，2019 年笔者争取到了赴西安高新区管委会金融服务办公室挂职锻炼的机会，一年的挂职锻炼经历宝贵且难忘。2020 年 4 月挂职结束返回原岗位工作，恰逢院新一轮岗位聘任，经批准后，笔者由经济研究所调到金融研究所工作，为进行相关研究和撰写书稿提供了新的平台。

　　本书自 2020 年 6 月起笔至 2021 年 5 月落笔间，家人的理解与大力支持，是笔者能够保持专心研究并最终顺利完成书稿的重要保障！

　　书稿撰写过程中参考了大量文献和基础资料，虽在适当位置予以标注，但难免挂一漏万。笔者向相关文献资料和数据的著作权人谨致谢忱！

　　书稿撰写之时正值新冠肺炎疫情在全球蔓延，陕西煤业化工集团有限公司、陕西延长石油（集团）公司、西咸新区能源金融贸易区等相关单位负责人对由笔者牵头的调研给予了大力协助，陕西省社会科学院金融研究所和经济研究所的部分同仁在调研座谈中也给予了配合，在此一并表示感谢！

西京·长安

辛丑年·小满